# 中国城市产业营商环境发展报告

## （2022）

中国产业营商环境竞争力研究课题组

—— 编著 ——

辽宁人民出版社

图书在版编目（CIP）数据

中国城市产业营商环境发展报告 . 2022 / 中国产业营商环境
竞争力研究课题组编著 . — 沈阳：辽宁人民出版社，2023.12
    ISBN 978-7-205-10987-5

    Ⅰ . ①中⋯ Ⅱ . ①中⋯ Ⅲ . ①投资环境—研究报告—
中国—2022 Ⅳ . ① F832.48

    中国国家版本馆 CIP 数据核字（2023）第 232409 号

出版发行：辽宁人民出版社
        地址：沈阳市和平区十一纬路 25 号　邮编：110003
        电话：024-23284321（邮　购）　024-23284324（发行部）
        传真：024-23284191（发行部）　024-23284304（办公室）
        http://www.lnpph.com.cn
印　　刷：辽宁虎驰科技传媒有限公司
幅面尺寸：170mm×240mm
印　　张：21
字　　数：326 千字
出版时间：2023 年 12 月第 1 版
印刷时间：2023 年 12 月第 1 次印刷
责任编辑：郭　健
封面设计：葫小蝶
版式设计：胡小蝶　张晓丹
责任校对：吴艳杰
书　　号：ISBN 978-7-205-10987-5
定　　价：95.00 元

中国信息协会营商环境专业委员会
地址：北京市东城区东大地街 1 号红桥文创园 5A 一层
邮箱：cbe2023@163.com
公众号：中国营商环境

# 编委会

**主　任**

迟建平

**副主任**

付平良　白欢朋　斯　兰　刘　波

**委　员**

蔡国勇　朱晓红　唐晓伟　王皓熠　张伟婵

窦　娜　杨明宇　王　鹏　杨　闯　梅　雪

姜　岩　谢　军　邹　萌　孙小朋　郭兴翠

樊安然　张礼南　梁　雨　赵　地　张　素

# 前　言

　　"营商环境是企业生存发展的土壤"，打造良好的营商环境是建设现代化经济体系、促进高质量发展的重要基础。党的十八大以来，习近平总书记高度重视优化营商环境，作出一系列重要指示要求，强调"营商环境只有更好，没有最好"。《中华人民共和国国民经济和社会发展第十四个五年规划和2035年远景目标纲要》明确提出"构建一流营商环境"，要求"持续优化市场化、法治化、国际化营商环境"，擘画了未来中国营商环境的美好蓝图。党的二十大报告提出要"完善产权保护、市场准入、公平竞争、社会信用等市场经济基础制度，优化营商环境"。以更好的营商环境激发经营主体活力、增强高质量发展动力，已成为新时代全社会的广泛共识和孜孜追求。

　　近年来，为持续推进营商环境的建设，党中央、国务院不断破解经营主体的痛点、淤点、堵点、难点，作出一系列重要部署，出台了《优化营商环境条例》，实施一系列重大举措，通过强化顶层设计、注重改革推进、重视方法创新、实施以评促建等措施，市场活力得到了有效释放，企业经营成本显著下降，我国营商环境在全球排名持续上升，为构建新发展格局、推动高质量发展提供了坚实有力的支撑。国内各城市将优化营商环境作为进一步深化改革和完善市场经济体制的重要工作，主动作为、探索创新，深入推进优化营商环境重点领域改革，结合当地实际推出了一大批实践证明行之有效、人民群众满意、经营主体支持的改革举措，进一步提升了企业的获得感和满意度，有力地促进了城市经济社会高质量发展。

　　为准确了解和把握我国城市产业营商环境的真实状况，发掘和解决产业营商环境建设中的难点问题，进一步促进城市产业营商环境优化，由中国信息协会营商环境专业委员会、国家信息中心区域发展研究院、北京国际工程咨询有限公司、北京华通人商用信息有限公司联合成立中国产业营商环境竞争力研究课题组，编制了《中国城市产业营商环境发展报告（2022）》（以下简称"本报告"）。希望通过系统研究分析，为我国各城市产业营商环境的改善提供一定的借鉴，也为政策制定者、企业家及相关研究者提供一些参考与启示。

　　本报告主要参考《世界银行宜商环境评估体系》、国家发展和改革委员会发布的《中国营商环境报告2021》、《产业营商环境评价通用指标》（T/CIIA034—2023）等报告和标准，从各城市实际情况出发，聚焦产业营商环境建设，广泛听取各方意见建议而形成。本报告科学构建了我国城市产业营商环境评价指标体系，对直辖市、计划单列市、省会城市、多个地级市和若干城市群进行了全面、系统的产业营商环境评价，客观反映了各地区产业营商环境的基本情况、首创经验和典型做法，分析了现阶段优化城市产业营商环境面临的主要问题和挑战，并就进一步优化我国城市产业营商环境提出了相关建议。

　　提升城市产业营商环境没有休止符，优化城市产业营商环境永远在路上。各城市需要更加紧密地团结在以习近平同志为核心的党中央周围，全面贯彻习近平新时代中国特色社会主义思想，把优化产业营商环境作为促进经济行稳致远的重要抓手，把营造一流产业营商环境作为稳增长稳预期、发展经济的"先手棋"、招商引资的"强磁场"、释放活力的"稳定器"、区域竞争的"软实力"，持续提升城市竞争力，为实现第二个百年奋斗目标，实现中华民族伟大复兴的中国梦做出更大贡献。

# 目 录

# 第一章 背景及意义

## 第一节 优化营商环境是党中央国务院作出的重大战略部署

"种得梧桐树,引得凤凰来。"党的十八大以来,习近平总书记高度重视营商环境,作出一系列重要指示,强调"营商环境只有更好,没有最好""法治就是最好的营商环境""持续打造市场化、法治化、国际化营商环境"。党的二十大报告中,明确要求"完善产权保护、市场准入、公平竞争、社会信用等市场经济基础制度,优化营商环境","合理缩减外资准入负面清单,依法保护外商投资权益,营造市场化、法治化、国际化一流营商环境"。2022 年,我国政府工作报告明确提出,要围绕打造市场化法治化国际化营商环境,持续推进"放管服"改革。国务院总理李强强调,"要把打造市场化、法治化、国际化营商环境摆在重要位置,进一步稳定社会预期,提振发展信心,激发市场活力,推动经济运行持续回升向好"。当前,我国经济已由高速增长阶段转向高质量发展阶段,面对新形势、新机遇、新挑战,要实现高质量跨越式发展,必须拥有良好的营商环境,并持续优化,以此增强发展新动力、构筑竞争新优势。

良好的营商环境是提振发展信心的重要法宝。对于国家和地区而言,营商环境直接影响到每一个经营主体的成长、创新和发展,影响到每一个经营主体的活力和增长动力，是国家或者地区综合竞争力的重要方面。拥有一个良好的营商环境才能不断增强经济的吸引力、创造力和竞争力，从而提升发展信心。好的营商环境就是生产力、竞争力，不断优化营商环境就是解放生产力、提升竞争力。地区间发展差距，表面看是经济数据的差距、企业数量和质量的差距，实际上更多是营商环境的差距，而一个地方的营商环境怎么样，经营主体最有发言权。良禽择木而栖，有好环境、好平台、好服务，就能让企业、项目和人才"近悦远来"。

良好的营商环境是吸引发展要素的关键因素。良好的营商环境有利于吸引资金、技术、人才等各类发展要素的流入与集聚，促进区域经济从传统的成本优势向以品牌、资本、技术、服务、人才为核心的综合竞争优势转变，进而对经济增长、产业发展、财税收入、社会就业等产生重要影响。哪里营商环境好，哪里就会形成强大的人流、物流、资金流和信息流；哪里营商环境差，投资者就会望而却步。放眼全国，从沿海发达地区到内陆省份，无一不把营造良好的营商环境作为加快发展的制胜法宝，通过比速度、比效率、比服务，千方百计吸引企业投资，想方设法争抢资源要素。

良好的营商环境是激发市场活力的必要条件。良好的营商环境，可以让企业和企业家有充分成长和施展才华的空间，最大程度激发经营主体特别是企业的发展内生动力和创造力，稳定市场预期和信心，夯实经济增长的微观基础。一方面，良好的营商环境节约了企业制度性交易成本，助益企业增加生产性投入，激发企业活力，助力优化企业治理结构，从企业内部因素为企业价值的提高创造空间，实现了"便企"目的。另一方面，良好的营商环境降低了企业税费负担，节约了企业现金流，也为企业享受补贴、奖励及享受减税降费政策优化了流程、简化了手续、提高了效率，更好地发挥了助企纾困的作用，达到了"惠企"目的。此外，良好的营商环境增加了企业盈利空间，提高了企业新增投资的积极性，从业务许可和资质认定等方面为企业清障，使企业更有信心且更便利地开展新的经营业务和生产活动，实现了"育企"目的。

## 第二节　优化产业营商环境是促进经济发展的重要动力

"好的营商环境像阳光、水、空气，须臾不可或缺。"在当今全球化竞争的背景下，一个良好的营商环境对于助力产业结构升级具有举足轻重的作用。世界研究表明：良好的营商环境会使投资率增长 0.3%，GDP 增长率增加 0.36%。持续优化营商环境，不仅是吸引外资、推动企业创新发展的重要因素，更是促进产业优化升级、提高经济整体竞争力的关键动力。想要用良好的营商环境推动产业的高质量发展，就要坚持以招商引资为抓手，切实将环境优势转化为产业发展的优势，并且持续招大引强，不断做强"产业链"，形成"服务链"，通过压实主体责任、瞄准"链主"企业和头部企业、紧盯重大产业项目，不断激发招商引资活力，进而形成产业集群生态。

优化产业营商环境有利于促进经济持续发展。优化产业营商环境降低了企业的运营成本和风险，简化行政审批、减少繁琐程序，使得企业能够更高效地运营和发展。同时，清晰透明的政策环境降低了经营风险，增加了企业的投资信心，使其更愿意投入到产业发展中。另外，优化产业营商环境吸引了更多的投资和人才，一个稳定、透明的市场环境会吸引国内外投资者的关注，也会吸引高素质的人才前来发展。

这些都为企业、产业的发展创造了更为宽松的条件，将有力促进经济持续高质量发展。

优化产业营商环境有利于经济结构转型升级。不断优化的产业营商环境有利于企业的规模扩大和产业集聚效应的形成。在一个便利的产业营商环境下，企业更容易获取资源，也更愿意扩大生产规模，从而降低了生产成本，提升了竞争力。不断优化的产业营商环境能够吸引更多的国际国内企业投资兴业，引入先进的生产技术和管理经验，从而提升了产业技术水平和竞争力，推动了经济向高端、高效、高附加值方向发展。不断优化的营商环境让企业更容易获得创新所需的资源，包括人才、技术支持、资金等，从而推动了企业技术水平的提升，促进了产业自主创新和技术升级，有力带动了经济结构的转型升级，实现推动经济结构朝着更为先进、高效的方向高质量发展。

优化产业营商环境有利于保障经济安全稳定。当前，国际经济、政治、文化、安全等各方面都在发生深刻调整，世界进入动荡变革期，不稳定不确定性因素增加。我们必须在一个更加不稳定不确定的世界中谋求国家发展，做好较长时间打持久战的思想准备和工作准备。要形成以国内大循环为主体、国内国际双循环相互促进的新发展格局，培育新形势下我国参与国际合作和竞争的新优势，必须保障产业链供应链安全稳定。一方面，我国现在仍在某些领域存在"断档"的现象，我们正在"卧薪尝胆"式地创新，努力解决核心技术攻关问题、"卡脖子"问题。加快优化产业营商环境，可促进我国各地立足自身产业发展特点和发展环境，围绕主导产业进行产业链招商，扶持相关企业加快完成投资计划，助推企业加快转型升级，打造了一批技术含量高、发展质量好、产业带动强的行业龙头企业，实现我国产品自主可控、本土化、国产化，全力以赴保障国内产业链供应链稳定。另一方面，优化产业营商环境，各地可通过齐全的产业配套，充沛的人才资源，更加透明、清晰、安全的法治环境等，进一步增强对外资的吸引力和对现有外资企业的黏性，相对完善的产业链和配套设施也会吸引更多的相关企业进驻，形成产业集聚效应，推动了整个产业链的发展。

## 第三节　各级城市是优化产业营商环境的主战场主阵地

"水深则鱼悦，城强则贾兴。"城市作为现代经济社会活动的核心场所，拥有丰富的资源和优越的地理位置，吸引了大量企业和人才的汇聚，是经济活力迸发的中心，承载着产业营商环境建设的重任。城市的繁华与活力直接反映了产业营商环境的优劣，一个具有吸引力的城市，不仅会吸引更多企业的进驻，也会成为各类人才的聚集地，带动整个国家的产业营商环境不断优化，从而形成了一种良性循环态势。根据国家统计局数据显示，2022 年全国国内生产总值达 121.02 万亿元，24 座排名靠前的万亿城市 GDP 总量达 459827.1 亿元，占全国 GDP 的 38%；GDP 百强城市经济总量则达到 85.1 万亿元，占全国比重 70.3%。

城市的设施服务是企业聚集的基本保障。现代城市具备完善的交通、通信、能源等基础设施，为企业提供了便利的生产和经营条件。城市还提供了健全的公共服务体系，包括教育、医疗、文化等，为企业吸引和培养人才提供了有力支持。城市的文化与氛围也是营商环境的重要组成部分。一个具有活力、创新氛围的城市，能够吸引更多的人才和企业，例如，文化活动的丰富多样、科技创新的氛围等，都将成为企业发展的有力助推器，城市的文化特色也将成为吸引投资和消费的独特魅力。

城市的市场容量是吸引企业的关键因素。相对于乡村地区，城市拥有更大的市场容量和消费潜力，各类产业在城市中也更容易找到自己的发展空间。城市中还集聚了大量的高等院校、科研机构和创新企业，形成了丰富的创新资源池，企业在城市中更容易获取到最新的科技信息和技术支持，也更容易进行技术创新和研发活动。上海是全球商品和服务的重要生产地、消费地，具有较强的资源集聚能力和消费吸引力，还能够发挥产业辐射带动效应，国际国内众多企业纷纷在此发展。深圳和杭州等科技创新城市，立足发达基础设施和产业基础，通过建设科技产业园区，吸引大量科技和相关领域企业入驻，为其提供了丰富的市场资源和合作机会，这样的城市创新环境助推了科技企业的发展，也因此吸纳了众多企业。

城市的资源是形成产业生态圈的重要条件。城市集聚了大量的人才、资本、信息和技术，这使得企业在城市中更容易获取到所需的资源，也更容易与其他企业形成合作关系，共同推动产业的发展，进而形成产业生态圈，推动产业集群发展。首先，城市拥有人才聚集的独特优势。作为社会资源的汇聚地，城市吸引了大量高素质人才的涌入，形成了人才密集区域。这种聚集效应带动了知识、技能和经验的传承和创新，为产业生态的繁荣奠定了坚实基础。其次，城市聚集了丰富的资本资源。金融机构、投资基金、创业孵化器等大量的金融资本和风险投资机构集聚于城市，为创新企业提供了丰富的融资渠道和投资机会，这使得创业者可以更加容易地获得启动资金，推动了创新等行业的蓬勃发展。此外，城市还是信息交流的重要枢纽，是技术创新的源头活水。信息的高效传递和共享是现代经济活动的基石，城市集聚了大量的媒体、科研机构、企业等信息生产和传播主体，形成了庞大的信息网络，科研机构、高等院校、创新企业等更在城市中相互交融，形成了良性互动的科技创新生态系统，为企业提供了获取市场信息和技术、洞察市场需求的便利条件。

# 第四节　产业营商环境评价是推动高质量发展的
# 重要抓手

　　"营商环境没有最好，只有更好。"围绕营商环境评价，国内外已经开展了多项研究工作，世界银行连续多年发布《全球营商环境评估报告》，对全球的数百个经济体进行营商环境评价，并且在 2023 年构建了新的评价体系——宜商环境评价体系，提供了新的评估思路和指标体系；党中央、国务院也明确部署，按照"借鉴国际经验，抓紧建立营商环境评价机制，逐步在全国推行"的要求，2018 年以来，由国家发展改革委牵头，本着"国际可比、中国特色"的原则，以经营主体和社会公众满意度为导向，构建了中国营商环境评价体系。国内外实践表明，开展营商环境评价是准确把握营商环境状况，以评促改、以改促优，是推动营商环境持续优化的重要抓手。中国作为世界上经济增速较快的国家之一，城市作为中国经济的主战场主阵地，要把城市产业营商环境评价置于国家战略的重要位置，建立中国特色的城市产业营商环境评价体系。

　　开展产业营商环境评价是促进城市高质量发展的重要举措。城市产业营商环境的优化依赖于对我国各城市产业营商环境水平的准确评估。我国地域广阔，不同城市之间的产业营商环境存在较大差异，即使是一个省份内，不同城市之间的产业营商环境也存在较大差异。例如，我国东部沿海地区是改革开放的前沿阵地，受惠于改革开放政策及地理位置优势，各类经营主体的投资较为活跃，很多城市产业营商环境较为便利，而中部、西部、东北地区起步较晚，一直处于追赶阶段。优化产业营商环境是促进城市发展的重要动力，而准确了解、把握我国城市产业营商环境的真实状况，优化城市产业营商环境政策中的难点问题，是改善城市产业营商环境的重要举措。

开展产业营商环境评价是提升经营主体感受的重要途径。一个地方的产业营商环境是否优化、企业和群众办事创业是否更加便利，最终是由企业和群众说了算。进行城市产业营商环境评价，推动各城市更加关注经营主体的获得感，以经营主体和社会公众满意度为导向，可以下大力气解决一批长期困扰企业和群众的体制机制性障碍，在法治框架内探索出原创性、差异化的优化产业营商环境具体措施，持续贡献创新做法和鲜活经验。进行城市产业营商环境评价也有助于客观反映各城市企业和群众办事创业的便利情况，为各城市提供指向清晰、标准明确的路径指引和工作抓手，促进各城市更加主动换位思考，深入推进重点领域和关键环节改革，推动优化产业营商环境持续走深走实。

开展产业营商环境评价是树立典型示范标杆的重要方法。在产业营商环境评价工作中，及时发现并梳理总结各城市优化产业营商环境的好经验、好做法、好案例，提炼形成更多可供复制推广借鉴的改革举措，有利于更好发挥评价的标杆引领、示范、辐射带动作用，引导各城市形成优化产业营商环境的良性竞争，形成竞相推进改革的生动局面。而且，还可以发挥示范高地引领作用，比如直辖市、计划单列市等重要城市作为各地重要的综合功能平台，承担着国家重大发展和改革开放战略任务，是所在区域经济高质量发展的风向标。通过评价工作，可以推动这些重要城市更好发挥开放高地的排头兵、先行者、示范区作用，激发"鲇鱼效应"，主动挖掘改革亮点，进一步加快改革步伐，为推动全国城市向纵深推进改革积累经验。

# 第二章 产业营商环境评价综述

## 第一节 评价目的

本报告客观反映我国各级城市产业营商环境的真实状况，因地制宜、科学把握各城市产业营商环境的本土特色、首创经验、典型做法和热点难点问题，研究分析可复制、可推广的经验，为进一步促进城市产业营商环境优化提供借鉴。本报告构建了我国城市产业营商环境评价指标体系，对直辖市、计划单列市、省会城市、多个地级市和若干城市群进行了产业营商环境评价，分析了现阶段优化城市产业营商环境面临的主要问题和挑战，并就进一步优化我国城市产业营商环境提出了相关建议。希望通过系统研究分析，为政策制定者、企业家及相关研究者提供一些参考与启示。

## 第二节 评价范围

本报告选取了 4 个直辖市、5 个计划单列市、27 个省会城市以及 224 个地级市，共 260 个城市作为本次中国产业营商环境发展研究的样本，基本反映了我国城市产业发展营商环境的总体面貌，对进一步优化我国城市产业营商环境具有一定的借鉴和参考价值。

# 第三节　评价指标体系

本报告充分借鉴国内外关于城市战略、产业发展、营商环境等方面的研究成果，把握城市产业营商环境建设中一些关键要素，通过对这些要素进行细致剖析，按照科学性、导向性、可操作性原则，围绕制度法规保障、要素支撑保障、产业生态保障3个方面，构建形成我国城市产业营商环境评价指标体系，该体系包括3个一级指标、11个二级指标、25个三级指标。

一是制度法规保障。制度法规是最好的营商环境，优化产业营商环境需要发挥制度法规固根本、稳预期、利长远的保障作用。加快规范和落实相关制度法规，提高制度执行力，构建统一开放、竞争有序的现代市场体系，是优化城市产业营商环境的应有之义，也是推进城市高质量发展的重要举措。

二是要素支撑保障。要素支撑是一个城市产业营商环境的重要因素，影响着当地企业成长的快慢与好坏。优化城市产业营商环境的过程，是集聚要素资源、合理分配要素禀赋、激发创新创造活力的过程。加快要素供给侧结构性改革，促进要素供给与产业发展相匹配是城市提升优化产业营商环境的重要手段。

三是产业生态保障。产业生态反映了城市的产业规模、集聚效应和开放程度，是企业成长的重要环境和土壤。优化产业营商环境的过程，也是促进产业改革创新、扩大开放、集群发展、规模壮大的过程。加快促进城市产业生态与经济高质量发展相适应，是城市优化产业营商环境的重要途径。

我国城市产业营商环境评价指标体系及权重见表2-3-1。

表2-3-1　我国城市产业营商环境评价指标体系及权重

| 一级指标 | 二级指标 | 三级指标 |
|---|---|---|
| 制度法规保障（0.4） | 市场环境（0.3） | 市场环境指数（0.3） |
| | 政务环境（0.4） | 政务环境指数（0.4） |
| | 法治环境（0.3） | 法治环境指数（0.3） |
| 要素支撑保障（0.3） | 基础设施（0.3） | 城市建设固定资产投资额（0.4） |
| | | 境内公路总里程（0.3） |
| | | 高速公路里程（0.3） |
| | 金融服务（0.3） | 年末金融机构人民币各项存款余额（0.3） |
| | | 年末金融机构人民币各项贷款余额（0.7） |
| | 人力资源（0.3） | 城镇非私营单位从业人员期末人数（0.4） |
| | | 普通本专科在校学生数（0.3） |
| | | 中等职业教育学校在校学生数（0.3） |
| | 生活服务（0.1） | 每万人医院床位数（0.3） |
| | | 每万人执业（助理）医师数（0.3） |
| | | 每万人普通中学专任教师数（0.4） |
| 产业生态保障（0.3） | 产业规模（0.25） | 国内生产总值（0.4） |
| | | 社会消费品零售额（0.3） |
| | | 地方一般公共预算收入（0.3） |
| | 产业集聚（0.25） | 规模以上工业企业数（0.5） |
| | | 内资企业数（0.5） |
| | 产业创新（0.25） | 科学技术支出金额（0.4） |
| | | 专利授权数（0.3） |
| | | 发明专利授权数（0.3） |
| | 产业开放（0.25） | 货物进口额（0.3） |

续表

| 一级指标 | 二级指标 | 三级指标 |
|---|---|---|
| 产业生态保障（0.3） | 产业开放（0.25） | 货物出口额（0.4） |
| | | 外商投资企业数量（0.3） |

注：指标户括号内为各指标权重。在数据来源上，市场环境指数、政务环境指数、法治环境指数由专家打分法获得，其他指标数据均来自中国统计年鉴、中国城市统计年鉴、各相关城市的统计年鉴、各相关城市的统计公报等。

# 第四节　评价流程

一是前期准备阶段。系统研究和学习《世界银行宜商环境评估体系》、国务院发布的《优化营商环境条例》、国家发展和改革委员会发布的《中国营商环境报告2021》、《产业营商环境评价通用指标》（T/CIIA 034—2023）等报告和标准，为开展产业营商环境研究提供扎实的基础。

二是指标设计阶段。结合城市产业发展规律和特点，以制度法规保障、要素支撑保障、产业生态保障三方面维度为基准，构建城市产业营商环境评价指标体系，明确各评价指标的内涵，邀请相关专家、业内人士、企业代表、城市决策者参与研讨并对该指标体系提出建议，不断修改完善，最终形成本报告采用的评价指标体系。

三是评价方法明确阶段。采用前沿距离法，对基础指标数据进行无量纲化处理，计算标准化数值。以各城市的最优值为前沿值，测算方法见式（2-4-1）、式（2-4-2）：

正向指标：　$X_i^* = \dfrac{X_i - X_{\min}}{X_{\max} - X_{\min}} \times 100$ 　　　　式（2-4-1）

逆向指标：
$$X_i^* = \frac{X_{max} - X_i}{X_{max} - X_{min}} \times 100 \qquad 式（2-4-2）$$

其中，正向指标：指数值越大，表现越佳；负向指标：指数值越大，表现越差。采用主观和客观相结合的方法确定权重，在基础指标数据无量纲化、计算标准化处理后，分层逐级加权得到产业营商环境综合指数和分项指数。

四是数据采集阶段。围绕全国 260 个城市，通过中国统计年鉴，省统计年鉴等公开渠道收集、查询各指标 2021 年统计数据，形成以城市为核心的大样本数据库。对于个别城市的缺失和异常数据，根据缺失数据的特征，分别采用回归插补法、平滑法、均值插补法和贝叶斯模拟等方法对缺失值进行补充。

五是统计分析阶段。围绕收集的数据进行系统性分析，以统计图、雷达图等为直观表现手法，对城市、城市群的各级指标进行结果分析，总结各城市产业营商环境排名及各指标表现情况，围绕发现的问题，提出对策建议。

六是结果发布阶段。本报告以重要大会为平台，进行公开发布，同时围绕城市产业营商环境发展情况和热点难点问题，与专家、学者、业内人士、企业管理人员、城市决策者等广泛交流，为优化我国城市产业营商环境献策献计。

# 第三章　总体评价情况分析

## 第一节　城市总体排名分析

　　本报告根据前文提出的评价方法，对各城市产业营商环境数据进行测算，分别列示了 2021 年 4 个直辖市、5 个计划单列市、27 个省会城市和其他 224 个地级市的产业营商环境综合指数排名，并研究探讨了该评价体系下分项指标的现状。总体来看，我国积极制定并加快实施《优化营商环境条例》，营商环境改革持续深化，各级城市产业营商环境总体向好，但也存在地域发展不平衡问题，部分城市差异明显。其中，直辖市、计划单列市在此次评价中明显领先，省会城市在此次评价中表现较好，其他地级市还有较大提升空间。各级城市产业营商环境综合指数平均值对比见图 3-1-1。

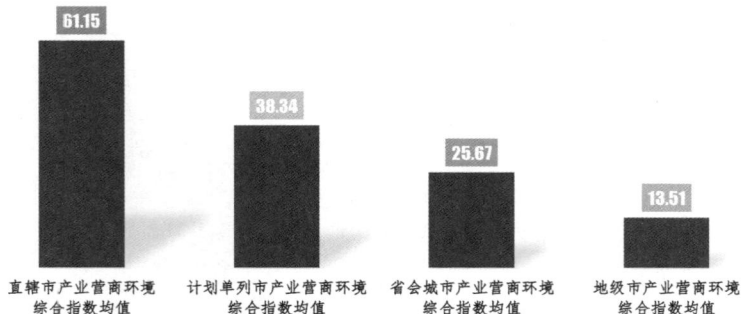

| | 61.15 | | | |
| --- | --- | --- | --- | --- |

直辖市产业营商环境　　计划单列市产业营商环境　　省会城市产业营商环境　　地级市产业营商环境
综合指数均值　　　　　综合指数均值　　　　　　综合指数均值　　　　　综合指数均值

图3-1-1　各级城市产业营商环境综合指数平均值对比

## 一、直辖市产业营商环境综合指数排名

对北京、上海、天津、重庆 4 个直辖市的产业营商环境评价结果进行分析，具体排名结果如表 3-1-1 所示。

表3-1-1　直辖市产业营商环境综合指数排名

| 直辖市 | 标准化值 | 直辖市内排名 | 全国排名 |
|---|---|---|---|
| 上海市 | 77.89 | 1 | 1 |
| 北京市 | 74.59 | 2 | 2 |
| 重庆市 | 52.77 | 3 | 5 |
| 天津市 | 39.33 | 4 | 11 |

从直辖市的产业营商环境评分来看，4 个直辖市的产业营商环境综合指数排名在全国中比较突出，整体表现出色。上海（77.89）和北京（74.59）的产业营商环境综合指数明显高于重庆（52.77）和天津（39.33）。从分项指标来看，北京和上海近年来专注解决经营主体关心的核心问题，参照国际先进水平，实施了一系列富有成效的改革措施，各指标均表现优秀。见图 3-1-2、图 3-1-3。

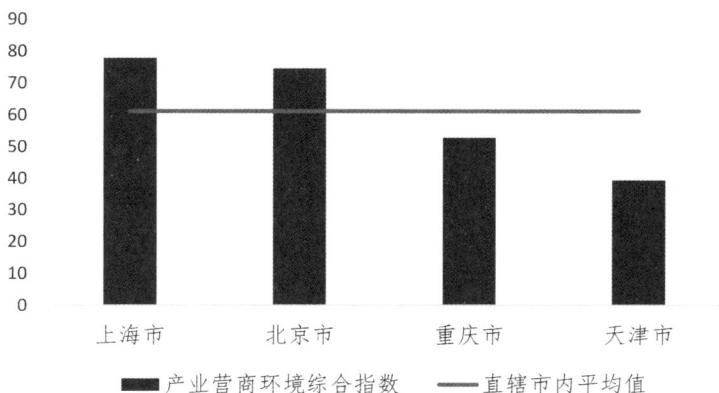

图3-1-2　直辖市产业营商环境综合指数

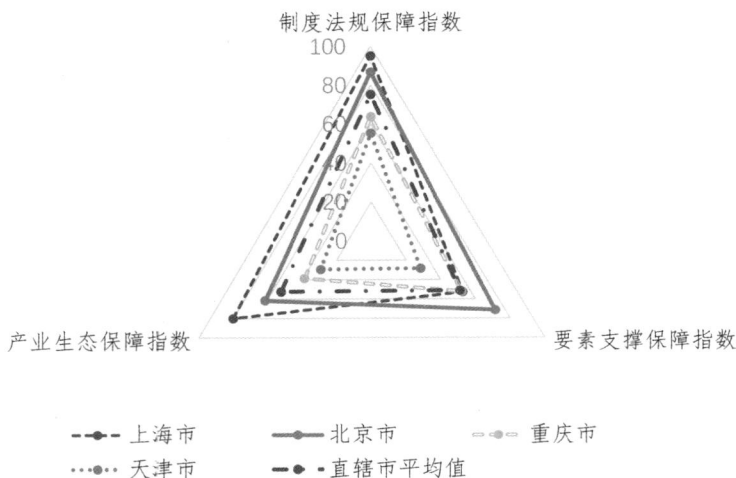

图 3-1-3　直辖市产业营商环境分项指标雷达图

## 二、计划单列市产业营商环境综合指数排名

对 5 个计划单列市的产业营商环境评价结果进行分析，具体排名结果如表 3-1-2 所示。

表3-1-2　计划单列市产业营商环境综合指数排名

| 直辖市 | 标准化值 | 计划单列市内排名 | 全国排名 |
| --- | --- | --- | --- |
| 深圳市 | 70.00 | 1 | 3 |
| 宁波市 | 38.50 | 2 | 12 |
| 青岛市 | 34.24 | 3 | 16 |
| 厦门市 | 27.45 | 4 | 23 |
| 大连市 | 21.53 | 5 | 39 |

从计划单列市的产业营商环境指数排名看，2021 年 5 个城市在全国的排名也较为靠前，整体表现良好。深圳市（70.00）尤为突出，在全国排名位列第 3 名，在 5 个计划单列市中稳居首位，明显高于宁波市（38.50）、

青岛市（34.24）、厦门市（27.45）和大连市（21.53），各个单项的得分也全部位居第1。见图3-1-4、图3-1-5。

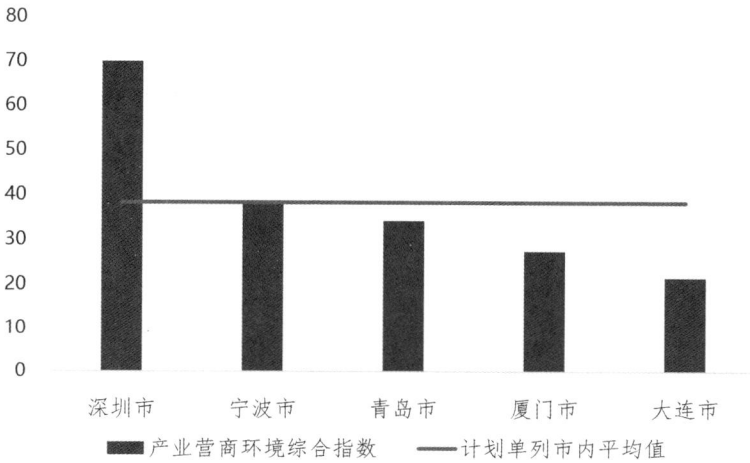

图3-1-4 计划单列市产业营商环境综合指数

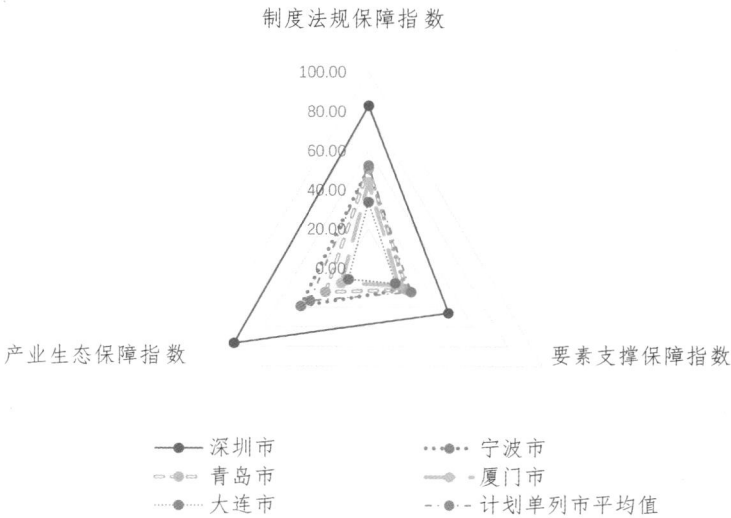

图3-1-5 计划单列市产业营商环境分项指标雷达图

### 三、省会城市产业营商环境综合指数排名

对 27 个省会城市的产业营商环境评价结果进行分析，具体排名结果如表 3-1-3 所示。

表3-1-3　省会城市产业营商环境综合指数排名

| 省会城市 | 标准化值 | 省会城市内排名 | 全国排名 |
|---|---|---|---|
| 广州市 | 53.72 | 1 | 4 |
| 杭州市 | 44.33 | 2 | 7 |
| 成都市 | 43.75 | 3 | 8 |
| 武汉市 | 39.83 | 4 | 10 |
| 南京市 | 37.98 | 5 | 13 |
| 郑州市 | 35.49 | 6 | 14 |
| 西安市 | 32.40 | 7 | 17 |
| 长沙市 | 31.34 | 8 | 19 |
| 济南市 | 30.18 | 9 | 20 |
| 合肥市 | 27.61 | 10 | 21 |
| 福州市 | 25.22 | 11 | 27 |
| 南昌市 | 23.95 | 12 | 31 |
| 石家庄市 | 23.49 | 13 | 32 |
| 沈阳市 | 22.99 | 14 | 35 |
| 贵阳市 | 21.89 | 15 | 38 |
| 太原市 | 21.36 | 16 | 40 |
| 长春市 | 20.54 | 17 | 43 |
| 南宁市 | 20.26 | 18 | 44 |
| 昆明市 | 19.95 | 19 | 45 |
| 哈尔滨市 | 18.39 | 20 | 56 |
| 海口市 | 15.46 | 21 | 77 |
| 呼和浩特市 | 14.85 | 22 | 87 |

续表

| 省会城市 | 标准化值 | 省会城市内排名 | 全国排名 |
|---|---|---|---|
| 兰州市 | 14.74 | 23 | 88 |
| 银川市 | 14.52 | 24 | 94 |
| 拉萨市 | 14.29 | 25 | 98 |
| 西宁市 | 12.34 | 26 | 148 |
| 乌鲁木齐市 | 12.25 | 27 | 154 |

各省会城市产业营商环境综合指数排名基本比较靠前，广州市、成都市、武汉市、杭州市和南京市居省会城市前5位，其中广州市的产业营商环境表现最为突出，排在全国第4位。2021年排在前10位的省会城市中，有4个东部地区城市、4个中部地区城市、2个西部地区城市；排在后10位的省会城市中，有8个西部地区城市、1个中部地区城市和1个东部地区城市。见图3-1-6。

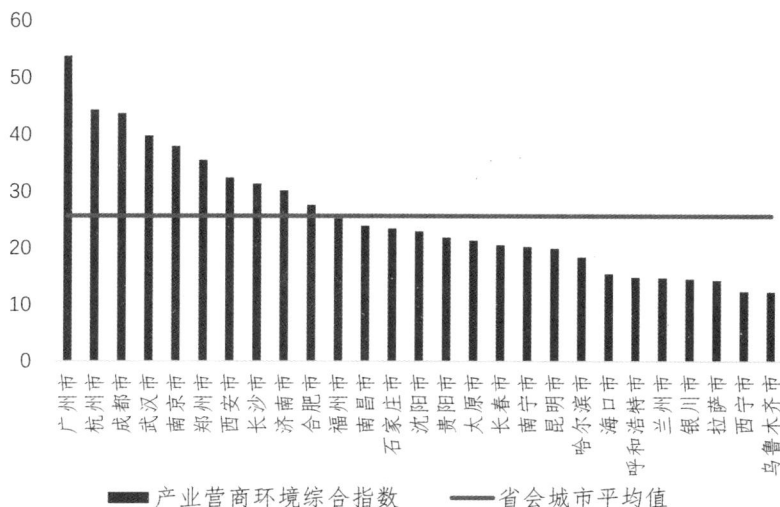

图3-1-6  省会城市产业营商环境综合指数

## 四、其他地级市城市产业营商环境综合指数排名

对 224 个地级市的产业营商环境评价结果进行分析，具体排名结果如表 3-1-4 所示。

表3-1-4　其他地级市城市产业营商环境综合指数排名

| 地级市 | 标准化值 | 其他地级市内排名 | 全国排名 |
|---|---|---|---|
| 苏州市 | 50.85 | 1 | 6 |
| 东莞市 | 41.41 | 2 | 9 |
| 佛山市 | 35.09 | 3 | 15 |
| 无锡市 | 31.89 | 4 | 18 |
| 温州市 | 27.60 | 5 | 22 |
| 嘉兴市 | 27.45 | 6 | 24 |
| 金华市 | 26.61 | 7 | 25 |
| 绍兴市 | 25.69 | 8 | 26 |
| 珠海市 | 25.17 | 9 | 28 |
| 泉州市 | 24.99 | 10 | 29 |
| 常州市 | 24.50 | 11 | 30 |
| 台州市 | 23.19 | 12 | 33 |
| 南通市 | 23.00 | 13 | 34 |
| 潍坊市 | 22.77 | 14 | 36 |
| 烟台市 | 22.73 | 15 | 37 |
| 中山市 | 20.78 | 16 | 41 |
| 徐州市 | 20.77 | 17 | 42 |
| 东营市 | 19.94 | 18 | 46 |
| 淄博市 | 19.66 | 19 | 47 |
| 惠州市 | 19.19 | 20 | 48 |
| 威海市 | 19.06 | 21 | 49 |
| 湖州市 | 18.96 | 22 | 50 |
| 赣州市 | 18.76 | 23 | 51 |

续表

| 地级市 | 标准化值 | 其他地级市内排名 | 全国排名 |
|---|---|---|---|
| 镇江市 | 18.69 | 24 | 52 |
| 济宁市 | 18.65 | 25 | 53 |
| 芜湖市 | 18.58 | 26 | 54 |
| 鄂尔多斯市 | 18.43 | 27 | 55 |
| 洛阳市 | 18.12 | 28 | 57 |
| 扬州市 | 17.37 | 29 | 58 |
| 淮安市 | 16.96 | 30 | 59 |
| 宜昌市 | 16.79 | 31 | 60 |
| 汕头市 | 16.72 | 32 | 61 |
| 舟山市 | 16.66 | 33 | 62 |
| 九江市 | 16.65 | 34 | 63 |
| 聊城市 | 16.64 | 35 | 64 |
| 廊坊市 | 16.53 | 36 | 65 |
| 唐山市 | 16.52 | 37 | 66 |
| 临沂市 | 16.50 | 38 | 67 |
| 郴州市 | 16.45 | 39 | 68 |
| 盐城市 | 16.36 | 40 | 69 |
| 沧州市 | 16.23 | 41 | 70 |
| 泰州市 | 16.22 | 42 | 71 |
| 吉安市 | 15.81 | 43 | 72 |
| 德州市 | 15.79 | 44 | 73 |
| 江门市 | 15.72 | 45 | 74 |
| 连云港市 | 15.69 | 46 | 75 |
| 湘潭市 | 15.50 | 47 | 76 |
| 桂林市 | 15.44 | 48 | 78 |
| 保定市 | 15.36 | 49 | 79 |
| 衢州市 | 15.31 | 50 | 80 |
| 攀枝花市 | 15.30 | 51 | 81 |

| 地级市 | 标准化值 | 其他地级市内排名 | 全国排名 |
|---|---|---|---|
| 三亚市 | 15.19 | 52 | 82 |
| 岳阳市 | 15.12 | 53 | 83 |
| 宿迁市 | 15.04 | 54 | 84 |
| 株洲市 | 14.92 | 55 | 85 |
| 菏泽市 | 14.85 | 56 | 86 |
| 肇庆市 | 14.71 | 57 | 89 |
| 邵阳市 | 14.70 | 58 | 90 |
| 泸州市 | 14.59 | 59 | 91 |
| 安庆市 | 14.56 | 60 | 92 |
| 襄阳市 | 14.53 | 61 | 93 |
| 蚌埠市 | 14.42 | 62 | 95 |
| 漳州市 | 14.40 | 63 | 96 |
| 遵义市 | 14.29 | 64 | 97 |
| 榆林市 | 14.18 | 65 | 99 |
| 枣庄市 | 14.17 | 66 | 100 |
| 揭阳市 | 14.16 | 67 | 101 |
| 阜阳市 | 13.92 | 68 | 102 |
| 马鞍山市 | 13.90 | 69 | 103 |
| 绵阳市 | 13.85 | 70 | 104 |
| 商丘市 | 13.79 | 71 | 105 |
| 达州市 | 13.71 | 72 | 106 |
| 抚州市 | 13.69 | 73 | 107 |
| 宣城市 | 13.68 | 74 | 108 |
| 清远市 | 13.66 | 75 | 109 |
| 柳州市 | 13.61 | 76 | 110 |
| 开封市 | 13.54 | 77 | 111 |
| 日照市 | 13.52 | 78 | 112 |
| 咸阳市 | 13.52 | 79 | 113 |

续表

| 地级市 | 标准化值 | 其他地级市内排名 | 全国排名 |
|---|---|---|---|
| 六安市 | 13.52 | 80 | 114 |
| 荆门市 | 13.51 | 81 | 115 |
| 大庆市 | 13.29 | 82 | 116 |
| 莆田市 | 13.23 | 83 | 117 |
| 宿州市 | 13.14 | 84 | 118 |
| 滨州市 | 13.13 | 85 | 119 |
| 赤峰市 | 13.12 | 86 | 120 |
| 邢台市 | 13.12 | 87 | 121 |
| 雅安市 | 13.12 | 88 | 122 |
| 新余市 | 13.08 | 89 | 123 |
| 咸宁市 | 13.05 | 90 | 124 |
| 梧州市 | 13.04 | 91 | 125 |
| 龙岩市 | 13.03 | 92 | 126 |
| 滁州市 | 12.99 | 93 | 127 |
| 黄石市 | 12.98 | 94 | 128 |
| 孝感市 | 12.96 | 95 | 129 |
| 南阳市 | 12.96 | 96 | 130 |
| 韶关市 | 12.94 | 97 | 131 |
| 信阳市 | 12.93 | 98 | 132 |
| 晋中市 | 12.91 | 99 | 133 |
| 平顶山市 | 12.87 | 100 | 134 |
| 泰安市 | 12.80 | 101 | 135 |
| 宝鸡市 | 12.73 | 102 | 136 |
| 大同市 | 12.65 | 103 | 137 |
| 南充市 | 12.61 | 104 | 138 |
| 邯郸市 | 12.58 | 105 | 139 |
| 鹰潭市 | 12.53 | 106 | 140 |
| 克拉玛依市 | 12.48 | 107 | 141 |

续表

| 地级市 | 标准化值 | 其他地级市内排名 | 全国排名 |
|---|---|---|---|
| 周口市 | 12.47 | 108 | 142 |
| 河源市 | 12.47 | 109 | 143 |
| 宜春市 | 12.46 | 110 | 144 |
| 丽水市 | 12.40 | 111 | 145 |
| 萍乡市 | 12.35 | 112 | 146 |
| 张家口市 | 12.34 | 113 | 147 |
| 延安市 | 12.34 | 114 | 149 |
| 驻马店市 | 12.31 | 115 | 150 |
| 鄂州市 | 12.31 | 116 | 151 |
| 吉林市 | 12.29 | 117 | 152 |
| 三明市 | 12.26 | 118 | 153 |
| 三门峡市 | 12.12 | 119 | 155 |
| 焦作市 | 12.03 | 120 | 156 |
| 益阳市 | 12.01 | 121 | 157 |
| 包头市 | 11.98 | 122 | 158 |
| 广安市 | 11.98 | 123 | 159 |
| 漯河市 | 11.97 | 124 | 160 |
| 临汾市 | 11.96 | 125 | 161 |
| 安康市 | 11.95 | 126 | 162 |
| 淮北市 | 11.94 | 127 | 163 |
| 许昌市 | 11.92 | 128 | 164 |
| 十堰市 | 11.91 | 129 | 165 |
| 承德市 | 11.87 | 130 | 166 |
| 玉林市 | 11.86 | 131 | 167 |
| 常德市 | 11.85 | 132 | 168 |
| 葫芦岛市 | 11.85 | 133 | 169 |
| 南平市 | 11.81 | 134 | 170 |
| 内江市 | 11.79 | 135 | 171 |

| 地级市 | 标准化值 | 其他地级市内排名 | 全国排名 |
|---|---|---|---|
| 鹤壁市 | 11.78 | 136 | 172 |
| 玉溪市 | 11.76 | 137 | 173 |
| 宜宾市 | 11.73 | 138 | 174 |
| 亳州市 | 11.73 | 139 | 175 |
| 佳木斯市 | 11.72 | 140 | 176 |
| 酒泉市 | 11.72 | 141 | 177 |
| 永州市 | 11.72 | 142 | 178 |
| 丹东市 | 11.71 | 143 | 179 |
| 铜陵市 | 11.62 | 144 | 180 |
| 钦州市 | 11.59 | 145 | 181 |
| 怀化市 | 11.57 | 146 | 182 |
| 齐齐哈尔市 | 11.51 | 147 | 183 |
| 安阳市 | 11.49 | 148 | 184 |
| 衡水市 | 11.49 | 149 | 185 |
| 白山市 | 11.41 | 150 | 186 |
| 乌海市 | 11.39 | 151 | 187 |
| 德阳市 | 11.36 | 152 | 188 |
| 黄冈市 | 11.34 | 153 | 189 |
| 黄山市 | 11.26 | 154 | 190 |
| 淮南市 | 11.26 | 155 | 191 |
| 宁德市 | 11.13 | 156 | 192 |
| 新乡市 | 10.99 | 157 | 193 |
| 上饶市 | 10.98 | 158 | 194 |
| 盘锦市 | 10.94 | 159 | 195 |
| 铜川市 | 10.93 | 160 | 196 |
| 梅州市 | 10.87 | 161 | 197 |
| 云浮市 | 10.84 | 162 | 198 |
| 白银市 | 10.75 | 163 | 199 |

续表

| 地级市 | 标准化值 | 其他地级市内排名 | 全国排名 |
|---|---|---|---|
| 荆州市 | 10.74 | 164 | 200 |
| 毕节市 | 10.71 | 165 | 201 |
| 曲靖市 | 10.69 | 166 | 202 |
| 遂宁市 | 10.64 | 167 | 203 |
| 广元市 | 10.55 | 168 | 204 |
| 忻州市 | 10.47 | 169 | 205 |
| 营口市 | 10.38 | 170 | 206 |
| 茂名市 | 10.31 | 171 | 207 |
| 松原市 | 10.23 | 172 | 208 |
| 崇左市 | 10.18 | 173 | 209 |
| 伊春市 | 10.17 | 174 | 210 |
| 晋城市 | 10.11 | 175 | 211 |
| 汉中市 | 10.07 | 176 | 212 |
| 眉山市 | 10.02 | 177 | 213 |
| 湛江市 | 9.95 | 178 | 214 |
| 资阳市 | 9.94 | 179 | 215 |
| 渭南市 | 9.88 | 180 | 216 |
| 巴中市 | 9.87 | 181 | 217 |
| 贺州市 | 9.87 | 182 | 218 |
| 秦皇岛市 | 9.80 | 183 | 219 |
| 六盘水市 | 9.79 | 184 | 220 |
| 长治市 | 9.76 | 185 | 221 |
| 运城市 | 9.74 | 186 | 222 |
| 辽阳市 | 9.66 | 187 | 223 |
| 商洛市 | 9.54 | 188 | 224 |
| 自贡市 | 9.48 | 189 | 225 |
| 池州市 | 9.48 | 190 | 226 |
| 丽江市 | 9.44 | 191 | 227 |

续表

| 地级市 | 标准化值 | 其他地级市内排名 | 全国排名 |
|---|---|---|---|
| 北海市 | 9.40 | 192 | 228 |
| 濮阳市 | 9.38 | 193 | 229 |
| 石嘴山市 | 9.34 | 194 | 230 |
| 阳江市 | 9.33 | 195 | 231 |
| 娄底市 | 9.26 | 196 | 232 |
| 白城市 | 9.25 | 197 | 233 |
| 安顺市 | 9.21 | 198 | 234 |
| 乌兰察布市 | 9.16 | 199 | 235 |
| 鞍山市 | 9.02 | 200 | 236 |
| 吴忠市 | 8.99 | 201 | 237 |
| 呼伦贝尔市 | 8.97 | 202 | 238 |
| 本溪市 | 8.95 | 203 | 239 |
| 汕尾市 | 8.86 | 204 | 240 |
| 牡丹江市 | 8.78 | 205 | 241 |
| 锦州市 | 8.77 | 206 | 242 |
| 阳泉市 | 8.58 | 207 | 243 |
| 百色市 | 8.43 | 208 | 244 |
| 天水市 | 8.29 | 209 | 245 |
| 随州市 | 8.22 | 210 | 246 |
| 阜新市 | 8.20 | 211 | 247 |
| 朝阳市 | 8.17 | 212 | 248 |
| 海东市 | 8.12 | 213 | 249 |
| 抚顺市 | 7.96 | 214 | 250 |
| 铁岭市 | 7.77 | 215 | 251 |
| 河池市 | 7.60 | 216 | 252 |
| 辽源市 | 7.54 | 217 | 253 |
| 四平市 | 7.49 | 218 | 254 |
| 通化市 | 7.32 | 219 | 255 |

续表

| 地级市 | 标准化值 | 其他地级市内排名 | 全国排名 |
|---|---|---|---|
| 巴彦淖尔市 | 7.22 | 220 | 256 |
| 保山市 | 7.06 | 221 | 257 |
| 鸡西市 | 7.05 | 222 | 258 |
| 普洱市 | 5.99 | 223 | 259 |
| 临沧市 | 3.08 | 224 | 260 |

从其他地级市的产业营商环境综合指数排名来看，我国不同地区地级市产业营商环境表现差距较大，排名仍十分不均衡。排名前10位的城市为苏州市、东莞市、佛山市、无锡市、温州市、嘉兴市、金华市、绍兴市、珠海市、泉州市，全部分布在东部沿海地区，集中在浙江省、江苏省和广东省。见图3-1-7。

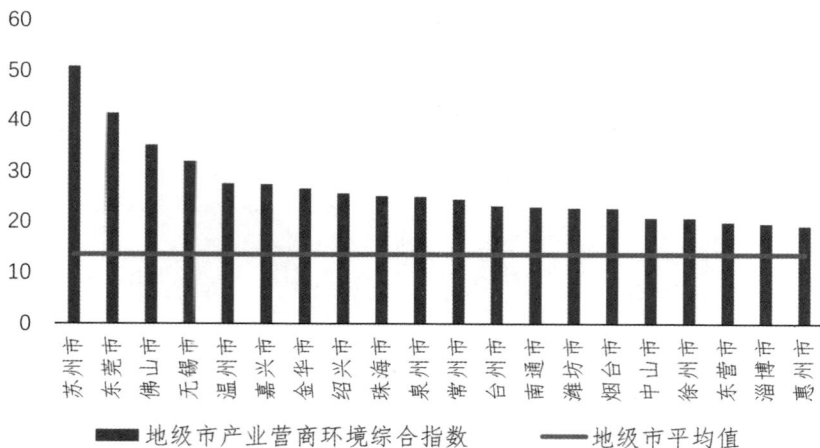

图3-1-7　其他地级市（排名前20位）产业营商环境综合指数

# 第二节 专项评价排名分析

围绕制度法规保障、要素支撑保障、产业生态保障3个一级指标，分别从直辖市、计划单列市、省会城市、其他224个地级市等4个视角，分析探讨我国260个城市的产业营商环境评价3个分项指标的情况。

## 一、制度法规保障

对于城市产业营商环境而言，强化制度法规保障一直是我国各级政府关注的重点问题，竞争有序的市场环境、协同高效的政务环境、公平公正的法制环境是产业项目精准落地的重要前提，有利于吸引企业投资，从而促进当地经济发展。

从直辖市产业的制度法规保障指数得分来看，上海市2021年的产业制度法规保障指数为95.11，排在第1位，北京市（86.67）、重庆市（63.74）、天津市（55.11）依次排列。见表3-2-1。

表3-2-1 直辖市产业制度法规保障指数排名

| 直辖市 | 标准化值 | 直辖市内排名 | 全国排名 |
|---|---|---|---|
| 上海市 | 95.11 | 1 | 1 |
| 北京市 | 86.67 | 2 | 2 |
| 重庆市 | 63.74 | 3 | 5 |
| 天津市 | 55.11 | 4 | 8 |

从计划单列市的制度法规保障指数得分来看，深圳市2021年制度法规保障指数得分为82.89，计划单列市内排名第1位，全国排名第3位；

宁波市（51.07）、青岛市（50.67）、厦门市（43.85）、大连市（33.77）依次排列。深圳市在制度法规保障方面存在较大的优势，是近年来深圳市吸引大量产业项目落地的重要原因。见表3-2-2。

表3-2-2　计划单列市制度法规保障指数排名

| 计划单列市 | 标准化值 | 计划单列市内排名 | 全国排名 |
|---|---|---|---|
| 深圳市 | 82.89 | 1 | 3 |
| 宁波市 | 51.07 | 2 | 11 |
| 青岛市 | 50.67 | 3 | 12 |
| 厦门市 | 43.85 | 4 | 19 |
| 大连市 | 33.77 | 5 | 44 |

从省会城市的制度法规保障指数得分来看，广州市2021年的制度法规保障指数得分为64.88，省会城市内排在第1位，全国排名第4位；成都市（56.09）、杭州市（53.67）、武汉市（53.48）、南京市（50.46）、郑州市（46.39）、西安市（45.73）、济南市（45.07）、长沙市（43.84）、福州市（38.40），分别在省会城市内排名第2—10位，其中，广州市、成都市、杭州市、武汉市、南京市、郑州市、西安市、济南市、长沙市排名在全国前20位。而西宁市（20.16）和乌鲁木齐市（19.09）排名较低，在全国排名中分别排在第185和205位。见表3-2-3。

表3-2-3　省会城市制度法规保障指数排名

| 省会城市 | 标准化值 | 省会城市内排名 | 全国排名 |
|---|---|---|---|
| 广州市 | 64.88 | 1 | 4 |
| 成都市 | 56.09 | 2 | 7 |
| 杭州市 | 53.67 | 3 | 9 |
| 武汉市 | 53.48 | 4 | 10 |
| 南京市 | 50.46 | 5 | 13 |
| 郑州市 | 46.39 | 6 | 16 |

续表

| 省会城市 | 标准化值 | 省会城市内排名 | 全国排名 |
|---|---|---|---|
| 西安市 | 45.73 | 7 | 17 |
| 济南市 | 45.07 | 8 | 18 |
| 长沙市 | 43.84 | 9 | 20 |
| 福州市 | 38.40 | 10 | 27 |
| 合肥市 | 37.67 | 11 | 29 |
| 南昌市 | 36.61 | 12 | 33 |
| 石家庄市 | 36.17 | 13 | 34 |
| 贵阳市 | 34.72 | 14 | 38 |
| 沈阳市 | 34.24 | 15 | 39 |
| 太原市 | 32.01 | 16 | 48 |
| 南宁市 | 31.41 | 17 | 49 |
| 长春市 | 31.40 | 18 | 50 |
| 哈尔滨市 | 26.75 | 19 | 81 |
| 拉萨市 | 26.39 | 20 | 88 |
| 海口市 | 26.05 | 21 | 92 |
| 昆明市 | 25.04 | 22 | 109 |
| 银川市 | 24.62 | 23 | 115 |
| 呼和浩特市 | 24.09 | 24 | 124 |
| 兰州市 | 21.01 | 25 | 178 |
| 西宁市 | 20.16 | 26 | 185 |
| 乌鲁木齐市 | 19.09 | 27 | 205 |

从其他 224 个地级市得分来看，苏州市 2021 年的制度法规保障指数的得分为 58.36，排名第 1 位，全国排名第 6 位。东莞市（50.27）、佛山市（48.00）、无锡市（43.83）、珠海市（43.44）、嘉兴市（42.21）、金华市（42.10）、绍兴市（40.27）、温州市（39.39）、泉州市（38.12），在其他地级市内排名第 2—10 位，在全国排名前 30 位。而巴彦淖尔市（13.30）、保山市

（12.00）、鸡西市（11.30）、普洱市（9.34）、临沧市（2.81）排名较低，在全国排名中，依次位于第 256—260 位。见表 3-2-4。

表3-2-4　其他地级市制度法规保障指数排名

| 地级市 | 标准化值 | 其他地级市内排名 | 全国排名 |
|---|---|---|---|
| 苏州市 | 58.36 | 1 | 6 |
| 东莞市 | 50.27 | 2 | 14 |
| 佛山市 | 48.00 | 3 | 15 |
| 无锡市 | 43.83 | 4 | 21 |
| 珠海市 | 43.44 | 5 | 22 |
| 嘉兴市 | 42.21 | 6 | 23 |
| 金华市 | 42.10 | 7 | 24 |
| 绍兴市 | 40.27 | 8 | 25 |
| 温州市 | 39.39 | 9 | 26 |
| 泉州市 | 38.12 | 10 | 28 |
| 东营市 | 37.23 | 11 | 30 |
| 烟台市 | 36.82 | 12 | 31 |
| 台州市 | 36.62 | 13 | 32 |
| 常州市 | 36.04 | 14 | 35 |
| 威海市 | 35.34 | 15 | 36 |
| 潍坊市 | 35.13 | 16 | 37 |
| 淄博市 | 34.14 | 17 | 40 |
| 舟山市 | 34.12 | 18 | 41 |
| 镇江市 | 34.04 | 19 | 42 |
| 鄂尔多斯市 | 34.01 | 20 | 43 |
| 徐州市 | 33.65 | 21 | 45 |
| 芜湖市 | 32.92 | 22 | 46 |
| 济宁市 | 32.19 | 23 | 47 |
| 聊城市 | 30.89 | 24 | 51 |
| 郴州市 | 30.73 | 25 | 52 |

续表

| 地级市 | 标准化值 | 其他地级市内排名 | 全国排名 |
|---|---|---|---|
| 南通市 | 30.71 | 26 | 53 |
| 三亚市 | 30.53 | 27 | 54 |
| 桂林市 | 30.34 | 28 | 55 |
| 汕头市 | 30.34 | 29 | 56 |
| 宜昌市 | 30.12 | 30 | 57 |
| 湖州市 | 30.02 | 31 | 58 |
| 中山市 | 29.88 | 32 | 59 |
| 赣州市 | 29.83 | 33 | 60 |
| 衢州市 | 29.67 | 34 | 61 |
| 廊坊市 | 29.55 | 35 | 62 |
| 攀枝花市 | 29.52 | 36 | 63 |
| 洛阳市 | 29.48 | 37 | 64 |
| 湘潭市 | 29.48 | 38 | 65 |
| 连云港市 | 29.44 | 39 | 66 |
| 九江市 | 29.32 | 40 | 67 |
| 淮安市 | 29.29 | 41 | 68 |
| 揭阳市 | 29.21 | 42 | 69 |
| 德州市 | 29.12 | 43 | 70 |
| 吉安市 | 28.40 | 44 | 71 |
| 扬州市 | 28.03 | 45 | 72 |
| 惠州市 | 28.00 | 46 | 73 |
| 肇庆市 | 27.99 | 47 | 74 |
| 蚌埠市 | 27.88 | 48 | 75 |
| 枣庄市 | 27.64 | 49 | 76 |
| 沧州市 | 27.57 | 50 | 77 |
| 清远市 | 27.40 | 51 | 78 |
| 安庆市 | 27.14 | 52 | 79 |
| 邵阳市 | 27.01 | 53 | 80 |

续表

| 地级市 | 标准化值 | 其他地级市内排名 | 全国排名 |
|---|---|---|---|
| 荆门市 | 26.75 | 54 | 82 |
| 梧州市 | 26.62 | 55 | 83 |
| 新余市 | 26.57 | 56 | 84 |
| 六安市 | 26.57 | 57 | 85 |
| 鄂州市 | 26.51 | 58 | 86 |
| 马鞍山市 | 26.47 | 59 | 87 |
| 岳阳市 | 26.34 | 60 | 89 |
| 宿迁市 | 26.16 | 61 | 90 |
| 泰州市 | 26.14 | 62 | 91 |
| 宿州市 | 25.92 | 63 | 93 |
| 莆田市 | 25.88 | 64 | 94 |
| 咸宁市 | 25.85 | 65 | 95 |
| 鹰潭市 | 25.85 | 66 | 96 |
| 宣城市 | 25.84 | 67 | 97 |
| 黄石市 | 25.83 | 68 | 98 |
| 日照市 | 25.78 | 69 | 99 |
| 韶关市 | 25.73 | 70 | 100 |
| 开封市 | 25.63 | 71 | 101 |
| 江门市 | 25.58 | 72 | 102 |
| 雅安市 | 25.57 | 73 | 103 |
| 抚州市 | 25.48 | 74 | 104 |
| 阜阳市 | 25.44 | 75 | 105 |
| 泸州市 | 25.29 | 76 | 106 |
| 株洲市 | 25.18 | 77 | 107 |
| 菏泽市 | 25.06 | 78 | 108 |
| 赤峰市 | 24.95 | 79 | 110 |
| 葫芦岛市 | 24.91 | 80 | 111 |
| 孝感市 | 24.83 | 81 | 112 |

续表

| 地级市 | 标准化值 | 其他地级市内排名 | 全国排名 |
|---|---|---|---|
| 唐山市 | 24.78 | 82 | 113 |
| 襄阳市 | 24.72 | 83 | 114 |
| 萍乡市 | 24.57 | 84 | 116 |
| 榆林市 | 24.53 | 85 | 117 |
| 钦州市 | 24.53 | 86 | 118 |
| 达州市 | 24.34 | 87 | 119 |
| 淮北市 | 24.25 | 88 | 120 |
| 遵义市 | 24.19 | 89 | 121 |
| 河源市 | 24.12 | 90 | 122 |
| 商丘市 | 24.09 | 91 | 123 |
| 盐城市 | 24.05 | 92 | 125 |
| 咸阳市 | 23.95 | 93 | 126 |
| 大庆市 | 23.93 | 94 | 127 |
| 玉林市 | 23.86 | 95 | 128 |
| 漳州市 | 23.80 | 96 | 129 |
| 亳州市 | 23.61 | 97 | 130 |
| 内江市 | 23.59 | 98 | 131 |
| 大同市 | 23.54 | 99 | 132 |
| 宝鸡市 | 23.52 | 100 | 133 |
| 云浮市 | 23.51 | 101 | 134 |
| 鹤壁市 | 23.40 | 102 | 135 |
| 铜陵市 | 23.36 | 103 | 136 |
| 安康市 | 23.30 | 104 | 137 |
| 吉林市 | 23.20 | 105 | 138 |
| 广安市 | 23.18 | 106 | 139 |
| 平顶山市 | 23.14 | 107 | 140 |
| 龙岩市 | 23.14 | 108 | 141 |
| 丹东市 | 23.06 | 109 | 142 |

| 地级市 | 标准化值 | 其他地级市内排名 | 全国排名 |
|---|---|---|---|
| 保定市 | 22.95 | 110 | 143 |
| 黄山市 | 22.93 | 111 | 144 |
| 绵阳市 | 22.93 | 112 | 145 |
| 延安市 | 22.89 | 113 | 146 |
| 信阳市 | 22.85 | 114 | 147 |
| 柳州市 | 22.80 | 115 | 148 |
| 临沂市 | 22.58 | 116 | 149 |
| 漯河市 | 22.56 | 117 | 150 |
| 益阳市 | 22.49 | 118 | 151 |
| 南平市 | 22.48 | 119 | 152 |
| 三门峡市 | 22.45 | 120 | 153 |
| 张家口市 | 22.42 | 121 | 154 |
| 齐齐哈尔市 | 22.42 | 122 | 155 |
| 淮南市 | 22.38 | 123 | 156 |
| 临汾市 | 22.16 | 124 | 157 |
| 邢台市 | 22.15 | 125 | 158 |
| 晋中市 | 22.11 | 126 | 159 |
| 滨州市 | 22.06 | 127 | 160 |
| 丽水市 | 21.97 | 128 | 161 |
| 承德市 | 21.95 | 129 | 162 |
| 玉溪市 | 21.87 | 130 | 163 |
| 梅州市 | 21.77 | 131 | 164 |
| 伊春市 | 21.69 | 132 | 165 |
| 滁州市 | 21.67 | 133 | 166 |
| 南充市 | 21.62 | 134 | 167 |
| 三明市 | 21.56 | 135 | 168 |
| 乌海市 | 21.49 | 136 | 169 |
| 周口市 | 21.48 | 137 | 170 |

续表

| 地级市 | 标准化值 | 其他地级市内排名 | 全国排名 |
|---|---|---|---|
| 泰安市 | 21.39 | 138 | 171 |
| 酒泉市 | 21.38 | 139 | 172 |
| 克拉玛依市 | 21.21 | 140 | 173 |
| 贺州市 | 21.18 | 141 | 174 |
| 铜川市 | 21.17 | 142 | 175 |
| 驻马店市 | 21.09 | 143 | 176 |
| 焦作市 | 21.01 | 144 | 177 |
| 崇左市 | 20.92 | 145 | 179 |
| 白银市 | 20.91 | 146 | 180 |
| 松原市 | 20.81 | 147 | 181 |
| 宁德市 | 20.69 | 148 | 182 |
| 白山市 | 20.65 | 149 | 183 |
| 安阳市 | 20.30 | 150 | 184 |
| 宜春市 | 20.11 | 151 | 186 |
| 许昌市 | 20.09 | 152 | 187 |
| 永州市 | 20.05 | 153 | 188 |
| 盘锦市 | 19.94 | 154 | 189 |
| 德阳市 | 19.89 | 155 | 190 |
| 黄冈市 | 19.72 | 156 | 191 |
| 邯郸市 | 19.68 | 157 | 192 |
| 乌兰察布市 | 19.68 | 158 | 193 |
| 常德市 | 19.67 | 159 | 194 |
| 怀化市 | 19.67 | 160 | 195 |
| 十堰市 | 19.64 | 161 | 196 |
| 包头市 | 19.47 | 162 | 197 |
| 宜宾市 | 19.44 | 163 | 198 |
| 忻州市 | 19.42 | 164 | 199 |
| 遂宁市 | 19.40 | 165 | 200 |

续表

| 地级市 | 标准化值 | 其他地级市内排名 | 全国排名 |
|---|---|---|---|
| 资阳市 | 19.39 | 166 | 201 |
| 营口市 | 19.22 | 167 | 202 |
| 汕尾市 | 19.21 | 168 | 203 |
| 毕节市 | 19.10 | 169 | 204 |
| 衡水市 | 19.07 | 170 | 206 |
| 丽江市 | 18.99 | 171 | 207 |
| 广元市 | 18.97 | 172 | 208 |
| 茂名市 | 18.69 | 173 | 209 |
| 巴中市 | 18.64 | 174 | 210 |
| 海东市 | 18.62 | 175 | 211 |
| 南阳市 | 18.52 | 176 | 212 |
| 池州市 | 18.46 | 177 | 213 |
| 阳江市 | 18.38 | 178 | 214 |
| 白城市 | 18.38 | 179 | 215 |
| 渭南市 | 18.35 | 180 | 216 |
| 六盘水市 | 18.33 | 181 | 217 |
| 荆州市 | 18.27 | 182 | 218 |
| 北海市 | 18.27 | 183 | 219 |
| 曲靖市 | 18.12 | 184 | 220 |
| 商洛市 | 18.10 | 185 | 221 |
| 眉山市 | 17.85 | 186 | 222 |
| 晋城市 | 17.80 | 187 | 223 |
| 汉中市 | 17.52 | 188 | 224 |
| 安顺市 | 17.52 | 189 | 225 |
| 自贡市 | 17.43 | 190 | 226 |
| 石嘴山市 | 17.30 | 191 | 227 |
| 辽阳市 | 17.21 | 192 | 228 |
| 湛江市 | 16.92 | 193 | 229 |

| 地级市 | 标准化值 | 其他地级市内排名 | 全国排名 |
|---|---|---|---|
| 长治市 | 16.59 | 194 | 230 |
| 本溪市 | 16.58 | 195 | 231 |
| 锦州市 | 16.52 | 196 | 232 |
| 秦皇岛市 | 16.34 | 197 | 233 |
| 上饶市 | 16.25 | 198 | 234 |
| 新乡市 | 16.09 | 199 | 235 |
| 随州市 | 16.08 | 200 | 236 |
| 濮阳市 | 16.04 | 201 | 237 |
| 鞍山市 | 16.03 | 202 | 238 |
| 呼伦贝尔市 | 15.83 | 203 | 239 |
| 阜新市 | 15.59 | 204 | 240 |
| 运城市 | 15.58 | 205 | 241 |
| 佳木斯市 | 15.55 | 206 | 242 |
| 阳泉市 | 15.49 | 207 | 243 |
| 牡丹江市 | 15.40 | 208 | 244 |
| 娄底市 | 15.32 | 209 | 245 |
| 铁岭市 | 15.07 | 210 | 246 |
| 天水市 | 15.02 | 211 | 247 |
| 辽源市 | 14.54 | 212 | 248 |
| 百色市 | 14.53 | 213 | 249 |
| 朝阳市 | 14.50 | 214 | 250 |
| 抚顺市 | 14.46 | 215 | 251 |
| 河池市 | 14.39 | 216 | 252 |
| 通化市 | 14.21 | 217 | 253 |
| 吴忠市 | 13.98 | 218 | 254 |
| 四平市 | 13.36 | 219 | 255 |
| 巴彦淖尔市 | 13.30 | 220 | 256 |
| 保山市 | 12.00 | 221 | 257 |

续表

| 地级市 | 标准化值 | 其他地级市内排名 | 全国排名 |
|--------|---------|----------------|---------|
| 鸡西市 | 11.30 | 222 | 258 |
| 普洱市 | 9.34 | 223 | 259 |
| 临沧市 | 2.81 | 224 | 260 |

### 二、要素支撑保障

产业发展离不开要素的支撑，金融服务是产业发展的持续动力，人才集聚是产业发展的核心要素，基础设施、生活服务是产业发展的保障。从产业发展的远程来看，要素的作用是不可替代的。

从直辖市的要素支撑保障指数得分来看，北京市2021年的要素支撑保障指数为71.47，排在第1位；上海市（52.75）、重庆市（52.23）、天津市（28.35）依次排列。见表3-2-5。

表3-2-5 直辖市要素支撑保障指数排名

| 直辖市 | 标准化值 | 直辖市内排名 | 全国排名 |
|--------|---------|-------------|---------|
| 北京市 | 71.47 | 1 | 1 |
| 上海市 | 52.75 | 2 | 2 |
| 重庆市 | 52.23 | 3 | 3 |
| 天津市 | 28.35 | 4 | 15 |

从计划单列市的要素支撑保障指数得分来看，深圳市2021年的要素支撑保障指数得分为45.97，在计划单列市内排名第1位，全国排名第5位；青岛市（22.11）、宁波市（21.41）、厦门市（17.64）、大连市（15.47）依次排列，深圳市的要素支撑保障方面优于其他计划单列市且领先幅度较大。见表3-2-6。

表3-2-6　计划单列市要素支撑保障指数排名

| 计划单列市 | 标准化值 | 计划单列市内排名 | 全国排名 |
|---|---|---|---|
| 深圳市 | 45.97 | 1 | 5 |
| 青岛市 | 22.11 | 3 | 20 |
| 宁波市 | 21.41 | 2 | 22 |
| 厦门市 | 17.64 | 4 | 33 |
| 大连市 | 15.47 | 5 | 36 |

　　从省会城市的要素支撑保障指数得分来看，广州市2021年的要素支撑保障指数的得分为49.11，在省会城市内排在第1位，全国排名第4位；成都市（40.68）、杭州市（40.13）、郑州市（38.10）、武汉市（36.46）、南京市（32.25）、西安市（31.90）、长沙市（28.52）、济南市（25.28）、昆明（25.17）分别排在第2—10位，其中，广州市、成都市、杭州市、郑州市、武汉市、南京市、西安市、长沙市、济南市、昆明市、合肥市、太原市在全国排名前20位。而西宁市（12.94）和乌鲁木齐市（12.12）、拉萨（11.89）排名较低，在全国排名中分别位于第55、62、63位，处于全国城市排名的中等水平。见表3-2-7。

表3-2-7　省会城市要素支撑保障指数排名

| 省会城市 | 标准化值 | 省会城市内排名 | 全国排名 |
|---|---|---|---|
| 广州市 | 49.11 | 1 | 4 |
| 成都市 | 40.68 | 2 | 6 |
| 杭州市 | 40.13 | 3 | 7 |
| 郑州市 | 38.10 | 4 | 8 |
| 武汉市 | 36.46 | 5 | 9 |
| 南京市 | 32.25 | 6 | 10 |
| 西安市 | 31.90 | 7 | 11 |
| 长沙市 | 28.52 | 8 | 13 |

续表

| 省会城市 | 标准化值 | 省会城市内排名 | 全国排名 |
|---|---|---|---|
| 济南市 | 25.28 | 9 | 16 |
| 昆明市 | 25.17 | 10 | 17 |
| 合肥市 | 23.56 | 11 | 18 |
| 太原市 | 22.32 | 12 | 19 |
| 南昌市 | 21.81 | 13 | 21 |
| 贵阳市 | 21.14 | 14 | 23 |
| 沈阳市 | 21.06 | 15 | 24 |
| 石家庄市 | 20.08 | 16 | 25 |
| 南宁市 | 19.05 | 17 | 27 |
| 长春市 | 18.80 | 18 | 28 |
| 哈尔滨市 | 18.79 | 19 | 29 |
| 福州市 | 18.03 | 20 | 31 |
| 兰州市 | 17.96 | 21 | 32 |
| 呼和浩特市 | 15.20 | 22 | 37 |
| 海口市 | 15.04 | 23 | 39 |
| 银川市 | 13.34 | 24 | 49 |
| 西宁市 | 12.94 | 25 | 55 |
| 乌鲁木齐市 | 12.12 | 26 | 62 |
| 拉萨市 | 11.89 | 27 | 63 |

从其他地级市的要素支撑保障指数得分来看，东莞市 2021 年的要素支撑指数的得分为 29.01，在其他地级市内排名第 1 位，全国排名第 12 位。苏州市（28.44）、佛山市（19.79）、无锡市（18.16）、佳木斯市（17.29）、珠海市（17.19）、中山市（17.05）、温州市（15.02）、绍兴市（14.75）、潍坊市（14.70）分别排在第 2—10 位，其中东莞市、苏州市、佛山市和无锡市在全国排名位于前 30 名。而贺州市（3.75）、云浮市（3.44）、乌兰

察布市（3.40）、汕尾市（2.73）、海东市（2.01）排名较低，在全国排名中，依次位于第 256—260 位。见表 3-2-8。

表3-2-8　其他地级市要素支撑保障指数排名

| 地级市 | 标准化值 | 其他地级市内排名 | 全国排名 |
|---|---|---|---|
| 东莞市 | 29.01 | 1 | 12 |
| 苏州市 | 28.44 | 2 | 14 |
| 佛山市 | 19.79 | 3 | 26 |
| 无锡市 | 18.16 | 4 | 30 |
| 佳木斯市 | 17.29 | 5 | 34 |
| 珠海市 | 17.19 | 6 | 35 |
| 中山市 | 15.05 | 7 | 38 |
| 温州市 | 15.02 | 8 | 40 |
| 绍兴市 | 14.75 | 9 | 41 |
| 潍坊市 | 14.70 | 10 | 42 |
| 烟台市 | 14.04 | 11 | 43 |
| 惠州市 | 13.84 | 12 | 44 |
| 赣州市 | 13.65 | 13 | 45 |
| 洛阳市 | 13.51 | 14 | 46 |
| 常州市 | 13.43 | 15 | 47 |
| 金华市 | 13.42 | 16 | 48 |
| 嘉兴市 | 13.29 | 17 | 50 |
| 保定市 | 13.24 | 18 | 51 |
| 唐山市 | 13.19 | 19 | 52 |
| 南通市 | 13.16 | 20 | 53 |
| 鄂尔多斯市 | 12.98 | 21 | 54 |
| 克拉玛依市 | 12.84 | 22 | 56 |
| 淄博市 | 12.82 | 23 | 57 |
| 东营市 | 12.50 | 24 | 58 |
| 临沂市 | 12.45 | 25 | 59 |

| 地级市 | 标准化值 | 其他地级市内排名 | 全国排名 |
|---|---|---|---|
| 南阳市 | 12.34 | 26 | 60 |
| 徐州市 | 12.28 | 27 | 61 |
| 泉州市 | 11.89 | 28 | 64 |
| 泸州市 | 11.85 | 29 | 65 |
| 遵义市 | 11.71 | 30 | 66 |
| 包头市 | 11.53 | 31 | 67 |
| 台州市 | 11.30 | 32 | 68 |
| 济宁市 | 11.04 | 33 | 69 |
| 淮安市 | 10.88 | 34 | 70 |
| 湖州市 | 10.75 | 35 | 71 |
| 柳州市 | 10.70 | 36 | 72 |
| 晋中市 | 10.67 | 37 | 73 |
| 威海市 | 10.63 | 38 | 74 |
| 绵阳市 | 10.63 | 39 | 75 |
| 攀枝花市 | 10.37 | 40 | 76 |
| 吴忠市 | 10.34 | 41 | 77 |
| 榆林市 | 10.24 | 42 | 78 |
| 咸阳市 | 10.20 | 43 | 79 |
| 廊坊市 | 10.16 | 44 | 80 |
| 白山市 | 10.13 | 45 | 81 |
| 南充市 | 10.10 | 46 | 82 |
| 沧州市 | 10.02 | 47 | 83 |
| 宜昌市 | 10.02 | 48 | 84 |
| 邯郸市 | 10.00 | 49 | 85 |
| 十堰市 | 9.97 | 50 | 86 |
| 达州市 | 9.97 | 51 | 87 |
| 盐城市 | 9.94 | 52 | 88 |
| 株洲市 | 9.90 | 53 | 89 |

续表

| 地级市 | 标准化值 | 其他地级市内排名 | 全国排名 |
|---|---|---|---|
| 大庆市 | 9.82 | 54 | 90 |
| 新乡市 | 9.75 | 55 | 91 |
| 怀化市 | 9.75 | 56 | 92 |
| 酒泉市 | 9.73 | 57 | 93 |
| 泰安市 | 9.72 | 58 | 94 |
| 郴州市 | 9.62 | 59 | 95 |
| 九江市 | 9.57 | 60 | 96 |
| 衡水市 | 9.54 | 61 | 97 |
| 宜宾市 | 9.50 | 62 | 98 |
| 聊城市 | 9.33 | 63 | 99 |
| 张家口市 | 9.28 | 64 | 100 |
| 延安市 | 9.27 | 65 | 101 |
| 吉安市 | 9.22 | 66 | 102 |
| 江门市 | 9.12 | 67 | 103 |
| 运城市 | 9.11 | 68 | 104 |
| 邢台市 | 9.06 | 69 | 105 |
| 三亚市 | 9.06 | 70 | 106 |
| 扬州市 | 9.05 | 71 | 107 |
| 大同市 | 9.03 | 72 | 108 |
| 赤峰市 | 9.03 | 73 | 109 |
| 菏泽市 | 9.01 | 74 | 110 |
| 芜湖市 | 8.97 | 75 | 111 |
| 焦作市 | 8.92 | 76 | 112 |
| 岳阳市 | 8.86 | 77 | 113 |
| 曲靖市 | 8.79 | 78 | 114 |
| 滨州市 | 8.77 | 79 | 115 |
| 三门峡市 | 8.75 | 80 | 116 |
| 秦皇岛市 | 8.74 | 81 | 117 |

续表

| 地级市 | 标准化值 | 其他地级市内排名 | 全国排名 |
|---|---|---|---|
| 襄阳市 | 8.73 | 82 | 118 |
| 乌海市 | 8.72 | 83 | 119 |
| 承德市 | 8.68 | 84 | 120 |
| 平顶山市 | 8.62 | 85 | 121 |
| 镇江市 | 8.59 | 86 | 122 |
| 桂林市 | 8.59 | 87 | 123 |
| 雅安市 | 8.57 | 88 | 124 |
| 盘锦市 | 8.55 | 89 | 125 |
| 汕头市 | 8.48 | 90 | 126 |
| 驻马店市 | 8.46 | 91 | 127 |
| 吉林市 | 8.45 | 92 | 128 |
| 辽阳市 | 8.38 | 93 | 129 |
| 上饶市 | 8.33 | 94 | 130 |
| 漳州市 | 8.29 | 95 | 131 |
| 连云港市 | 8.28 | 96 | 132 |
| 永州市 | 8.28 | 97 | 133 |
| 广元市 | 8.27 | 98 | 134 |
| 商丘市 | 8.22 | 99 | 135 |
| 临汾市 | 8.21 | 100 | 136 |
| 湘潭市 | 8.20 | 101 | 137 |
| 泰州市 | 8.19 | 102 | 138 |
| 毕节市 | 8.16 | 103 | 139 |
| 长治市 | 8.14 | 104 | 140 |
| 抚州市 | 8.12 | 105 | 141 |
| 安阳市 | 8.11 | 106 | 142 |
| 龙岩市 | 8.08 | 107 | 143 |
| 宝鸡市 | 8.07 | 108 | 144 |
| 呼伦贝尔市 | 8.04 | 109 | 145 |

续表

| 地级市 | 标准化值 | 其他地级市内排名 | 全国排名 |
|---|---|---|---|
| 宜春市 | 8.02 | 110 | 146 |
| 晋城市 | 8.02 | 111 | 147 |
| 德州市 | 8.00 | 112 | 148 |
| 信阳市 | 7.97 | 113 | 149 |
| 玉溪市 | 7.92 | 114 | 150 |
| 汉中市 | 7.87 | 115 | 151 |
| 鸡西市 | 7.82 | 116 | 152 |
| 铜川市 | 7.74 | 117 | 153 |
| 宿迁市 | 7.69 | 118 | 154 |
| 常德市 | 7.63 | 119 | 155 |
| 遂宁市 | 7.61 | 120 | 156 |
| 周口市 | 7.60 | 121 | 157 |
| 濮阳市 | 7.58 | 122 | 158 |
| 牡丹江市 | 7.54 | 123 | 159 |
| 丽水市 | 7.53 | 124 | 160 |
| 河源市 | 7.50 | 125 | 161 |
| 漯河市 | 7.47 | 126 | 162 |
| 娄底市 | 7.46 | 127 | 163 |
| 蚌埠市 | 7.42 | 128 | 164 |
| 白银市 | 7.40 | 129 | 165 |
| 滁州市 | 7.40 | 130 | 166 |
| 许昌市 | 7.40 | 131 | 167 |
| 枣庄市 | 7.30 | 132 | 168 |
| 舟山市 | 7.28 | 133 | 169 |
| 黄冈市 | 7.26 | 134 | 170 |
| 三明市 | 7.25 | 135 | 171 |
| 眉山市 | 7.24 | 136 | 172 |
| 忻州市 | 7.18 | 137 | 173 |

续表

| 地级市 | 标准化值 | 其他地级市内排名 | 全国排名 |
|---|---|---|---|
| 广安市 | 7.16 | 138 | 174 |
| 邵阳市 | 7.14 | 139 | 175 |
| 日照市 | 7.12 | 140 | 176 |
| 齐齐哈尔市 | 7.10 | 141 | 177 |
| 衢州市 | 7.10 | 142 | 178 |
| 德阳市 | 7.08 | 143 | 179 |
| 丹东市 | 7.07 | 144 | 180 |
| 开封市 | 7.07 | 145 | 181 |
| 阳泉市 | 7.06 | 146 | 182 |
| 巴中市 | 7.04 | 147 | 183 |
| 石嘴山市 | 7.04 | 148 | 184 |
| 百色市 | 7.03 | 149 | 185 |
| 天水市 | 6.99 | 150 | 186 |
| 阜阳市 | 6.98 | 151 | 187 |
| 肇庆市 | 6.97 | 152 | 188 |
| 本溪市 | 6.96 | 153 | 189 |
| 湛江市 | 6.95 | 154 | 190 |
| 安庆市 | 6.93 | 155 | 191 |
| 普洱市 | 6.88 | 156 | 192 |
| 商洛市 | 6.82 | 157 | 193 |
| 朝阳市 | 6.77 | 158 | 194 |
| 韶关市 | 6.76 | 159 | 195 |
| 荆州市 | 6.76 | 160 | 196 |
| 营口市 | 6.76 | 161 | 197 |
| 安康市 | 6.72 | 162 | 198 |
| 六盘水市 | 6.72 | 163 | 199 |
| 四平市 | 6.70 | 164 | 200 |
| 鹤壁市 | 6.63 | 165 | 201 |

续表

| 地级市 | 标准化值 | 其他地级市内排名 | 全国排名 |
|---|---|---|---|
| 马鞍山市 | 6.58 | 166 | 202 |
| 保山市 | 6.56 | 167 | 203 |
| 茂名市 | 6.48 | 168 | 204 |
| 新余市 | 6.43 | 169 | 205 |
| 渭南市 | 6.43 | 170 | 206 |
| 抚顺市 | 6.40 | 171 | 207 |
| 资阳市 | 6.37 | 172 | 208 |
| 自贡市 | 6.35 | 173 | 209 |
| 南平市 | 6.30 | 174 | 210 |
| 梧州市 | 6.29 | 175 | 211 |
| 内江市 | 6.25 | 176 | 212 |
| 萍乡市 | 6.24 | 177 | 213 |
| 荆门市 | 6.21 | 178 | 214 |
| 孝感市 | 6.11 | 179 | 215 |
| 益阳市 | 6.09 | 180 | 216 |
| 鞍山市 | 6.06 | 181 | 217 |
| 咸宁市 | 6.03 | 182 | 218 |
| 黄石市 | 5.99 | 183 | 219 |
| 锦州市 | 5.97 | 184 | 220 |
| 阜新市 | 5.95 | 185 | 221 |
| 清远市 | 5.94 | 186 | 222 |
| 丽江市 | 5.93 | 187 | 223 |
| 白城市 | 5.90 | 188 | 224 |
| 六安市 | 5.86 | 189 | 225 |
| 临沧市 | 5.86 | 190 | 226 |
| 北海市 | 5.81 | 191 | 227 |
| 宣城市 | 5.80 | 192 | 228 |
| 安顺市 | 5.74 | 193 | 229 |

续表

| 地级市 | 标准化值 | 其他地级市内排名 | 全国排名 |
|---|---|---|---|
| 松原市 | 5.69 | 194 | 230 |
| 鹰潭市 | 5.65 | 195 | 231 |
| 宿州市 | 5.59 | 196 | 232 |
| 辽源市 | 5.52 | 197 | 233 |
| 铜陵市 | 5.45 | 198 | 234 |
| 莆田市 | 5.40 | 199 | 235 |
| 葫芦岛市 | 5.40 | 200 | 236 |
| 梅州市 | 5.39 | 201 | 237 |
| 巴彦淖尔市 | 5.38 | 202 | 238 |
| 宁德市 | 5.36 | 203 | 239 |
| 玉林市 | 5.34 | 204 | 240 |
| 淮北市 | 5.31 | 205 | 241 |
| 河池市 | 5.23 | 206 | 242 |
| 黄山市 | 5.19 | 207 | 243 |
| 池州市 | 5.18 | 208 | 244 |
| 淮南市 | 5.18 | 209 | 245 |
| 亳州市 | 5.03 | 210 | 246 |
| 铁岭市 | 4.90 | 211 | 247 |
| 阳江市 | 4.90 | 212 | 248 |
| 伊春市 | 4.89 | 213 | 249 |
| 通化市 | 4.82 | 214 | 250 |
| 钦州市 | 4.56 | 215 | 251 |
| 鄂州市 | 4.17 | 216 | 252 |
| 崇左市 | 3.95 | 217 | 253 |
| 随州市 | 3.95 | 218 | 254 |
| 揭阳市 | 3.92 | 219 | 255 |
| 贺州市 | 3.75 | 220 | 256 |
| 云浮市 | 3.44 | 221 | 257 |

续表

| 地级市 | 标准化值 | 其他地级市内排名 | 全国排名 |
|---|---|---|---|
| 乌兰察布市 | 3.40 | 222 | 258 |
| 汕尾市 | 2.73 | 223 | 259 |
| 海东市 | 2.01 | 224 | 260 |

## 三、产业生态保障

产业生态对优化产业营商环境具有重要意义，产业规模、集聚程度反映地区产业发展的质效，产业创新是企业在发展竞争中壮大的法宝，产业开放度体现产业区域间、国际间合作的趋势。因此，产业生态保障指数的得分越高，产业营商环境的效果越好。

从直辖市的产业生态保障指数得分来看，上海市2021年的产业生态保障指数为80.09，排在第1位，北京市（61.61）、重庆市（38.68）、天津市（29.27）依次排列。见表3-2-9。

表3-2-9　直辖市产业生态保障指数排名

| 直辖市 | 标准化值 | 直辖市内排名 | 全国排名 |
|---|---|---|---|
| 上海市 | 80.09 | 1 | 1 |
| 北京市 | 61.61 | 2 | 4 |
| 重庆市 | 38.68 | 3 | 8 |
| 天津市 | 29.27 | 4 | 13 |

从计划单列市的产业生态保障指数得分来看，深圳市2021年的产业生态保障指数得分为76.83，在计划单列市内排名第1位，全国排名第2位；宁波市（38.81）、青岛市（24.47）、厦门市（15.41）、大连市（11.28）依次排列，相较于其他计划单列市，深圳市的产业生态保障方面存在较大的优势。见表3-2-10。

表3-2-10 计划单列市产业生态保障指数排名

| 计划单列市 | 标准化值 | 计划单列市内排名 | 全国排名 |
|---|---|---|---|
| 深圳市 | 76.83 | 1 | 2 |
| 宁波市 | 38.81 | 2 | 7 |
| 青岛市 | 24.47 | 3 | 16 |
| 厦门市 | 15.41 | 4 | 28 |
| 大连市 | 11.28 | 5 | 41 |

从省会城市的产业生态保障指数得分来看，广州市2021年的产业生态保障指数的得分为43.45，在省会城市排在第1位，全国排名第5位；杭州市（36.08）、成都市（30.36）、南京市（27.06）、武汉市（24.99）、郑州市（18.34）、合肥市（18.25）、长沙市（17.5）、济南市（15.22）、西安市（15.14）分别排在第2—10位，其中，广州市、杭州市、成都市、南京市、武汉市、郑州市、合肥市、长沙市、济南市、西安市排名在全国前30位。而海口市（1.76）、西宁市（1.31）、拉萨市（0.56）产业生态保障指数较低，在全国排名中分别位于第192、213和250位。见表3-2-11。

表3-2-11 省会城市产业生态保障指数排名

| 省会城市 | 标准化值 | 省会城市内排名 | 全国排名 |
|---|---|---|---|
| 广州市 | 43.45 | 1 | 5 |
| 杭州市 | 36.08 | 2 | 9 |
| 成都市 | 30.36 | 3 | 11 |
| 南京市 | 27.06 | 4 | 14 |
| 武汉市 | 24.99 | 5 | 15 |
| 郑州市 | 18.34 | 6 | 23 |
| 合肥市 | 18.25 | 7 | 24 |
| 长沙市 | 17.5 | 8 | 25 |
| 济南市 | 15.22 | 9 | 29 |

续表

| 省会城市 | 标准化值 | 省会城市内排名 | 全国排名 |
|---|---|---|---|
| 西安市 | 15.14 | 10 | 30 |
| 福州市 | 14.82 | 11 | 31 |
| 石家庄市 | 9.98 | 12 | 43 |
| 沈阳市 | 9.9 | 13 | 44 |
| 南昌市 | 9.21 | 14 | 45 |
| 昆明市 | 7.96 | 15 | 54 |
| 长春市 | 7.81 | 16 | 55 |
| 哈尔滨市 | 6.85 | 17 | 63 |
| 南宁市 | 6.59 | 18 | 70 |
| 太原市 | 6.2 | 19 | 73 |
| 贵阳市 | 5.52 | 20 | 86 |
| 乌鲁木齐市 | 3.25 | 21 | 132 |
| 兰州市 | 3.15 | 22 | 133 |
| 银川市 | 2.24 | 23 | 166 |
| 呼和浩特市 | 2.17 | 24 | 168 |
| 海口市 | 1.76 | 25 | 192 |
| 西宁市 | 1.31 | 26 | 213 |
| 拉萨市 | 0.56 | 27 | 250 |

从其他 224 个地级市得分来看，苏州市 2021 年的产业生态保障指数得分为 63.24，在其他地级市内排名第 1 位，全国排名第 3 位；东莞市（42.01）、佛山市（33.17）、无锡市（29.71）、温州市（24.45）、南通市（22.54）、嘉兴市（21.92）、泉州市（20.59）、常州市（20.20）、金华市（19.12）分别位于第 2—10 位，全国排名前 30 位。而白山市（0.37）、辽源市（0.23）、海东市（0.23）、丽江市（0.21）、伊春市（0.11）排名较低，在全国排名中，依次位于第 256—260 位。在其他 224 个地级市中，

产业生态环境指数的差异性较大，仅苏州市、东莞市、佛山市的标准化值高于 30，其他 202 个地级市的标准化值不足 10，而 35 个城市的标准化值不足 1。见表 3-2-12。

表3-2-12　其他地级市产业生态保障指数排名

| 地级市 | 标准化值 | 其他地级市内排名 | 全国排名 |
|---|---|---|---|
| 苏州市 | 63.24 | 1 | 3 |
| 东莞市 | 42.01 | 2 | 6 |
| 佛山市 | 33.17 | 3 | 10 |
| 无锡市 | 29.71 | 4 | 12 |
| 温州市 | 24.45 | 5 | 17 |
| 南通市 | 22.54 | 6 | 18 |
| 嘉兴市 | 21.92 | 7 | 19 |
| 泉州市 | 20.59 | 8 | 20 |
| 常州市 | 20.20 | 9 | 21 |
| 金华市 | 19.12 | 10 | 22 |
| 绍兴市 | 17.20 | 11 | 26 |
| 台州市 | 17.16 | 12 | 27 |
| 潍坊市 | 14.37 | 13 | 32 |
| 中山市 | 14.37 | 14 | 33 |
| 惠州市 | 12.80 | 15 | 34 |
| 烟台市 | 12.62 | 16 | 35 |
| 盐城市 | 12.51 | 17 | 36 |
| 临沂市 | 12.45 | 18 | 37 |
| 湖州市 | 12.41 | 19 | 38 |
| 徐州市 | 12.08 | 20 | 39 |
| 扬州市 | 11.50 | 21 | 40 |
| 泰州市 | 11.02 | 22 | 42 |
| 江门市 | 9.16 | 23 | 46 |
| 赣州市 | 9.10 | 24 | 47 |

续表

| 地级市 | 标准化值 | 其他地级市内排名 | 全国排名 |
|---|---|---|---|
| 芜湖市 | 9.09 | 25 | 48 |
| 唐山市 | 8.82 | 26 | 49 |
| 珠海市 | 8.79 | 27 | 50 |
| 镇江市 | 8.32 | 28 | 51 |
| 济宁市 | 8.22 | 29 | 52 |
| 漳州市 | 7.96 | 30 | 53 |
| 洛阳市 | 7.60 | 31 | 56 |
| 宿迁市 | 7.56 | 32 | 57 |
| 保定市 | 7.33 | 33 | 58 |
| 沧州市 | 7.32 | 34 | 59 |
| 淄博市 | 7.18 | 35 | 60 |
| 菏泽市 | 7.08 | 36 | 61 |
| 滁州市 | 7.01 | 37 | 62 |
| 九江市 | 6.84 | 38 | 64 |
| 汕头市 | 6.81 | 39 | 65 |
| 襄阳市 | 6.76 | 40 | 66 |
| 宜春市 | 6.70 | 41 | 67 |
| 上饶市 | 6.60 | 42 | 68 |
| 淮安市 | 6.59 | 43 | 69 |
| 岳阳市 | 6.42 | 44 | 71 |
| 株洲市 | 6.27 | 45 | 72 |
| 南阳市 | 6.17 | 46 | 74 |
| 邵阳市 | 5.83 | 47 | 75 |
| 德州市 | 5.80 | 48 | 76 |
| 宜昌市 | 5.77 | 49 | 77 |
| 威海市 | 5.77 | 50 | 78 |
| 邯郸市 | 5.68 | 51 | 79 |
| 吉安市 | 5.64 | 52 | 80 |

续表

| 地级市 | 标准化值 | 其他地级市内排名 | 全国排名 |
|---|---|---|---|
| 常德市 | 5.64 | 53 | 81 |
| 商丘市 | 5.62 | 54 | 82 |
| 滨州市 | 5.59 | 55 | 83 |
| 许昌市 | 5.56 | 56 | 84 |
| 廊坊市 | 5.54 | 57 | 85 |
| 阜阳市 | 5.51 | 58 | 87 |
| 新乡市 | 5.44 | 59 | 88 |
| 安庆市 | 5.41 | 60 | 89 |
| 宣城市 | 5.35 | 61 | 90 |
| 周口市 | 5.34 | 62 | 91 |
| 邢台市 | 5.14 | 63 | 92 |
| 绵阳市 | 4.98 | 64 | 93 |
| 聊城市 | 4.95 | 65 | 94 |
| 三明市 | 4.88 | 66 | 95 |
| 连云港市 | 4.76 | 67 | 96 |
| 肇庆市 | 4.72 | 68 | 97 |
| 荆州市 | 4.69 | 69 | 98 |
| 信阳市 | 4.67 | 70 | 99 |
| 丽水市 | 4.51 | 71 | 100 |
| 龙岩市 | 4.50 | 72 | 101 |
| 马鞍山市 | 4.47 | 73 | 102 |
| 驻马店市 | 4.45 | 74 | 103 |
| 泰安市 | 4.44 | 75 | 104 |
| 衢州市 | 4.37 | 76 | 105 |
| 榆林市 | 4.33 | 77 | 106 |
| 揭阳市 | 4.32 | 78 | 107 |
| 东营市 | 4.32 | 79 | 108 |
| 黄冈市 | 4.26 | 80 | 109 |

续表

| 地级市 | 标准化值 | 其他地级市内排名 | 全国排名 |
|---|---|---|---|
| 柳州市 | 4.25 | 81 | 110 |
| 德阳市 | 4.24 | 82 | 111 |
| 郴州市 | 4.24 | 83 | 112 |
| 莆田市 | 4.19 | 84 | 113 |
| 湘潭市 | 4.18 | 85 | 114 |
| 宁德市 | 4.17 | 86 | 115 |
| 永州市 | 4.04 | 87 | 116 |
| 孝感市 | 3.99 | 88 | 117 |
| 益阳市 | 3.95 | 89 | 118 |
| 开封市 | 3.91 | 90 | 119 |
| 六安市 | 3.77 | 91 | 120 |
| 宜宾市 | 3.69 | 92 | 121 |
| 遵义市 | 3.68 | 93 | 122 |
| 湛江市 | 3.66 | 94 | 123 |
| 宿州市 | 3.64 | 95 | 124 |
| 日照市 | 3.58 | 96 | 125 |
| 十堰市 | 3.53 | 97 | 126 |
| 抚州市 | 3.52 | 98 | 127 |
| 蚌埠市 | 3.47 | 99 | 128 |
| 平顶山市 | 3.42 | 100 | 129 |
| 衡水市 | 3.33 | 101 | 130 |
| 达州市 | 3.27 | 102 | 131 |
| 荆门市 | 3.15 | 103 | 134 |
| 焦作市 | 3.15 | 104 | 135 |
| 安阳市 | 3.12 | 105 | 136 |
| 鄂尔多斯市 | 3.12 | 106 | 137 |
| 南充市 | 3.12 | 107 | 138 |
| 枣庄市 | 3.09 | 108 | 139 |

续表

| 地级市 | 标准化值 | 其他地级市内排名 | 全国排名 |
|---|---|---|---|
| 南平市 | 3.09 | 109 | 140 |
| 清远市 | 3.08 | 110 | 141 |
| 泸州市 | 3.07 | 111 | 142 |
| 咸宁市 | 3.01 | 112 | 143 |
| 宝鸡市 | 3.01 | 113 | 144 |
| 娄底市 | 2.99 | 114 | 145 |
| 茂名市 | 2.97 | 115 | 146 |
| 咸阳市 | 2.94 | 116 | 147 |
| 晋中市 | 2.89 | 117 | 148 |
| 黄石市 | 2.83 | 118 | 149 |
| 舟山市 | 2.77 | 119 | 150 |
| 曲靖市 | 2.68 | 120 | 151 |
| 鞍山市 | 2.64 | 121 | 152 |
| 怀化市 | 2.59 | 122 | 153 |
| 运城市 | 2.59 | 123 | 154 |
| 亳州市 | 2.58 | 124 | 155 |
| 大庆市 | 2.58 | 125 | 156 |
| 淮南市 | 2.52 | 126 | 157 |
| 包头市 | 2.43 | 127 | 158 |
| 桂林市 | 2.43 | 128 | 159 |
| 玉林市 | 2.38 | 129 | 160 |
| 漯河市 | 2.34 | 130 | 161 |
| 眉山市 | 2.34 | 131 | 162 |
| 汉中市 | 2.33 | 132 | 163 |
| 濮阳市 | 2.30 | 133 | 164 |
| 长治市 | 2.27 | 134 | 165 |
| 营口市 | 2.23 | 135 | 167 |
| 萍乡市 | 2.16 | 136 | 169 |

续表

| 地级市 | 标准化值 | 其他地级市内排名 | 全国排名 |
|---|---|---|---|
| 淮北市 | 2.15 | 137 | 170 |
| 秦皇岛市 | 2.14 | 138 | 171 |
| 铜陵市 | 2.13 | 139 | 172 |
| 玉溪市 | 2.13 | 140 | 173 |
| 临汾市 | 2.11 | 141 | 174 |
| 崇左市 | 2.10 | 142 | 175 |
| 毕节市 | 2.07 | 143 | 176 |
| 韶关市 | 2.06 | 144 | 177 |
| 安康市 | 2.05 | 145 | 178 |
| 渭南市 | 2.04 | 146 | 179 |
| 自贡市 | 2.02 | 147 | 180 |
| 随州市 | 2.00 | 148 | 181 |
| 遂宁市 | 1.99 | 149 | 182 |
| 张家口市 | 1.96 | 150 | 183 |
| 晋城市 | 1.95 | 151 | 184 |
| 河源市 | 1.91 | 152 | 185 |
| 广安市 | 1.86 | 153 | 186 |
| 忻州市 | 1.84 | 154 | 187 |
| 梅州市 | 1.83 | 155 | 188 |
| 池州市 | 1.81 | 156 | 189 |
| 黄山市 | 1.78 | 157 | 190 |
| 大同市 | 1.77 | 158 | 191 |
| 新余市 | 1.75 | 159 | 193 |
| 三门峡市 | 1.70 | 160 | 194 |
| 百色市 | 1.70 | 161 | 195 |
| 阳江市 | 1.69 | 162 | 196 |
| 梧州市 | 1.69 | 163 | 197 |
| 鹰潭市 | 1.65 | 164 | 198 |

续表

| 地级市 | 标准化值 | 其他地级市内排名 | 全国排名 |
|---|---|---|---|
| 广元市 | 1.63 | 165 | 199 |
| 承德市 | 1.62 | 166 | 200 |
| 内江市 | 1.62 | 167 | 201 |
| 安顺市 | 1.61 | 168 | 202 |
| 吉林市 | 1.60 | 169 | 203 |
| 鄂州市 | 1.51 | 170 | 204 |
| 六盘水市 | 1.48 | 171 | 205 |
| 赤峰市 | 1.45 | 172 | 206 |
| 鹤壁市 | 1.44 | 173 | 207 |
| 钦州市 | 1.38 | 174 | 208 |
| 云浮市 | 1.36 | 175 | 209 |
| 齐齐哈尔市 | 1.35 | 176 | 210 |
| 延安市 | 1.33 | 177 | 211 |
| 盘锦市 | 1.32 | 178 | 212 |
| 攀枝花市 | 1.27 | 179 | 214 |
| 锦州市 | 1.25 | 180 | 215 |
| 丹东市 | 1.21 | 181 | 216 |
| 牡丹江市 | 1.20 | 182 | 217 |
| 汕尾市 | 1.20 | 183 | 218 |
| 北海市 | 1.18 | 184 | 219 |
| 朝阳市 | 1.12 | 185 | 220 |
| 佳木斯市 | 1.06 | 186 | 221 |
| 雅安市 | 1.05 | 187 | 222 |
| 石嘴山市 | 1.04 | 188 | 223 |
| 巴中市 | 1.00 | 189 | 224 |
| 吴忠市 | 0.98 | 190 | 225 |
| 巴彦淖尔市 | 0.96 | 191 | 226 |
| 保山市 | 0.96 | 192 | 227 |

续表

| 地级市 | 标准化值 | 其他地级市内排名 | 全国排名 |
|---|---|---|---|
| 资阳市 | 0.92 | 193 | 228 |
| 乌兰察布市 | 0.91 | 194 | 229 |
| 贺州市 | 0.90 | 195 | 230 |
| 河池市 | 0.90 | 196 | 231 |
| 铁岭市 | 0.89 | 197 | 232 |
| 阳泉市 | 0.89 | 198 | 233 |
| 葫芦岛市 | 0.88 | 199 | 234 |
| 辽阳市 | 0.88 | 200 | 235 |
| 三亚市 | 0.87 | 201 | 236 |
| 抚顺市 | 0.85 | 202 | 237 |
| 商洛市 | 0.85 | 203 | 238 |
| 酒泉市 | 0.82 | 204 | 239 |
| 本溪市 | 0.76 | 205 | 240 |
| 呼伦贝尔市 | 0.74 | 206 | 241 |
| 临沧市 | 0.68 | 207 | 242 |
| 松原市 | 0.66 | 208 | 243 |
| 普洱市 | 0.64 | 209 | 244 |
| 通化市 | 0.62 | 210 | 245 |
| 鸡西市 | 0.62 | 211 | 246 |
| 天水市 | 0.61 | 212 | 247 |
| 阜新市 | 0.60 | 213 | 248 |
| 乌海市 | 0.60 | 214 | 249 |
| 白银市 | 0.56 | 215 | 251 |
| 克拉玛依市 | 0.48 | 216 | 252 |
| 铜川市 | 0.46 | 217 | 253 |
| 四平市 | 0.46 | 218 | 254 |
| 白城市 | 0.42 | 219 | 255 |
| 白山市 | 0.37 | 220 | 256 |

续表

| 地级市 | 标准化值 | 其他地级市内排名 | 全国排名 |
|--------|----------|------------------|----------|
| 辽源市 | 0.23 | 221 | 257 |
| 海东市 | 0.23 | 222 | 258 |
| 丽江市 | 0.21 | 223 | 259 |
| 伊春市 | 0.11 | 224 | 260 |

# 第三节　重点城市群排名分析

建立健全城市群一体化协调发展机制，以中心城市和城市群等经济发展优势区域为重点，带动全国经济效率整体提升，是推动我国区域协调发展的重要任务。本节以六大城市群为研究主体，就六大城市群的产业营商环境情况进行分析。

## 一、六大城市群排名分析

我国不同城市群（长三角城市群、京津冀城市群、粤港澳大湾区城市群、东北地区城市群、长江经济带城市群、黄河流域城市群）的产业营商环境水平差距较大。在六大城市群产业营商环境综合指数表中，粤港澳大湾区城市群产业营商环境表现优异，指数 32.87，位于首位。长三角城市群的产业营商环境综合指数 25.33，长江经济带城市群的产业营商环境综合指数 22.47，京津冀城市群的产业营商环境综合指数 20.34，黄河流域城市群的产业营商环境综合指数 14.66，东北地区城市群的产业营商环境综合指数 11.2，分别位列第 2 位、第 3 位、第 4 位、第 5 位、第 6 位。其中，京津冀城市群、黄河流域城市群、东北地区城市群的产业营商环境综合指数均低于六大城市群均值 21.15，东北地区城市群的产业营商环境综合指数低于全国样本城市均值 15.8，这反映出不同重点城市群之间产业营商环境差异明显。见表 3-3-1、图 3-3-1。

表3-3-1　六大城市群产业营商环境综合指数排名

| 重点城市群 | 标准化值 | 排名 |
|---|---|---|
| 长三角城市群 | 25.33 | 2 |
| 京津冀城市群 | 20.34 | 4 |
| 粤港澳大湾区城市群 | 32.87 | 1 |
| 东北地区城市群 | 11.2 | 6 |
| 长江经济带城市群 | 22.47 | 3 |
| 黄河流域城市群 | 14.66 | 5 |
| 六大城市群均值 | 21.15 | |
| 全国样本城市群均值 | 15.8 | |

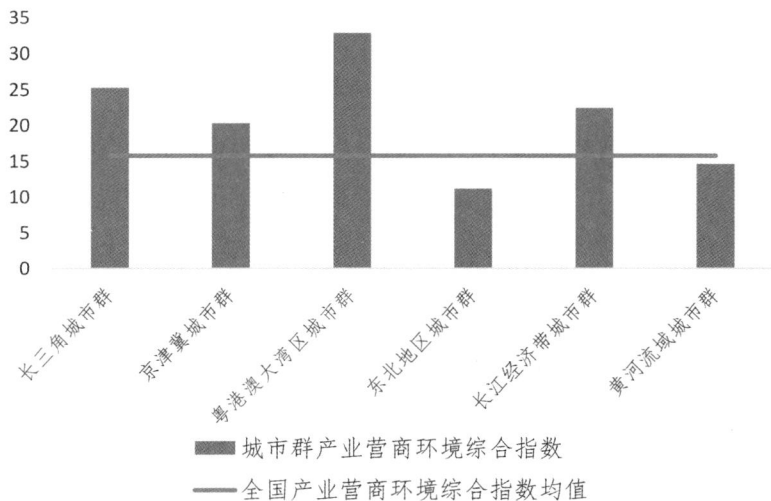

图3-3-1　2021年六大城市群产业营商环境排名

就 2021 年全国前百名地级市城市产业营商环境排名结果来看，各城市群表现有不同程度的差异。长江经济带城市群中有 21 个城市进入全国地级城市营商环境前 100 名，占长江经济带城市总数的 71%，超过 7 成；长三角、黄河流域城市群分别有 21 个、13 个城市进入前 100 名，分别占各自城市群城市总数的 81% 和 42%；而粤港澳大湾区城市群、京津冀城市群分别有 9 个、7 个城市排进全国前 100 名。其中，粤港澳大湾区城市群内本次研究的所有城市均进入全国前 100 名的城市，表明粤港澳大湾区城市群内城市产业营商环境水平整体较好，城市群内部城市之间差异小。东北地区城市群则在六大重点城市群内表现较弱，在本次研究的 29 个地级市里仅 4 个城市排进全国前 100 名，占该城市群城市数 14%。见图 3-3-2。

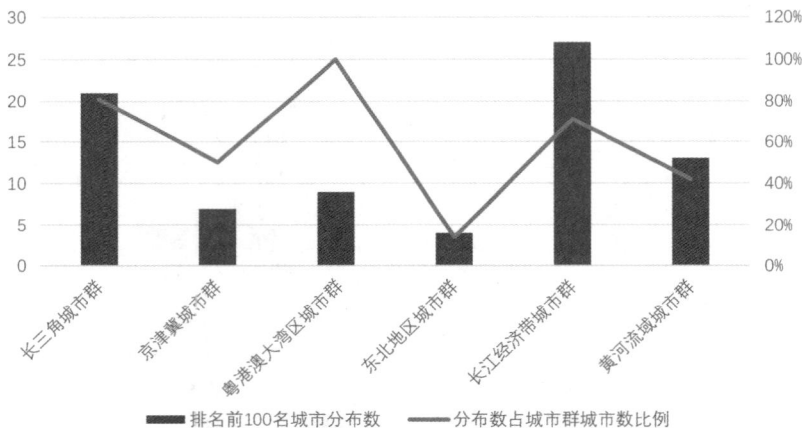

图3-3-2　六大城市群中产业营商环境全国排名前100名城市数量分布

## 二、城市群分项指标分析

我们基于 3 个分项指标（一级指标）和其 11 个子级指标（二级指标）的表现，分析六大城市群中重点城市群，进而探讨我国城市群产业营商环境的分项指标现况。

1. 城市群制度法规保障排名分析

从城市群的制度法规保障的评估结果来看，粤港澳大湾区城市群在制度法规保障方面表现优异，指数为44.55，位于首位。其次是长三角城市群，指数37.34，排名第2。紧随其后的是长江经济带城市群的产业营商环境综合指数34.03，以及京津冀城市群的产业营商环境综合指数30.34。城市群城市制度法规保障指数排在第5位和第6位的是黄河流域城市群和东北地区城市群，分别是24.64和19.82，均低于六大城市群指数31.79和全国样本城市均值29.81，这反映出不同重点城市群之间制度法规保障水平差异明显。见表3-3-2、图3-3-3。

表3-3-2　重点城市群制度法规保障指数排名

| 重点城市群 | 标准化值 | 排名 |
|---|---|---|
| 长三角城市群 | 37.34 | 2 |
| 京津冀城市群 | 30.34 | 4 |
| 粤港澳大湾区城市群 | 44.55 | 1 |
| 东北地区城市群 | 19.82 | 6 |
| 长江经济带城市群 | 34.03 | 3 |
| 黄河流域城市群 | 24.64 | 5 |
| 六大城市群均值 | 31.79 | |
| 全国样本城市群均值 | 29.81 | |

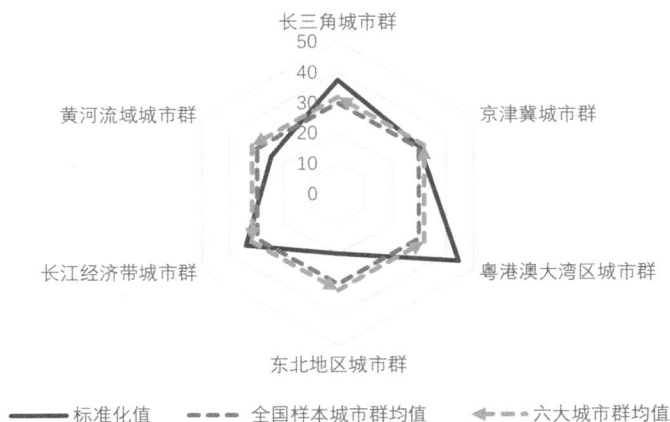

图3-3-3　六大城市群制度法规保障指数雷达图

**2. 城市群要素支撑保障排名分析**

从城市群的评估结果来看，六大重点城市群的要素支撑保障指数排名依次为粤港澳大湾区城市群、京津冀城市群、长江经济带城市群、长三角城市群、黄河流域城市群、东北地区城市群。在六大重点城市群的要素支撑保障指数表现中，粤港澳大湾区城市群表现最好，以绝对优势排在城市群首位，其后的京津冀城市群、长江经济带、长三角三个城市群的要素支撑保障也表现较好，均高于六大城市群均值15.08和全国样本城市均值11.09，而六大城市群中黄河流域城市群和东北地区城市群的要素支撑保障指数则低于全国平均水平，表现较其他城市群不佳，这体现了城市群之间在要素支撑保障方面存在明显差距。见表3-3-3、图3-3-4。

表3-3-3　六大重点城市群要素支撑保障指数排名

| 重点城市群 | 要素支撑保障指数 | 排名 |
|---|---|---|
| 长三角城市群 | 15.24 | 4 |
| 京津冀城市群 | 16.42 | 2 |
| 粤港澳大湾区城市群 | 22.89 | 1 |
| 东北地区城市群 | 8.79 | 6 |
| 长江经济带城市群 | 15.25 | 3 |
| 黄河流域城市群 | 11.91 | 5 |
| 六大城市群均值 | 15.08 | |
| 全国样本城市群均值 | 11.09 | |

**3. 城市群产业生态保障排名分析**

从城市群的评估结果来看，2021年我国长三角城市群、京津冀城市群、粤港澳大湾区城市群、东北地区城市群、长江经济带城市群、黄河流域城市群的产业生态保障指数依次是18.73、10.92、27.24、2.13、14.15、4.09。其中，粤港澳大湾区的指数排名第1，远高于六大城市城市群均值12.88和全国样

长三角城市群
25
20
15
10
5
0

黄河流域城市群

京津冀城市群

长江经济带城市群

粤港澳大湾区城市群

东北地区城市群

—— 要素支撑保障指数　　—— 全国样本城市群均值　　◀- -◀ 六大城市群均值

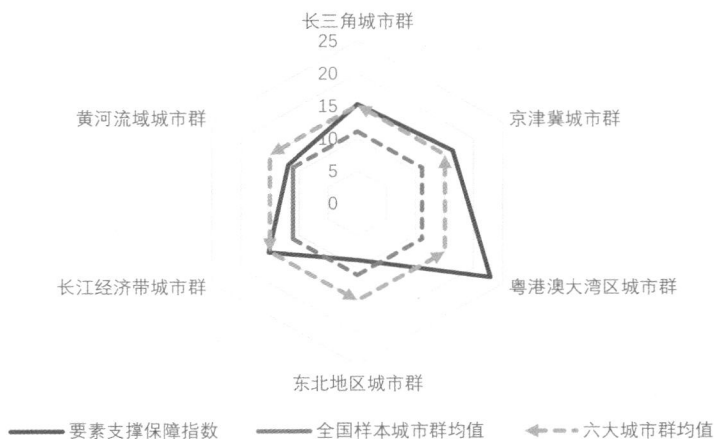

图3-3-4　六大重点城市群要素支撑保障指数雷达图

本城市群均值 6.99，高于两大均值的城市群还有长三角、长江经济带城市群，这表明这三大城市群产业生态保障总体水平较高。而东北地区城市群、黄河流域城市群这两大城市群则低于两大平均指数，这可能反映了两个大城市群在产业生态保障上还有很大提升空间。见表 3-3-4、图 3-3-5。

表3-3-4　六大重点城市群产业生态保障指数排名

| 重点城市群 | 产业生态保障指数 | 排名 |
|---|---|---|
| 长三角城市群 | 18.73 | 2 |
| 京津冀城市群 | 10.92 | 4 |
| 粤港澳大湾区城市群 | 27.24 | 1 |
| 东北地区城市群 | 2.13 | 6 |
| 长江经济带城市群 | 14.15 | 3 |
| 黄河流域城市群 | 4.09 | 5 |
| 六大城市群均值 | 12.88 | |
| 全国样本城市群均值 | 6.99 | |

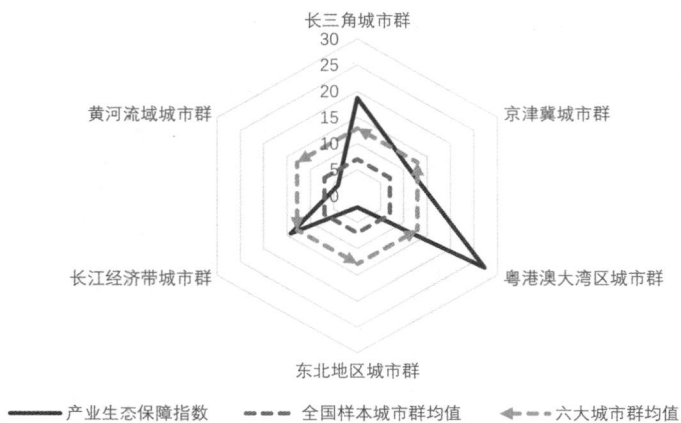

图3-3-5　六大重点城市群产业生态保障指数雷达图

# 第四章　产业营商环境专项评价分析

## 第一节　制度法规保障

### 一、政务环境指数

政务环境是产业营商环境的重要基础，是影响营商效率和竞争力的关键因素。近年来，全国各省市政府聚焦减时间、减环节、减费用，推出了一系列大力度的政务环境改革的专项举措，大幅度提高了产业体系中经营主体的营商便利度。政务环境的排名与比较不仅可以反映出城市政府服务能力和水平的高低，发掘自身的优点和不足，而且可以发现其他领先城市在优化政务环境的经验和做法，为进一步优化和提升政务环境提供借鉴。

1. 整体情况分析

从政务环境指数得分来看，全国各城市的政务环境指数的差距较大。上海市、北京市、深圳市的政务环境指数得分高于 80，广州市、天津市、重庆市、济南市的政务环境指数得分为 50 以上，其他 252 个城市的政务环境指数得分相对较低。银川市、潍坊市、东营市、福州市、舟山市等 98 个城市的政务环境指数得分高于全部城市平均值，而抚州市、盐城市、毕节市、广安市、连云港市等 162 个城市的政务环境指数得分低于全部城市平均值。

从政务环境指数得分的排名来看，前 20 名城市依次是上海市、北京市、深圳市、广州市、天津市、重庆市、济南市、成都市、青岛市、杭州市、苏州市、武汉市、东莞市、南京市、无锡市、珠海市、厦门市、西安市、郑州市、宁波市。其中，上海市的政务环境指数得分最高，为100；宁波市的政务环境指数得分最低，为38.37。上海市的政务环境指数得分是宁波市的2.60倍。上海市、北京市、深圳市的政务环境指数得分均高于80，而其他17个地级市的政务环境指数得分均低于65，城市政务环境指数的差距较为明显。按照南方和北方地区的城市划分，2021年我国南方和北方地区分别有14个和6个城市进入前20名，南方地区的城市产业营商环境优于北方地区。见图4-1-1。

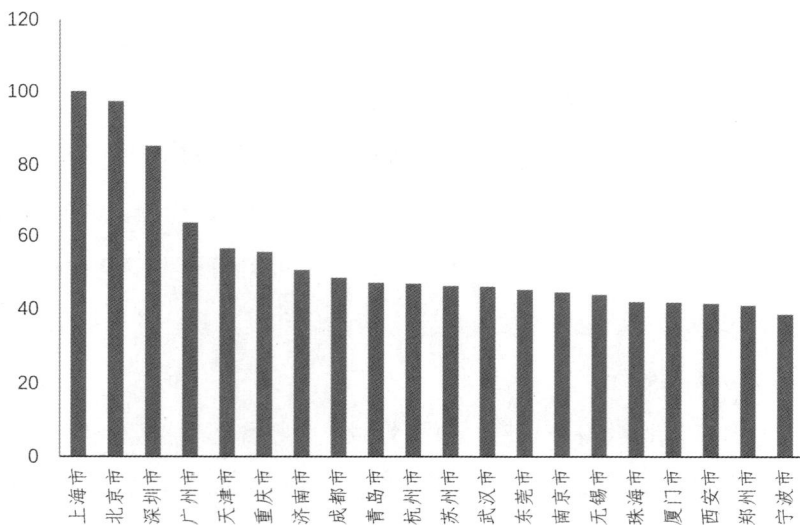

图4-1-1　前20名城市政务环境指数

2. 标杆城市典型案例

南京市：打造政务服务"宁满意"品牌。

2018年，南京在全国首提首创关联事项"一链通"，为"一件事"改革打下良好基础。2019年，打造了以"一件事"改革为代表的"宁满意""十个一"工程。2020年，继续深化"一件事"改革，形成了626个"一件事场景"，其中以个人和企业两个"全生命周期"重点环节为核心，通过流程再造、数据共享，真正把"减时间、减材料、减跑动"的改革目标落到实处。具体措施如下：

一是固本强基，提升一体化政务服务能力。全力打造智能化政务服务平台。从在线服务成效度、在线服务成熟度、服务方式完备度、服务事项覆盖度、办事指南准确度五个维度完善平台功能，进一步强化政务服务事项办理环节的"全过程监控"和"全实时化考评"，提升政务服务综合管理系统的运行速率、运行平稳性和系统精细化管理水平，加快推进全市各类政务系统互联互通。以政务服务综合管理平台为枢纽，按照全过程实时对接、实时共享的标准，加快一体化在线政务服务平台与市级部门业务系统深度融合，推动实现一体化平台受理、部门业务系统办理，办理过程和结果实时回传。加快实施系统支撑。推进全市电子证照共享平台建设，归集、梳理市、区两级电子证照目录，与省级证照目录同步。加快建设统一电子印章系统具备市、区两级各单位电子印章的制发能力，支持政务服务系统对各种电子印章应用系统的建设和接入需求。推进"四端"融合线上线下一体化。依托全市一体化政务服务平台和市、区、街、社四级政务服务体系，全方位推进互联网PC端、"江苏政务服务"APP端、综合自助机端、大厅窗口端"四端"融合，同一事项在"四端"受理标准一致、受理材料一致，业务流程和电子表单定制化开发、无差别受理。

二是持续推进"宁满意"工程"十个一"项目。即一门通，企业群众办事只需登录南京政务服务网或"江苏政务服务"APP，即可享受"一次注册、单点登录、多处互认、全网畅行"的整体服务，无须登录各区各部门的各类网站。一证通，除对场地有特殊要求、涉及安全因素或方便群众就近办的事项外，政务服务事项进驻市、区政务服务大厅，推动线上线下服务融合。一指通，针对个人办理的民生类事项，精减申报材料，以居民身份证号码为唯一标识，对于可以通过数据共享或网络核验的材料，不再要求办事人提交。一城通，发展移动端政务服务，以公安、房产、人社、民政、医保、卫生健康、交通运输、公积金、12345热线等领域为重点，围绕与企业群众办事密切的简易事项，加强手机移动端办事功能开发，让办事人"动动手指轻松办理"。一城通，推进相同事项在全市不同区域无差别化办理，以街镇办理的便民事项为重点，进一步提升高频事项精细化、标准化水平，推动相同事项在全市范围内全面统一，打破层级和区域限制。一机通，市、区（园区）政务大厅开设政务自助服务区，推行营业执照打印、公积金查询等热点事项自助办理，实行24小时自助服务模式。一照通，以工程建设项目、公共资源交易等领域为重点，推行"一照通办"，通过一张电子营业执照关联企业相关信息即可申办相关事项。一链通，将"办理一个事项"转变为"办成一件事"，改变各部门独自受理、串联办理、业务分散的现状。以"办成一件事"为目的，推进关联事项整合服务，打造涉及两个以上部门、两个以上事项合并成"一件事"的应用服务场景。一栏通，在南京政务服务网、"我的南京"APP开设专栏，发布特色事项清单，解读特色事项信息，提供专项政策咨询，搭建在线申报入口，推动政策事项可阅、可问、可办、可评，让办事人"找得到、看得懂、办得快、可监督"。一事通，针对市政府确定的重点投资、科技创新以及国家鼓励类投资建设项目，各级代办中心采取一事一议的方法提供有针对性的指导和帮办、代办服务。

截至2020年9月，南京市已实现市、区两级"一照通办"事项分别为453个、2015个，占涉企事项的78%和47%；已在6个市级部门10个审批业务中实现了"零材料申办"，"一照通"办相关改革成果即将被国办列入全国 100 个改革案例在全国推广。同时，还加大消除办理区域和层级障碍力度，实现就近"一城通"办，已实现 88 个事项民生服务事项通标准受理、就近办理。2021 年 3 月，南京市"一件事一次办"改革措施被国务院评为优化营商环境 15 项典型案例之一，并在全国推广复制，极大提升企业和群众办事的便捷度和获得感，进一步优化南京市产业营商环境。

武汉市：全面深化政务服务改革，推动政务服务从能办向好办转变。

武汉市聚焦政务服务改革，全面推进政务服务标准化建设。一是聚力流程优化，推进政务服务协同高效。开展"五减"行动，推进减事项、减环节、减材料、减时限、减跑动次数，推动解决事项不够精细规范、审批环节不够精简、线上线下融合不够、照务效能不优等问题，全方位推进政务服务流程重塑。推进"一事联办"集约服务，以实施行业准入准营管理的市、区审批部门为牵头单位，将跨部门、跨处（科）室的多个事项整合成"一件事"，推动系统重构部门内部操作流程、跨部门跨层级跨区域协同办事流程，推动更多领域实现"一表申请、一链办理、一次发证"。推进政务服务事项标准化，规范全市各级政务服务事项办理条件、办理方式、申请材料办理时限、审核程序、发证方式，实行审批服务"无差别受理、同标准办理"。依托全省统一的政务服务事项管理系统，固化各类政务服务事项的 110 余项要素类型，推动市域范围内"无差别受理"。

二是聚力"一网通办"，提升网上政务服务能力。推进一体化平台深度融合，围绕用户通、系统通、数据通、证照通、业务通，不断完善政务服务一体化平台功能。推动国家、省级平台业务系统与市一体化平台深度融合，充分应用身份认证、数据共享、电子证照、电子签章、统一支付、统一物流等支撑平台，提升全程网办水平。深化电子证照归集应用和数据共享，建成市级数据共享交换平台，建立人口、法人、地理空间、社会信用、电子证照、物联感知等基础数据库。推进一体化政务服务平台与电子证照库对接，开展电子证照签章工作，加快推动存量证照电子化，提升电子证照归集的规模和质量。推进"全市通办"一张身份证办成事，围绕户籍户政、出境入境、交通交管、社保医保、税费办理、卫生健康、就学养老、住房公积金等领域，梳理事项清单，优化再造办事流程，深化数据互认共享，依托一体化政务服务平台，探索跨层级、跨区域办理和一张身份证办成事。推进便民服务自助办掌上办，建立市、区、街道三级联动的24小时自助政务服务体系，并向有条件的社区、园区、商务楼宇延伸。依托"鄂汇办"移动终端上线户籍户政、出境入境、交通交管、税费办理、社保缴纳、卫生健康、就医养老、就学创业、不动产、住房公积金等便民服务事项。

三是聚力线下服务，提升企业群众满意度获得感。推动政务服务"应进必进""集约办理"，推进"三个全集中、两个全入驻"，入驻的所有审批服务事项公示公开、受理、审批、收费、发证、"一书一章"（首席代表授权委托书和行政审批专用章）均在市民之家办理。深化综合窗口集约服务，完善政务服务大厅综合窗口设置和综合窗口收发件系统功能，推行"一窗受理、并行办理"。开展暖企便民行动，推出"心连心"精准服务、"专业化"咨询服务、"不见面"网上服务、"点对点"预约服务、"一条龙"帮代办服务、"不打烊"延时服务、"四进"（进企业、进社区、进园区、进家庭）上门服务、"好差评"优化服务等举措，着力解决窗口服务突出问题和企业群众办事中的堵点难点。创新政务服务评议评价，出台《2020年度推进政务服务"好差评"评议工作方案》，推进"好差评"制度落地。将政务服务"好差评"和具有地方特色的"双评议"有效融合，推动评价事项、评价对象、评价渠道全覆盖。

## 二、市场环境指数

市场环境是影响企业投资、经营以及退出等环节的重要因素，是产业营商环境的重要组成部分。良好的市场环境有利于稳定企业预期、降低企业风险、维护企业权益，是增强城市营商环境吸引力的重要支撑。近年来，各省市致力于优化市场环境，提升城市产业营商环境的吸引力和竞争力。

1. 整体情况分析

从市场环境指数得分来看，全国各城市的市场环境指数的差距较大。上海市、深圳市的市场环境指数得分均高于 90 分，苏州市、重庆市、广州市的市场环境指数得分均高于 70 分，其他 256 个地级市的市场指数得分相对偏低。滁州市、淄博市、莆田市、湘潭市、贵阳市等 77 个城市政务环境指数的高于全部城市平均值，而呼和浩特市、荆门市、长春市、临沂市、宝鸡市等 184 个城市低于全部城市平均值。

从市场环境指数得分的排名来看，前 20 名依次是深圳市、上海市、苏州市、重庆市、广州市、东莞市、武汉市、成都市、北京市、宁波市、无锡市、佛山市、杭州市、嘉兴市、常州市、南京市、南通市、青岛市、郑州市、长沙市。其中，深圳市的市场环境指数最高，为 100；长沙市的政务环境指数最低，为 40.98。深圳市的市场环境指数是宁波市的 2.44 倍。深圳市、上海市、苏州市、重庆市、广州市的市场环境指数均高于 70，而其他 15 个地级市的市场环境指数均低于 65，城市市场环境指数的差距较为明显。按照南方和北方地区的城市划分，2021 年我国南方和北方分别有 17 个和 3 个城市进入前 20 名，南方地区的城市市场环境明显优于北方。见图 4-1-2。

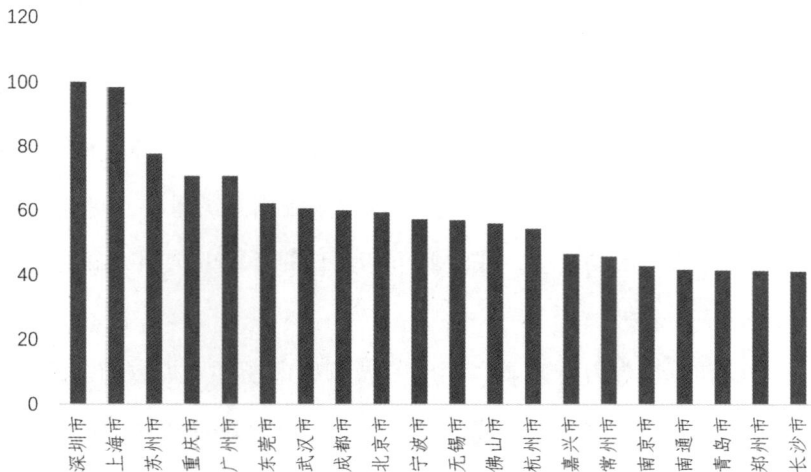

图4-1-2　前20名城市市场环境指数

2. 标杆城市典型案例

上海市：全面开展"经营主体身份码"试点，为经营主体提质增效。

"企业码"的启用，是经营主体身份标识制度设计的又一次跨越。从赋予经营主体18位数字的"身份证号码"（即统一社会信用代码），跃升到二维码图形的"经营主体身份码"，是登记管理职能与大数据信息科学融合的突破，是市场监管部门主动顺应经济社会数字化转型的创新举措。作为一项基础性和先导性工程，"企业码"将助力政府各部门推进工作流程优化、履职能力提升，助力经营主体安全便利进入市场竞争，共同促进经济社会高质量发展。

上海全面开展"经营主体身份码"（简称"企业码"）试点，统一经营主体纸质营业执照和电子营业执照二维码样式。经营主体身份码，是市场监管部门按照全国统一标准，依托全国统一电子营业执照系统，自动为每户经营主体生成的二维码，一次生成，终生有效。"企业码"覆盖所有经营主体，无需申请，通过下载电子营业执照、申领或换发纸质营业执照，即可获取使用。以经营主体身份为源点，由承担经营主体登记职能的市场监管部门，在企业登记注册时，按照统一标准为其制发稳定唯一的"企业码"，从源头上保障"企业码"的权威性和可信度。上海全市所有经营主体的营业执照、"一照多址"信息，以及食品餐饮、特种设备、工业生产、检验检测、计量、药品医疗等 6 大类、24 种市场监管领域的电子许可证信息，以及经营异常、行政处罚等监管信息，已经通过"企业码"实现实时关联。

"企业码"覆盖所有经营主体，以经营主体身份作为监管信息关联的"圆心"，通过对接"企业码"，各部门、各领域已经建成的移动端监管平台，可以按照统一的技术标准，以较小的系统改造成本，实现互联互通。以"企业码"为数据交互的媒介，能够在更大范围推动监管数据和行政执法信息归集共享和有效利用，加快建立综合监管部门和行业监管部门联动的工作机制，统筹执法资源，减少执法层级，提高综合执法的效能。"企业码"全方位对接应用场景，支持微信、支付宝、电子营业执照小程序等多种扫码方式，可以兼容各类政务、商务平台应用程序开展丰富的个性化应用。统一的扫码、验码接口，一致的对接应用标准，灵活的场景应用配置，为不同部门、不同领域系统对接"企业码"，实现扫码应用创造了最大可能。

### 三、法治环境指数

法治环境是产业营商环境中的重要环节和组成部分，良好的法治环境在一定程度上能够促使立法机关不断出台和完善相关的法律和配套措施、实施细则，使经营主体有章可循、有法可依，增强经营主体信心和发展动力。当前各地围绕企业关注的市场准入、产权保护、公平竞争等方面，加强立法调研，强化行政执法规范化，持续提升法治环境质效。

1. 整体情况分析

从各城市法治环境指数得分来看，全国各城市的法治环境指数的得分存在差距。北京市、上海市的法治环境指数得分为 80 以上，天津市、重庆市、南京市、青岛市、深圳市等多个城市法治环境指数得分为 60 以上，其他城市的法治环境指数得分相对偏低。崇左市、保定市、莆田市、安阳市、东莞市等 147 个城市法治环境指数的高于全部城市平均值，而贺州市、丽江市、玉溪市、广安市、资阳市等 113 个城市低于全部城市平均值。

从法治环境指数得分的排名来看，前 20 名依次是北京市、上海市、天津市、重庆市、南京市、青岛市、绍兴市、深圳市、葫芦岛市、石家庄市、成都市、长春市、杭州市、徐州市、宁波市、廊坊市、金华市、温州市、广州市、台州市。其中，北京市的法治环境指数得分最高，为 100；台州市的法治环境指数得分最低，为 60.75。北京市的法治环境指数得分是台州市的 1.65 倍。北京市、上海市的法治环境指数得分均高于 80，而其他 18 个地级市的法治环境指数得分均位于 60—75 之间。按照南方和北方地区的城市划分，2021 年我国南方和北方分别有 14 个和 6 个城市进入前 20 名，可见南方地区城市的法治环境明显优于北方。市场经济追求的是公平、良性的竞争秩序，而法治是维护公平和正义的最有效的途径，只有维持公平、有序的市场经济秩序，才能促进产业健康发展、企业有序竞争。见图 4-1-3。

2. 标杆城市典型案例

武汉市："对标 + 创新"，推进法治化营商环境建设。

近年来，武汉市对标我国优化营商环境典型城市、学习优化营商环境典型范例，以法治化营商环境建设为抓手，形成了具有特色的营商环境优化道路。

武汉市强调建设法治化营商环境建设，通过改善和运用公安、司法等

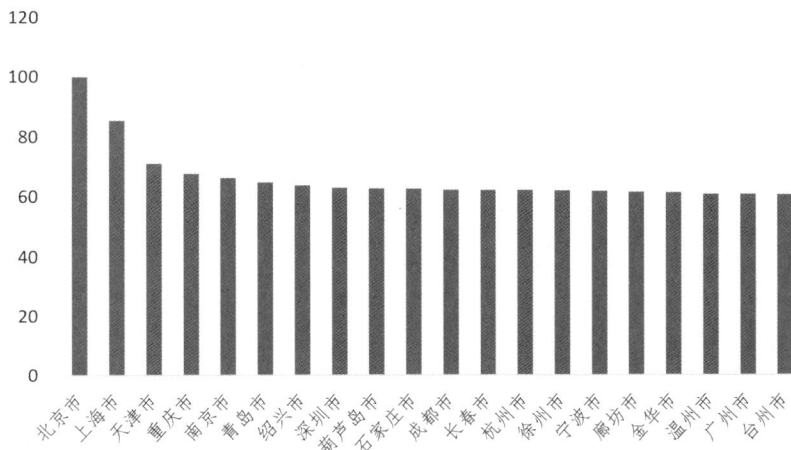

图4-1-3　前20名城市法治环境指数

力量，打造"亲""清"新型政商关系，法院涉企司法案件经济影响评估等4个项目入选湖北省优化营商环境先行试点。2021年，武汉市两级法院探索金融纠纷多元化解和要素式审判、"集约执行"、反担保前置工作机制等创新举措，充分发挥审判职能在优化营商环境中的作用。武汉法院还就线上立案、申请执行、简化诉讼办理流程等十项便民举措，向社会做出公开承诺；同时升级武汉诉讼服务网并建设移动微法院，实现司法审判网络化、电子化，为办事群众提供了司法便利；上线武汉法院营商环境互联网公开平台，面向社会提供法治营商环境数据，向公众公开诉讼、审判等服务和流程，全面接受公众监督，构建法治化营商环境。武汉市公安局与国家电网联合打造湖北省首家"武汉市电网安全保护警务中心"，使公安机关能够提前判断电网使用状况，保障企业用电安全；以"四心"为思想指导，创新"一企一警"模式，打击危害企业的违法犯罪活动，保障企业生产安全。

武汉市加强知识产权建设，发挥武汉知识产权保护中心的优势地位，在武汉城市圈开展知识产权互认试点，探索建设知识产权大数据中心和运营中心等知识产权创新项目。在企业开办方面，武汉市全面实施"210"的开办标准，即要求企业开办审批环节限制在两个之内（一表申请、一窗发放），审批时间限制在一天之内，并实现审批零收费，同时鼓励有条件的地方在此基础上进一步压缩审批时间和环节。

宿迁市宿城区：以"三链融合联动机制"打造法治化营商环境新高地。

宿迁市宿城区着力构建行政执法协调监督新体系，聚焦经济发展形势，持续优化法治化营商环境，切实以法治环境之"善"促营商环境之"优"。

制定出台《宿城区关于优化营商环境提升执法检查效能的若干政策》等文件，瞄准企业发展"盲点、难点、痛点、堵点"，启动产业链法律服务"一十百千"行动，成立专项行动领导小组，构建党建链、产业链、法律服务链"三链"融合联动机制。梳理重点企业法律服务项目清单，联合15支产业链法律服务专业团队，深入各园区、产业链企业，扎实开展企业合规管理培训、企业"法治体检"、企业法治宣传等服务，及时有效防范法律风险，不断引导企业合法合规经营。截至2023年9月，已对180家重点产业链企业开展法律服务活动，完成法治体检报告100余册。

坚持全领域深化柔性执法，将事后处罚向事前指导延伸，认真开展企业行政合规指导工作，组建"合规指导服务队"为企业提供现场指导整改服务，先后下发"服务提醒函"2份。启动企业安全生产正（负）面清单管理工作，通过企业自主申报和专家核查确定正负面清单企业，对于正面清单企业，突出正向激励，实行非现场执法、柔性执法或评优评先方面优先推荐；对于负面清单企业，加强后进帮扶。全面推行包容审慎柔性执法模式，逐步推动市场监管、安全生产、城管等重点领域建立行政处罚"三张清单"。贯彻落实"首违不罚"制度，2023年1—9月，城管、应急、市场、消防等部门办理从轻、减轻、免于处罚案件108件，涉及金额226万余元。

# 第二节 要素支撑保障

## 一、基础设施

基础设施是优化产业营商环境的基础，是影响经济集聚的传统因素。在产业空间集聚过程中，基础设施不仅影响区域内的生产要素效率，也会影响区域内产业的空间布局。近年来，各城市持续完善交通、供水供电、网络等基础设施，改善我国各地区间的连通性，推动了城市、城市群的产业协同发展。

1. 整体情况分析

根据各城市基础设施方面的得分，各城市基础设施建设水平存在明显差异。重庆市、北京市、武汉市、成都市、西安市、广州市、上海市、深圳市等城市的基础设施建设在全国较为领先。

从基础设施得分的排名来看，前20名依次是重庆市、北京市、武汉市、成都市、佳木斯市、西安市、广州市、杭州市、南京市、天津市、深圳市、长沙市、上海市、吴忠市、赣州市、郑州市、合肥市、济南市、青岛市、长春市。其中，重庆市的基础设施得分最高，为80.26；长春市的基础设施得分最低，为13.30。重庆市的基础设施得分是长春的6.03倍。重庆市的基础设施得分高于80，而其他19个城市的基础设施得分均低于50，城市基础设施水平差距明显。按照南方和北方地区的城市划分，2021年我国南方和北方分别有11个和9个城市进入前20名，南方地区与北方地区的基础设施服务水平较为均衡。基础设施具有典型的公共物品属性，具有明显的非竞争性和非排他性，地方政府要促进产业集聚，最首要的任务就是改善基础设施，为产业集聚创新良好的运营环境，从而能促进产业集中、人口集聚和空间集约，进而降低产业成本，形成产业发展的正外部效应。见图4-2-1。

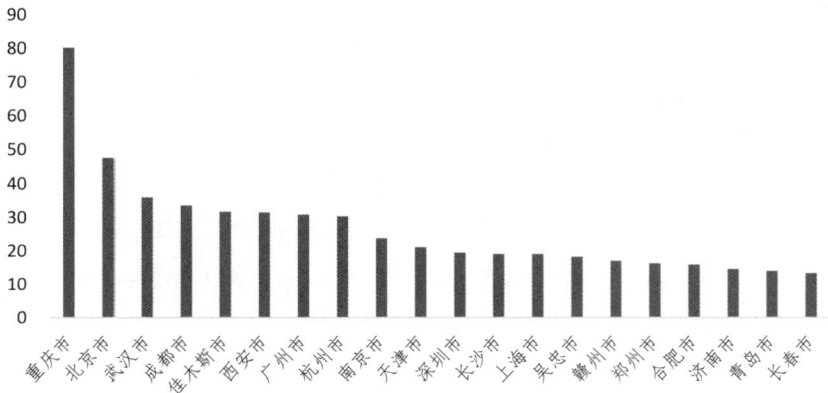

图4-2-1　前20名城市基础设施指数

2. 标杆城市典型案例

重庆市：加快数字化基础设施建设，推动经济社会数字化转型。

作为西部地区重要交通枢纽城市，重庆市致力于完善基础设施建设，推进智慧路网、智慧轨道交通、市政工程智能建造、智能网联汽车基础设施、智慧停车等10类智能化市政基础设施建设和改造，加快构建数字化、网络化、智能化的城市市政基础设施。

加快推动城市建设全场景智慧感知工程研究，加强物联网感知设备研发。加快推动物联网设施在城市路桥隧新建项目中的应用及已建成项目的智慧化改造，尽快形成城市路网综合感知体系。着力推动大数据、人工智能、物联网、云计算等新一代信息技术在轨道交通工程中深度应用，重点推进轨道交通24号线城轨"绿智融合"关键技术示范项目建设，加快重庆轨道交通工程建设安全管理综合平台、城轨快线全生命周期数字建管平台等3个系统平台建设。重点推动全市市政工程部品部件智能生产基地建设，加快推进重庆单轨公司长寿装配式建筑智能生产基地建设，新增部品部件产能 30 万平方米。推动智能立体停车以及停车诱导、违停抓拍、泊位共享、停车收费等技术应用。

着力推动物联感知技术设备在城市排水监测中应用，重点实施两江新区路面积水可视化监测系统、大渡口区"物联网＋智慧排水"系统等 11 个综合管理平台建设，加快实施北滨路洋炮局段"物联网＋智慧排水"建设项目等 5 个项目建设。综合运用大数据、物联网技术实现区域内综合管廊的数据管理及监测预警，重点推进高新区科学大道 23.7 公里综合管廊和渝中区陕西路综合管网改建项目建设，加快推进垫江、云阳、彭水等 3 个区县综合管廊监控中心建设结合"两江四岸"治理提升工作，重点推进"两江四岸"大溪沟段、化龙桥段、李子坝片区治理提升工程项目建设，实现滨江建设多元化、品质化、人性化。

以提高园区智能化管理水平为目标，重点推进两江协同创新区、巴南区现代智能建筑交易及大数据产业园等 2 个园区智能化基础设施建设。重点推进市级住建领域 CIM 平台建设，初步建成 CIM 数据底座。加快重庆东站、两江四岸核心区等区域级 CIM 平台建设，推进区域级、市级 CIM 平台数据共享。

## 二、金融服务

金融服务水平主要用于衡量城市内企业融资的效率和规模，近年来，企业特别是中小企业融资难、融资贵的问题突出，破解企业融资难、融资贵问题，防范金融风险，提升金融服务水平，是激发市场活力、促进创新创业、推动高质量发展的重要举措。

1. 整体情况分析

从全国各城市的金融服务得分来看，城市间金融服务水平差距较大。

北京市、上海市的金融服务得分位于 80 以上，深圳市、广州市的金融服务得分高于 50，多数地级市的金融服务得分较低。烟台市、惠州市、泰州市、廊坊市、扬州市等 56 个地级市的金融服务得分高于全部城市平均值，而湖州市、镇江市、赣州市、邯郸市、中山市、洛阳市等 204 个城市低于全部城市平均值。

从金融服务得分的排名来看，前 20 名依次是北京市、上海市、深圳市、广州市、杭州市、成都市、重庆市、南京市、苏州市、天津市、武汉市、郑州市、西安市、宁波市、长沙市、青岛市、济南市、福州市、昆明市、合肥市。其户，北京市的金融服务得分最高，为 98.76；合肥市的金融服务得分最低，为 16.31。北京市的金融服务得分是合肥市的 6.06 倍。北京市、上海市、深圳市的金融服务得分高于 60，其他 17 个地级市的金融服务得分均低于 55，城市金融服务水平差距明显。按照南方和北方地区的城市划分，2021 年我国南方和北方分别有 14 个和 6 个城市进入前 20 名，南方地区与北方地区的金融服务水平差距较大。见图 4-2-2。

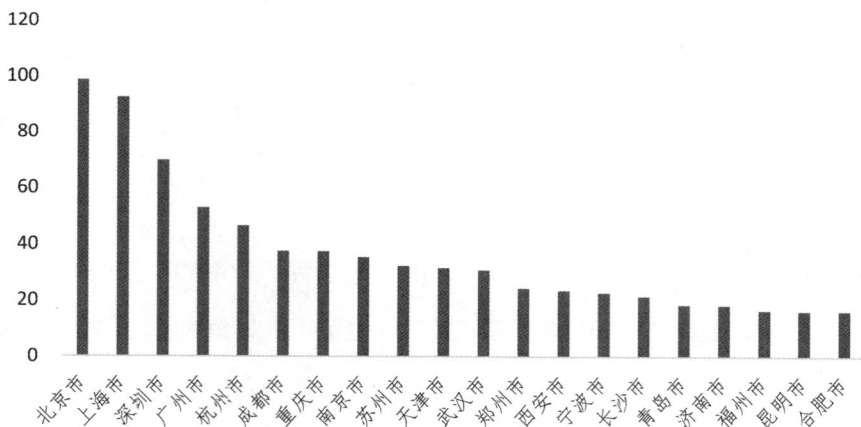

图4-2-2　前20名城市金融服务指数

2. 标杆城市典型案例

合肥市：风投之城与产业高地共舞。

合肥从 2010 年的城市排名 40 名开外，一个曾经还有"争议"的二线城市，再到 GDP 超万亿元，冲进新一线城市，这 10 年来保持了接近年均 17.5% 的复合增长速度，高新技术企业增加超过 800 家，战略新兴产业增长超过 18%。而合肥之所以会成为一种现象，被誉为风投之城，产业金融的发力极为关键。

由于我国地域间经济发展差距大、纵深广，且呈阶梯状分布在不同地域的发展阶段上，也有着明显的差异。在经济发达、集中的北上广深等地，大环境已经从资本驱动的阶段进入到创新驱动的阶段，而第二梯队，则依然处于资本驱动的发展阶段当中。资本招商、资本助力产业发展是最符合合肥等这一类城市的发展思路。

2008 年，金融危机冲击下，京东方亏损超 10 亿元，面临着巨大的资金压力。合肥驰援 175 亿元，其中，政府投入 60 亿元，战略投资者投入 30 亿元，以及 85 亿的贷款支持。如今，京东方市值达到 1500 亿元左右，在合肥本地投资超过千亿元，合肥市政府持有的京东方股票，巅峰时期的浮盈就有上百亿。

京东方一战成名之后，合肥继续发力半导体。2017 年，合肥政府与兆易创新分别出资 75% 与 25%，成立合肥长鑫，专攻 DRAM 芯片研发生产。2019 年 9 月，合肥长鑫宣布总投资 1500 亿元的 DRAM 芯片自主制造项目投产，将生产国内第一代基于 10nm 级（19nm）制程工艺的 8Gb DDR4 内存。

2020 年 4 月，当时亏损高达 113 亿元的蔚来汽车与合肥市政府签署最终协议，获得了 70 亿元的战略投资，蔚来汽车总部落户合肥。

类似案例，在合肥的发展历程当中仍有许多，甚至合肥市政府似乎更关注那些"走投无路"的公司。因为目标公司经营情况顺风顺水的话，选择合肥的可能性不太大。就像蔚来，也是被18个城市拒绝之后，落地在了合肥。

系统性地来看合肥的战略打法，不难发现其背后的特点，成为以"风险投资"为手段带来明显的地域增长驱动力的城市。通过市场化运作的产业投资基金、母基金服务于招商引资和战略性企业；通过大手笔的资本招商来寻求重量级企业落户；通过投资收益反哺产业投资，持续地进行多产业布局。正是这种方式，让合肥一步一步被誉为中国的"风险投资之城"，成为中国阶梯化大纵深经济结构中崛起的代表。

南京市：提供精准金融支持，助力经济持续回升向好。

近年来，南京市金融系统以企业需求为导向、以金融供给为核心、以直接融资和间接融资两个市场为抓手，全面提升金融服务的便利性和直达性，积极引导金融"活水"精准滴灌，助力经济持续回升向好。

一是引导投放，聚力提升重点领域信贷支持。截至2023年8月末，南京市金融机构年度新增贷款投放超4600亿元，贷款余额达到5.33万亿元，贷款余额和增加额均居全省首位。以建设国家级科创金融改革试验区为契机，聚焦科创企业全生命周期融资需求，着力打造科创金融升级版。截至2023年8月末，全市科创金融专营组织近60家，"宁科贷"政银合作贷款余额接近600亿元。截至2023年7月末，全市高新技术企业、科技型中小企业贷款余额分别达1685亿元、609亿元，同比增速分别为27.96%和31.99%。

二是降费拓面，着力强化融资担保为小微企业融资增信。推动政府性融资担保机构聚焦支小支农职责，进一步提升对小微企业、个体工商户、"三农"等主体的担保融资服务水平，实现平均担保费率不高于1%。运用"宁创贷"市场化风险分担机制，引导银行金融机构、再担保机构、融资担保机构签署合作协议，为符合条件的小微企业提供免担保费、无抵质押贷款服务。截至 2023 年 8 月末，6 家合作担保机构共为 1308 户企业提供免费担保，担保规模 51.71 亿元；全市 25 家融资担保机构在保余额 309.05 亿元，在保户数 1 万余户，同比增速分别超过 75% 和 100%。

三是"搭桥"纾困，精准助力企业平稳发展。利用南京市民营企业转贷基金，畅通民营企业转贷堵点，实现低成本、高效率融资"过桥"。截至 2023 年 8 月末，转贷基金累计超过千亿元，服务企业超过万户。强化对专精特新中小企业的转贷支持，将民营企业转贷基金年度累计免费转贷额度提升至 6000 万元，累计服务 153 家专精特新企业，转贷金额 40.16 亿元，减免费用达 581.14 万元。

四是畅通直达，积极打通金融服务"最后一公里"。开展金融支持实体经济高质量发展百场活动，发挥市区两级政策集成和部门协同效应，全方位促进企业与金融机构有效对接。依托省综合金融服务平台南京子平台以及南京金服平台，为全市中小微企业提供"一站式"综合金融服务，让企业融资多走"网路"、少跑"马路"。截至 2023 年 8 月末，江苏省金服南京子平台共接入中小企业 22.9 万家，累计授信金额 1974.5 亿元；南京金服平台累计实现入库企业超 16.7 万家，汇总融资规模超过万亿元。

五是分层服务，全面推进企业上市融资和再融资。深入实施企业上市"宁航行动"计划，完善企业上市精准服务新机制，充实拟上市企业梯队，入库企业超过 1000 家；强化与上交所、深交所、北交所、港交所等合作，为拟上市企业提供便利服务；计划推行信用报告替代合规证明，降低企业上市成本，加快企业上市进程。2023 年 1—8 月，全市境内上市公司新增股权再融资额 61.55 亿元，境外上市公司新增股权再融资额 32.09 亿元。

### 三、人力资源

人力资源是产业营商环境的重要组成部分，也是城市产业营商环境软实力、竞争力和创造力的重要支撑。各城市为了吸引人才推出了多种政策和优惠措施，从创业孵化园、人才公寓，到先落户后就业、人才补贴、减免税收、科研补助等。各城市要实现更高质量发展，不断增强城市的竞争力和吸引力，就需要对标国内最高标准、最好水平，打造一流的人才发展环境。

1. 整体情况分析

从人力资源得分来看，人力资源服务水平存在明显差距。北京市人力资源得分高于80，广州市、重庆市、郑州市、上海市的人力资源得分位于50—65之间，而成都市、西安市、武汉市、杭州市、深圳市的人力资源服务水平得分均低于50。排名在第70位的商丘市处于全部城市平均水平，邯郸市、德阳市、沧州市、湛江市、临沂市等70个地级市人力资源服务水平高于全部城市平均值，而金华市、扬州市、遵义市、柳州市、珠海市等189个城市低于全部城市平均值。

从人力资源得分的排名来看，前20名依次是北京市、广州市、重庆市、郑州市、上海市、成都市、西安市、武汉市、杭州市、深圳市、石家庄市、天津市、长沙市、南京市、济南市、昆明市、合肥市、南昌市、苏州市、南宁市。其中，北京市的人力资源得分最高，为83.05；南宁市的人力资源得分最低，为23.38。北京市的人力资源得分是南宁市的3.55倍。北京市的人力资源服务高于80，而其他19个地级市的人力资源服务水平得分均低于65，排名前20名城市的人力资源服务水平的差距较为明显。按照南方和北方地区的城市划分，2021年我国南方和北方分别有14个和6个城市进入前20名，南方地区的人力资源发展水平优于北方地区。见图4-2-3。

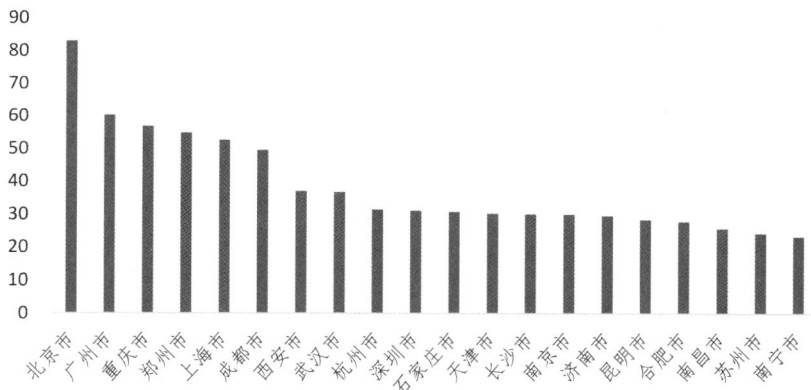

图4-2-3　前20名城市人力资源指数

2. 标杆城市典型案例

上海市：打造人才智力强引擎，激活跨越发展新动能。

改革开放40多年以来，随着上海全球科创中心及人才高地建设的深入推进，上海在人才创新环境营造方面取得了显著的成绩，为未来进一步根据最高标准、最好水平继续完善和提升上海产业营商环境奠定了基础。

一是形成了一系列人才引进培养政策。上海市政府实施了《关于深化人才工作体制机制改革促进人才创新创业的实施意见》，制定了《鼓励创业带动就业三年行动计划》，成为上海促进创新创业人才发展的政策框架和基础。围绕国家重大需求，上海加快落实"人才30条"等政策，面向全球引进首席科学家等高层次创新人才，对国家急需紧缺的特殊人才开辟专门渠道，实行特殊政策，旨在实现精准引进，并改进与完善外籍专家在华工作、生活环境和相关服务。通过居住证积分、居转户直接落户，上海累计新引进国内创新人才上万人，集聚了包括两院院士、诺贝尔奖获得者、美国科学院院士等顶级科学家近500人。支持引进人才深度参与国家计划项目、开展科技攻关，建立外籍科学家领衔国家科技项目的机制，具体措施包括开展高等学校和科研院所部分非涉密岗位全球招聘试点，完善国际组织人才培养推送机制，不断吸引活跃在世界前沿领域的顶尖科学家加盟，同时历练了一批属于中国自己的顶级科学家。

二是持续营造激发人才积极性的环境。上海启动了有关青年人才培养的"启明星计划""白玉兰科技人才基金""人才发展资金资助"，选拔、培养和资助优秀青年科技人员，建立了学科带头人和领军人才的培养模式。在"上海科创22条"的基础上，上海市完善和更新了《上海市海外人才居住证》和《上海市居住证积分管理办法》等政策，完善了居住证积分、居住证转办户口、直接落户的人才引进政策体系，优化人才落户申请的审批流程。国家公安部出台《支持上海科创中心建设的12项出入境政策措施》推出一系列便利政策，如开辟人才申请永久居留市场化渠道，放宽国内人才在沪异地办理出入境证件条件，推动完善外国人144小时过境免签等。

三是不断推进人才评估机制和人才试验区建立。上海制订了科技成果转化等研究人员分类评价标准，发起了高职评审绿色通道，并依托"高峰"学科建设形成了人才的第三方评估制度。为吸引国内外高层次人才，上海自贸试验区建立了更加灵活的人才引进机制，以及同自主创新园区的人才联动不断加强的管理机制，推动了"双自联动"建设人才改革试验区，启动了上海自贸试验区海外人才离岸创新创业基地，出台了人才自由流动的政策措施和人才认定标准，完善了张江高新区管委会创新重大项目用人机制上的十大重点创新试点，为上海科创中心建设注入了大量的人才支持要素。

北京市昌平区：建设高水平人才高地。

北京市昌平区以高标准建设北京国际科创中心承载区、"三城一区"主平台为抓手，倾力打造首都高水平人才高地核心区，为服务新时代首都发展提供强有力的人才支撑。

一是聚焦顶层设计，凝聚工作合力。深入贯彻落实中央人才工作会议精神，积极适应人才工作面临的新形势新任务，将区人才工作领导小组调整为区委人才工作领导小组，及时把未来科学城"两谷一园"、中关村科技园区昌平园管委会等相关单位纳入人才工作领导小组成员，推动人才工作和产业发展相融互促，有力形成条块结合、齐抓共管的工作格局。充分发挥地区高校、科研院所资源富集优势，主动与驻昌高校搭建"人才干部共育"平台，与清华、北大、北航等 15 家驻昌高校签署《合作备忘录》，聚力推进清华科学城、北京大学新校区及产教研融合创新中心等重点项目落地建设，力促校城合作、校地共建实现双进位，创新要素高效聚集、高效流动。

二是聚合优势政策，激发人才创新活力。围绕落实国家实验室专属人才支持政策，组建"服务管家"团队，项目化跟进国家实验室人才需求，协调解决特定纳税人资格申请、开通绿色就医通道等难点问题，强化知名科学家创办企业、上市企业引入，汇集了一大批战略科学家，吸引 60 余家企业成功落户生命科学园，助力国家战略科技创新能级不断提升。持续整合、优化升级"昌聚工程"人才政策，在创新多元主体协同引才的政策举措、推进人才评定自主认定机制等方面推陈出新，整合调整人才发展平台的评定类别，进一步聚焦新兴引才聚才平台的鼓励支持。

三是建强人才发展平台。围绕高水平人才高地建设，持续打造世界领先科技园区，不断提升未来科学城国家化水平和发展新优势，推动人才工作与重点功能区建设、与重大产业发展相融互促。围绕生物技术占先，集聚科技领军人才和创新团队，做大做强百济神州、诺诚健华等一批行业领军企业、创新潜力企业，探索形成"科研国家队 + 企业主力军"的创新格局，加快建设具有全球领先水平的"生命谷"。发挥好"龙头"央企技术创新联合体牵引作用，联合开展绿色能源关键技术攻关，着力打造氢能、能源互联网产业集群，布局碳减排与碳中和新赛道，奋力建设具有国际影响力的"能源谷"。充分发挥高校人才培养主阵地作用，共建共享沙河高教园产教融合实训基地、未来产业科技园、北京高校科技成果转移转化促进中心等平台载体，吸引高校科研成果就地转化，合力建设科教融合的"高教园"。

四是优化人才切实服务保障。一手猛抓硬件建设，提升人才生活品质。围绕高层次人才事业发展与生活居住需求，深入落实未来科学城国际人才社区建设发展规划，高标准建设"创新街区"，建成未来科学城展示中心，投用国际人才大厦，入驻国际技术转移中心、中以合作创新中心等 5 个合作平台，配套万怡四星级国际酒店等商务设施，引进北京未来城国际学校、北大国际医院等优质资源，加快建设保利、华润两个城市综合体，形成国际人才交往新平台。打造天通中苑、未来科学城等多个人才居住社区，分类分批解决各层次人才子女上学、引进落户、医疗健康等需求事项，让人才安业、安居。

## 四、生活服务

生活服务与人民群众的生活需求息息相关，与经济社会发展水平相适应。城市间生活服务的差异可能会使劳动和资本等要素在地区间流动，生活服务投入大、质量好的地区往往会吸引要素流入，进而促进产业的集聚。大力推动生活服务项目建设，是不断增强人民群众获得感、持续优化产业营商环境的重要举措。为补齐教育体育、医疗卫生、养老托育等服务供给不足、质量不高的短板，各城市持续深耕民生配套建设，打造城市生活服务标杆。

### 1. 整体情况分析

从生活服务得分来看，全国各城市生活服务水平存在明显差距。东莞市的生活服务水平得分为 100，深圳市、郑州市、太原市的得分均高于60，而北京市、上海市、成都市、武汉市、南京市的生活服务水平得分均低于60。排名在第98位的汕头市处于全部城市平均水平，株洲市、鹤壁市、濮阳市、聊城市、廊坊市等97个地级市生活服务水平高于全部城市平均值，而玉溪市、滨州市、榆林市、赤峰市、泰安市等162个城市低于全部城市平均值。

从生活服务得分的排名来看，前20名依次是东莞市、深圳市、郑州市、太原市、克拉玛依市、珠海市、北京市、广州市、杭州市、中山市、昆明市、上海市、佛山市、海口市、兰州市、贵阳市、苏州市、拉萨市、西宁市、厦门市。其中，东莞市的生活服务得分最高，为100；厦门市的生活服务得分最低，为50.31。东莞市的生活服务得分是厦门市的1.99倍。东莞市、深圳市的生活服务得分均高于75，而其他18个地级市的生活服务得分均低于70，排名前20位的，城市间生活服务水平的差距较为明显。按照南方和北方地区的城市划分，2021年我国南方和北方分别有15个和5个城市进入前20名，南方地区的生活服务水平总体上优于北方地区。见图4-2-4。

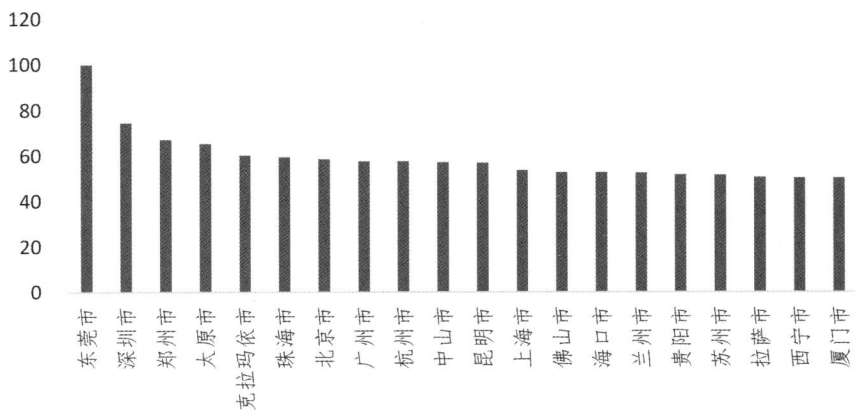

图4-2-4 前20名城市生活服务指数

2. 标杆城市典型案例

深圳市：打造基本公共服务标准化的"福田标杆"。

作为国家首批、深圳唯一的基本公共服务标准化综合试点地区，福田坚持"广覆盖、可持续、高质量、有特色"的创建路径，率先将"民生七有"融入基本公共服务标准化清单，梳理145项基本公共服务事项，形成900余项公共服务标准，其中25项纳入省市地方标准，成为深圳先行示范区的"福田标杆"。

一是发布实施福田区基本公共服务清单，梳理145项基本公共服务事项，涵盖"幼有善育、学有优教、劳有厚得、病有良医、老有颐养、住有宜居、弱有众扶、优军服务保障、文化体育保障"等9大领域。二是针对145项基本公共服务事项，从国家、行业、地方、基层服务机构4个层面，构建了一套以福田区基本公共服务事项清单为基础单元，涵盖服务基础、服务提供、服务保障等领域，涉及基本公共服务全流程、全链条的综合试点标准体系架构，绘制基本公共服务标准化工作发展蓝图。三是投资建设基本公共服务数据库，收集量化关键指标、指标要求、计算规则等内容，打造智慧型服务城区。四是挖掘服务潜力，形成了"儿童友好服务""家长学校服务""福田区中小学生研学实践教育课程体系服务""长者饭堂助餐服务""退役军人档案管理服务""社会体育场馆惠民开放服务"等41项具有福田特色的服务项目。

与国家标准相比，福田16个服务事项的标准更高、内容更多、对象更广。在孕产期保健服务、免疫接种、0—6岁儿童健康管理服务等事项中，拓展了基本公共服务的内容，包括扩充保健服务项目、增加接种疫苗类型、提升健康管理要求等服务，提高基本公共服务的可及性和便利性。在学前教育资助服务、高中生伙食资助服务、发放高龄老人补（津）贴服务等事项中，扩大了享受基本公共服务的对象范围，增加了服务覆盖的人群和服务类别，着力提升市民幸福指数。

成都市新都区：推进紧密型县域医疗卫生共同体建设试点。

成都市新都区积极构建优质高效的整合型医疗卫生服务体系，不断完善医共体组织管理模式、运行机制和激励机制，群众的健康获得感、幸福感和安全感持续增强。

一是统筹资源，构建整合型医共体建设框架。新都区探索推进整合型医疗卫生服务，分别建立以区人民医院、区中医医院、区第二人民医院为"龙头"，基层医疗卫生机构为枢纽，村（社区）卫生站为网底的3个紧密型县域医共体；区内其他医疗卫生机构为支撑，区疾控中心和区妇幼保健院发挥公共卫生服务机构专业作用，做好技术指导、培训和慢性病管理、医疗质量控制等业务管理，推进疾病三级预防和连续管理。条块结合，组建3个服务中心。新都区围绕提供专业支撑，组建慢性病管理服务中心、中医药健康管理服务中心、信息化管理服务中心3个服务中心。慢性病管理服务中心推进区域慢性病管理规范化、服务流程统一化、服务质量同质化；中医药健康管理服务中心以基层中医药服务能力提升助推医防融合；信息化管理服务中心搭建医共体信息化平台，推进医共体内信息互联互通与业务协同。

二是健全机制，推动医共体健康有序运行。完善部门协同联动机制，以维护公益性、调动积极性、保障持续性为重点，建立了医共体管理委员会与卫健等相关部门、卫健等相关部门与医共体、牵头医院与成员单位管理的三张权责清单，并将部门落实清单情况纳入政府目标考核，加强部门联动、政策联动、业务联动，合力推动各项改革任务落地见效。

三是打通堵点，汇聚医共体发展工作合力。新都区委编办在核定的医共体编制总量内，根据基层需求将医共体牵头医院70个编制调剂至基层医疗卫生机构；实行医共体牵头医院与成员单位之间"下派与进修人员一对一互换"的顶岗使用制度。设立以下转患者数量、慢性病患者基层机构管理率、基本公共卫生项目统筹开展情况等为核心的医共体考核指标 62 项，以医共体为单位开展考核，考核结果与财政补助、绩效分配、干部任免等挂钩，将医共体建设为管理、服务、利益、责任的共同体。打通转诊梗阻，建立医共体为分级诊疗病种目录和以基本药物为主导的"1+$X$"用药目录，3 个医共体统一药品品种分别达 416 个、497 个、383 个；建立全区统一的慢性病用药目录，统一药品品种 64 个。

四是优化服务，同织医共体服务"一张网"，发展特色优势。建设集中医智慧医疗中心、远程诊疗服务中心、医学培训中心、药师审方干预系统等功能模块为一体的中医医共体智能云平台。基层医疗卫生机构均按统一标准建设中医药服务区，建成 8 个示范中医馆和 45 个规范化中医角，推广中医药适宜技术 30 项以上。牵头医院根据各成员单位实际协助开展基层临床特色科室，将优质学科资源和医生下沉至基层，参与基层"全专结合"门诊和专科联合病房建设，有针对性地提升基层专科专病诊疗能力。

# 第三节　产业生态保障

## 一、产业规模

产业规模是衡量产业营商环境的重要指标，城市良好的产业营商环境，能够吸引更多的企业入驻和投资，吸引产业项目落地，进而增强地方的经济效益。产业规模大、经济实力强，产业营商环境则越好。

根据产业规模得分，全国各城市的产业规模差距较大。上海市的产业规模得分最高，北京市、深圳市、重庆市、广州市、苏州市、成都市、杭州市、南京市的产业规模得分相对领先。排名在第 63 位、第 64 位的镇江市、岳阳市处于全部城市平均水平，湖州市、鄂尔多斯市、淄博市、阜阳市、常德市等 62 个地级市的产业规模得分高于全部城市平均水平，而玉溪市、滨州市、榆林市、赤峰市、泰安市等 196 个城市产业规模得分低于全部城市平均水平。

从全国各城市产业规模得分的排名来看，前 20 名依次是上海市、北京市、深圳市、重庆市、广州市、苏州市、成都市、杭州市、南京市、武汉市、天津市、青岛市、宁波市、郑州市、长沙市、无锡市、济南市、合肥市、泉州市、西安市。其中，上海市的产业规模得分最高，为 100；西安市的产业规模得分最低，为 21.02。上海市的产业规模得分是西安市的 4.76 倍。上海市、北京市的产业规模得分均高于 80，而其他 18 个地级市的产业规模得分均低于 65，排名前 20 位的城市间产业规模的差距较为明显。按照南方和北方地区的城市划分，2021 年我国南方和北方分别有 14 个和 6 个城市进入前 20 名，南方地区的产业规模优于北方地区。见图 4-3-1。

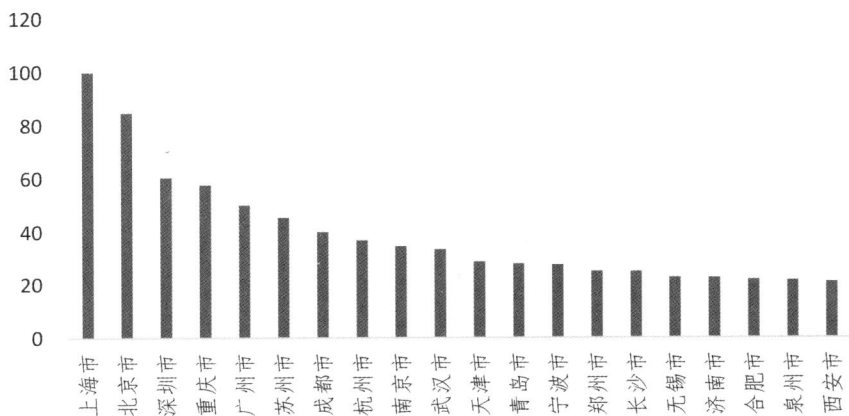

图4-3-1　前20名城市产业规模指数

## 二、产业集聚

产业集聚促进了区内企业组织的相互依存、互助合作和相互吸引：一方面，产业集聚有利于降低企业运营成本，包括人工成本、开发成本和原材料成本等，因而有利于提高企业劳动生产率，有利于提升企业竞争力；另一方面，集聚体内企业之间的相互作用，可以产生"整体大于局部之和"的协同效应，最终有利于提高区域竞争力，促进区域创新发展。优化产业营商环境，更好服务经营主体，吸引优质资源聚集，打造一批具有竞争力的产业集群，有利于构建更为完善的产业链供应链生态。

### 1. 整体情况分析

从产业集聚得分来看，全国城市产业集聚程度存在显著差距。深圳市、东莞市、苏州市、宁波市、佛山市的产业集聚程度全国领先，南京市、武汉市、长沙市、北京市、郑州市的产业集聚程度相对较高。排名第 62 位的聊城市处于全部城市平均水平，德州市、常德市、新乡市、周口市、阜阳市等61 个城市产业集聚得分高于全国各城市平均水平，而沈阳市、滨州市、揭阳市、珠海市、丽水市等 198 个城市低于全部城市平均水平。

从城市产业集聚程度排名来看，前 20 名依次是深圳市、东莞市、苏州市、宁波市、佛山市、温州市、上海市、无锡市、重庆市、嘉兴市、杭州市、广州市、南通市、泉州市、常州市、金华市、台州市、天津市、绍兴市、中山市。其中，深圳市的产业集聚得分最高，为 100；中山市的产业集聚得分最低，为 35.01。深圳市的产业集聚得分是中山市的 2.86 倍。深圳市、东莞市、苏州市、宁波市、佛山市的产业集聚得分均高于 70，而其他 15 个地级市的产业集聚得分均低于 70，排名前 20 位的城市产业集聚度的差距较为明显。按照南方和北方地区的城市划分，2021 年我国南方和北方分别有 19 个和 1 个城市进入前 20 名，南方地区的产业集聚度明显优于北方地区。见图 4-3-2。

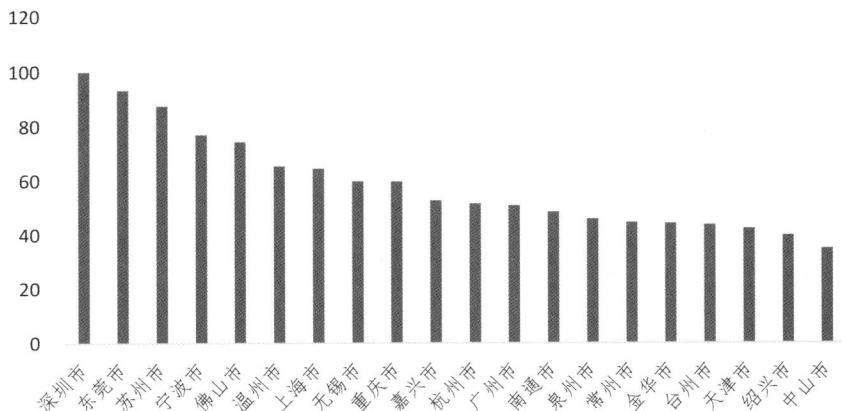

图4-3-2　前20名城市产业集聚指数

2. 标杆城市典型案例

深圳市：先进技术研究院织网促进新一代信息通讯产业集群发展。

新一代信息技术是我国的七个战略性新兴产业之一，而深圳是国内新一代信息技术企业的最大聚集地。作为集群总促进机构，深圳先进技术研究院以"织网人"的身份推动新一代信息通信产业的创新发展，在5G、集成电路、新型显示等领域培育超过5家子促进机构；组织逾20家行业服务商建立集群促进网络；举办近50场各类产业活动，形成了成熟的展示交流、联合参展、咨询服务平台。

为实现"强链""补链"，切实帮助集群产业解决"卡脖子"问题，深圳先进技术研究院组织推进了6项产业核心技术的开发与推广，引导与产业链上的协同创新，打破国际技术垄断，形成自主知识产权。此外，联合行业龙头企业，在集成电路、5G、新型显示、AI等行业打造了4个产业创新生态平台，支撑国产核心技术的自主研发。在集群总促进机构深圳先进技术研究院的组织下，2019—2021年形成项目70多项，与企业共建联合实验室近 30 个，合同额超亿元，有效推动了深圳先进技术研究院科研团队在新一代信息通信产业领域的创新赋能。

东莞市：打造智能终端移动集群。

智能终端作为数字经济的主要承载者，产业体量大、产业链长、辐射范围广、带动能力强，是整合产业链、撬动社会总需求的关键抓手，具有天然的产业链带动、整合效应，是推动经济社会发展的重要力量。智能终端已经成为全球各国重点布局的领域，也是东莞加速发展的巨大引擎。

东莞拥有华为、OPPO、vivo、华贝电子等一批电子信息制造龙头企业，形成了从基础零部件到终端产品制造、从消费类产品到投资类产品的完整产业体系。2022 年发布《东莞市人民政府关于推动数字经济高质量发展的政策措施》，全力推动东莞智能制造和数字经济高质量发展；东莞市明确提出要重点发展智能移动终端，推进"芯、屏、核"等关键零部件的核心技术攻关，到 2025 年，在推进智能终端国家集群基础上，进一步将东莞市打造成世界级新一代通信设备、手机及新型智能终端、半导体元器件、新一代信息技术创新应用产业集聚区。除了智能手机，在其他 5G 智能终端领域，东莞同样具备较好的产业基础。例如，在可穿戴设备领域，东莞拥有步步高教育电子有限公司、广东小天才科技有限公司等国内知名企业；在 VR/AR 领域，东莞松山湖已经建立虚拟现实产业联盟、华南创新设计院 VR 技术创新中心和产业化基地、松山湖生产力大厦等产研基地，并出现一批 VR/AR 研发及生产企业。随着创新成果的积累、产业链条的完善和 5G 应用的丰富，东莞产业能级将不断提升，加快培育世界级智能移动终端产业集群，从而赋能先进制造业发展。

西安市高新区：打造医药健康产业集群。

生物医药产业是国家重点战略性新兴产业之一，经过多年蓬勃发展，已成为西安高新区产业集群重要支柱之一。

名企汇聚和全链条生态孵化是高新区生物医药发展中的显著特色。陕药集团、西安杨森、力邦制药、大唐制药等一大批生物医药骨干企业在高新区落地。高新区创业园作为高新区最为活跃的双创阵地，在生物医药企业的创新孵化和培育中则有着丰厚的经验，在"众创空间＋孵化器＋加速器＋产业园区"的四级孵化模式中打造出的一系列空间载体已成为多地学习的模板。从 2005 年为生物医药企业提供专业服务和孵化的平台——西安联创生物医药孵化器开始，到高新区生物医药产业研发聚集基地建成投用，高新区创业园以全链条资源为生物医药企业提供产品研发、中试、成果转化、投融资等方面的专业服务。在医疗器械领域开展医工结合，在注册法规方面则通过邀请药监局、检测研究院、药检所以及第三方服务机构内的专业人员为企业提供注册法规支持和帮助。生物医药产业的链条式集聚发展，对企业和行业的发展壮大都起到了很大的推动作用，使得高新区在生物医药培育方面实现了从"企业培育"到"产业培育"的跨越。

## 三、产业创新

创新能力是企业在发展竞争中壮大的法宝。一方面，企业通过运用创新成果引导企业进行升级，寻找新的发展途经；另一方面，企业可以运用科技成果弥补自身的缺陷，解决诸如原材料消耗大、投入产出效益低、环境污染等问题，降低企业的经营成本。创新是一切经济发展的源动力，当前，全国各城市着力加大创新平台建设，构建创新体系，持续增强自主创新能力，为建设创新型城市奠定了良好基础。

### 1. 整体情况分析

对比全国城市产业创新得分，全国城市产业创新水平差距较大。北京市、深圳市、上海市的产业创新能力较高，得分分别为91.36、81.14、69.33，其他城市得分均相对较低。排名在第 53 位、第 54 位的泰州市、贵阳市处于全国各城市平均水平，扬州市、石家庄市、洛阳市、湖州市、镇江市等 52 个城市的产业创新水平高于全国各城市平均水平，而江门市、株洲市、滨州市、南宁市、绵阳市等 206 个城市低于全国各城市平均水平。

从城市产业创新水平得分的排名来看，前 20 名依次是北京市、深圳市、上海市、广州市、苏州市、杭州市、武汉市、成都市、南京市、合肥市、天津市、佛山市、宁波市、重庆市、东莞市、西安市、郑州市、青岛市、无锡市、长沙市。其中，北京市的产业创新水平得分最高，为 91.36；长沙市产业创新水平得分最低，14.72。北京市的产业创新水平得分是长沙市的 6.21 倍。其中，10 个城市的产业创新水平得分聚集在 20—50 之间，6 个城市产业创新水平得分不足 20，城市间产业创新水平的差距较为明显。按照南方和北方地区的城市划分，2021 年我国南方和北方分别有 15 个和 5 个城市进入前 20 名，南方地区的产业创新水平明显优于北方地区。见图 4-3-3。

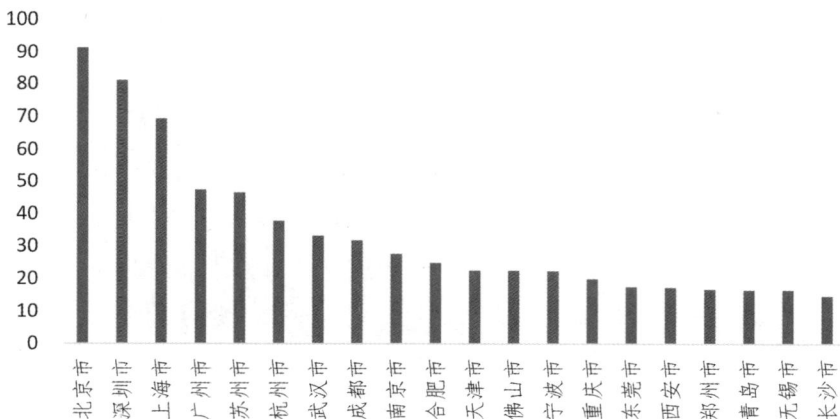

图4-3-3　前20名城市产业创新指数

2. 标杆城市典型案例

北京市：持续深化科技领域改革，激发科研人员活力。

为建设与国际接轨的世界一流新型研发机构，北京市持续深化科技领域改革工作，坚持把该放的权彻底放出去，把该减的事项坚决减下去，突出五方面新机制，更好地激发科研人员积极性和创造性。北京建立完善"五新"机制高标准建设新型研发机构入选国务院典型经验做法。"五新"机制具体为：

一是突出"新的运行体制"。打破传统科研机构的体制机制和管理模式，探索与国际接轨的治理结构和市场化运行机制；依法制定章程，构建完善的组织体系、法人治理结构，实行理事会领导下的院（所）长负责制。

二是突出"新的财政支持政策"。根据新型研发机构类型和实际需求给予财政科技经费稳定支持，探索实行负面清单管理，并赋予新型研发机构经费使用自主权。

三是突出"新的绩效评价机制"。对新型研发机构实行个性化合同管理制度，根据合同约定，由理事会下设的评估委员会进行评估，围绕科研投入、创新产出质量、成果转化、原创价值、实际贡献、人才集聚和培养等方面，做出符合机构设立目标和科研规律的评估，并由理事会下设的审计委员会对机构资金使用情况实施审计。

四是突出"新的知识产权激励"。除特殊规定外，市财政资金支持产生的科技成果及知识产权由新型研发机构依法取得，自主决定转化及推广应用。重大转化安排由院（所）长提出方案，理事会审定，对符合首都城市战略定位在京实施转化的项目，通过北京市科技创新基金等提供支持。

五是突出新的固定资产管理方式。市财政资金支持形成的大型科研仪器设备等由新型研发机构管理和使用，并依法开放共享，提高资源利用效率。

重庆市两江新区：聚焦"科创＋产业"打造重要创新策源地。

出台《重庆两江新区打造产业创新高地行动计划（2021—2023年）》，

修订《两江新区深入推动科技创新支撑引领高质量发展若干政策措施》，大力实施科技创新型企业集结登峰行动计划等，进一步加大围绕科技创新的政策支持力度。紧盯新区支柱产业和新兴产业发展方向，按照"一所（院）一策"原则，运用自建或共建重大科技平台、分支机构、校区等多样化合作方式，大力引进国内外知名高校、科研院所、企业等设立研发机构，新区已集聚大学大院大所50家，汇聚两院院士团队25个，组建各类研发平台141个。

两江新区通过抓实"研发＋企业"利益链接机制、抓活"研究院＋公司制"市场化转型、抓牢"人才＋产业"融合发展平台、抓好"战略＋合作"区域协同联动等四大路径发力，加强成果转移转化服务，不断优化区域创新创业生态。聚焦"一号工程"，依托成渝职业技术经理人学院，联合研发机构积极开展"进区县、进园区、进企业"上门技术推广服务，促进一批优质科研项目在重庆落地转化。推动西部（成都）科学城、两江协同创新区、西部（重庆）科学城、绵阳科技城紧密协作，联动发展。充分整合成渝科技创新资源，通过跨区域项目合作的方式，鼓励开展科研和技术合作、人才交流。聚焦集成电路、基础软件、新材料等领域，推动川渝两地高校、科研院所、企业联合建设重大科研平台，争取国家重大科技专项和重点研发计划，协同开展关键核心技术攻关。

## 四、产业开放

投资和贸易是企业开展经营活动的重要环节，投资贸易便利度和开放度是产业营商环境的重要内容。近些年来，各城市对照国家最高标准、最好水平，按照建设全方位高水平的开放型经济新体制的要求，大力推进了提升投资贸易便利化的系列改革，取得了显著成绩。

1. 整体情况分析

对比各城市的产业开放程度得分，全国各城市的产业开放程度差距较大。上海市、苏州市、深圳市的产业开放程度得分分别为 86.42、73.49、65.80，北京市、东莞市、宁波市、广州市、天津市等城市的得分相对偏低。排名在第 48 位的太原市接近全部城市平均水平，盐城市、崇左市、泰州市、舟山市、漳州市等 47 个城市的产业开放程度高于全部城市平均水平，而扬州市、镇江市、昆明市、徐州市、东营市等 212 个城市低于全部城市平均水平。

从产业开放程度得分的排名来看，前 20 名依次是上海市、苏州市、深圳市、北京市、东莞市、宁波市、广州市、天津市、青岛市、无锡市、厦门市、杭州市、重庆市、成都市、佛山市、南京市、嘉兴市、金华市、大连市、南通市。其中，上海市的产业开放程度得分最高，为 86.42；南通市的产业开放程度得分最低，为 11.17。上海市的产业开放程度得分是南通市的 7.73 倍。苏州市、深圳市的产业开放程度得分均高于 65，而其他 17 个地级市的产业开放程度得分均低于 50，排名前 20 位的城市间产业开放程度差距较为明显。按照南方和北方地区的城市划分，2021 年我国南方和北方分别有 16 个和 4 个城市进入前 20 名，南方地区的产业开放程度明显优于北方地区。见图 4-3-4。

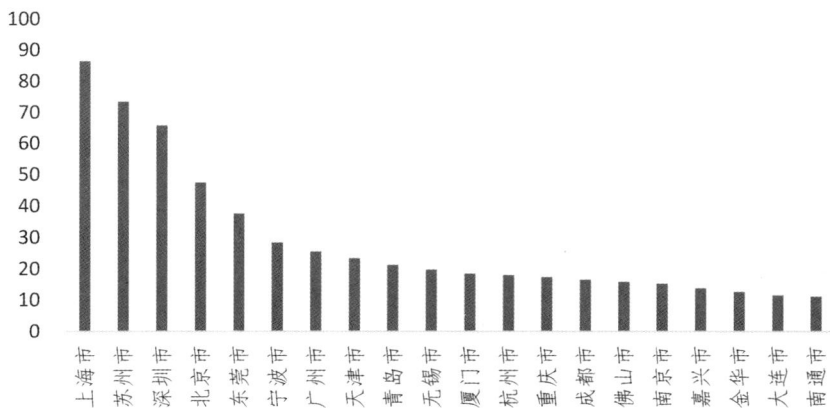

图4-3-4　前20名城市产业开放指数

2. 标杆城市典型案例

深圳市：建设"深圳市外企服务工作站"。

2020 年 7 月，深圳市创新外商投资企业服务工作模式，以"市级＋区级＋园区"模式，率先在全国范围内建设"深圳市外企服务工作站"。

外企服务工作站主要承担以下几项工作：一是广泛开展外商投资法律政策宣传。2020—2021 年，工作站共举办 12 场政策宣讲活动，涵盖税务、通关、外汇、外资管理等领域。服务对象包括世界 500 强、中国 500 强、行业龙头等企业。累计超过 1200 位企业代表参与线下活动，累计超过 3 万人次线上观看政策宣讲。二是以问题和需求为导向帮助企业排忧解难。通过制定《深圳市外商投资企业权益保障工作实施方案》明确工作方向，先后走访外商投资企业 600 余家，持续采集外商投资企业信息 4000 余份，协调处理外商投资企业求助和困难问题近百项，为 1300 多家外商投资企业提供法律政策咨询，确保了 100% 回复率和近 90% 的办结率。三是积极助力企业复工复产，推送金融支持政策，帮助众多外商投资企业快速恢复生产经营。目前，深圳市在建立 2 个市级总站的基础上，在龙岗区和龙华区建立了区级工作站，全市 10 个重点产业园区建立了园区分站，形成了"2+2+10"的服务网络布局，"市级＋区级＋园区"的外商投资促进公共服务体系，有力保障外商投资企业及其投资者合法权益的同时，有效促进了外商投资企业在深圳健康发展。

北京市：助推自贸区高质量发展。

"两区"建设以来，北京紧抓"两区"政策叠加机遇，对标国际高标准经贸规则，稳步扩大制度型开放，取得系列成效。

北京持续放宽外资准入准营，加大政策供给力度。全国首个外商独资货币经纪公司、首家外资全资控股持牌支付机构、全市首家外资公募基金、首家外国专利代理机构等近 130 个标志性项目渐次落地。获批北京首个国家级进口贸易促进创新示范区，通过首个国家级跨境贸易便利化标准化试点；出台支持离岸贸易举措，建设"京贸兴"新型国际贸易服务平台，为"买全球、卖全球"拓展空间。出台支持外资研发中心发展的政策措施，已认定英特尔、微软、施耐德电气等三批次 73 家外资研发中心。打造中国首个国际科技组织总部集聚区，首批入驻国际氢能燃料电池协会等 8 家国际科技组织。开展生物医药研发用物品进口"白名单""人遗专员"等试点，在 30 家医疗机构开展研究型病房示范建设，总床位 4800 张，推进全国首家国际研究型医院建设，为医药创新和前沿药物的临床应用提供政策支撑。

# 第五章　各级城市产业营商环境评价分析

　　本章重点选取 4 个直辖市、5 个计划单列市、27 个省会城市和地级市中产业营商环境排名前 20 的城市，对这 56 个城市的产业营商环境综合指数及其分项指标进行解析。为便于分析，将各个城市分项指标得分与相应类别城市的平均值以及所有参评城市的平均值进行了比较。

## 第一节　直辖市

### 一、上海市

　　在本次城市产业营商环境综合指数排名中，上海市综合指数排名全国第 1。从分项指标排名来看，上海市的三个分项指标排名比较均衡，除了要素支撑保障指数排在第 2 名，其他分项指标稳居全国第 1 位，各个分项指标得分也均超过所有直辖市的平均值。产业生态保障指数尤为突出，明显高于直辖市平均值，说明上海市的产业规模、产业聚集效应、产业创新和开放支持方面表现十分出色。见表 5-1-1、图 5-1-1 ～ 图 5-1-4。

表5-1-1　上海市产业营商环境分项指数

| 上海市 | 标准化值 | 直辖市内排名 | 全国排名 |
|---|---|---|---|
| 制度法规保障指数 | 95.11 | 1 | 1 |
| 要素支撑保障指数 | 52.75 | 2 | 2 |

续表

| 上海市 | 标准化值 | 直辖市内排名 | 全国排名 |
|---|---|---|---|
| 产业生态保障指数 | 80.09 | 1 | 1 |
| 综合指数 | 77.89 | 1 | 1 |

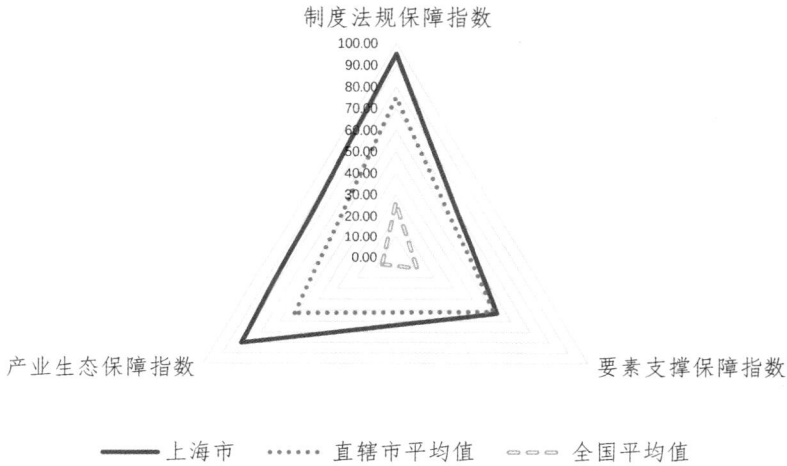

制度法规保障指数

产业生态保障指数　　　　　　　　　　　　　要素支撑保障指数

——上海市　······直辖市平均值　----全国平均值

图5-1-1　上海市产业营商环境分项指标雷达图

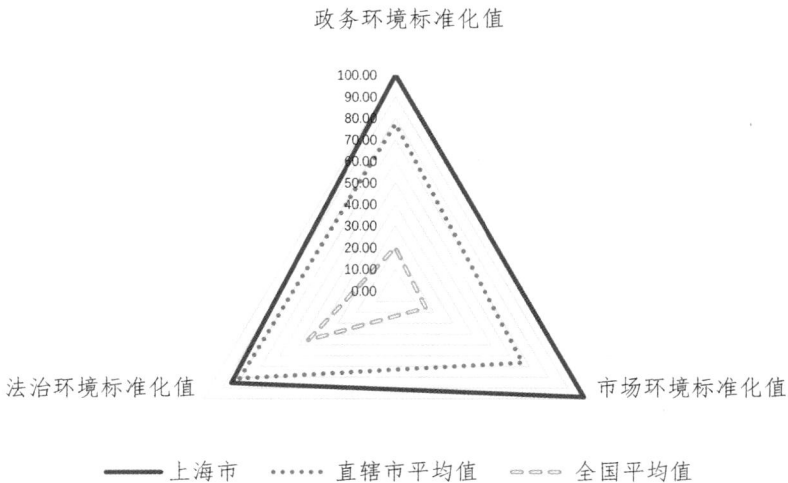

政务环境标准化值

法治环境标准化值　　　　　　　　　　　　市场环境标准化值

——上海市　······直辖市平均值　----全国平均值

图5-1-2　上海市制度法规保障指数分项雷达图

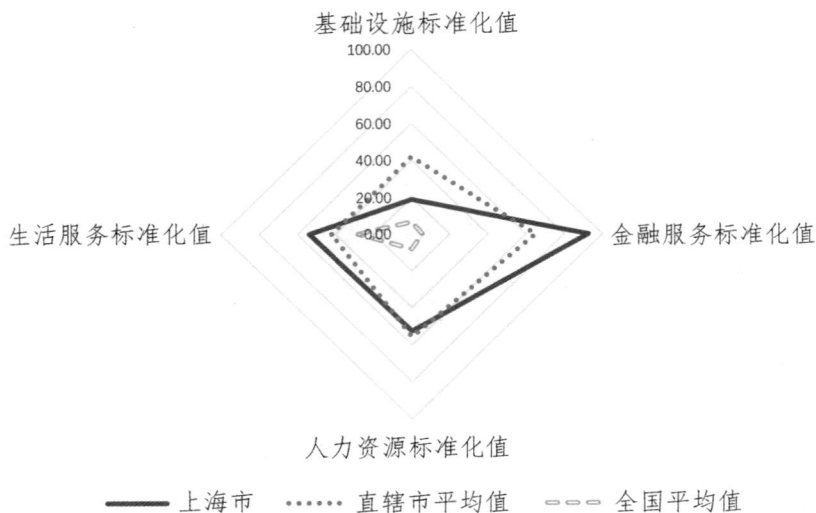

图5-1-3　上海市要素支撑保障指数分项雷达图

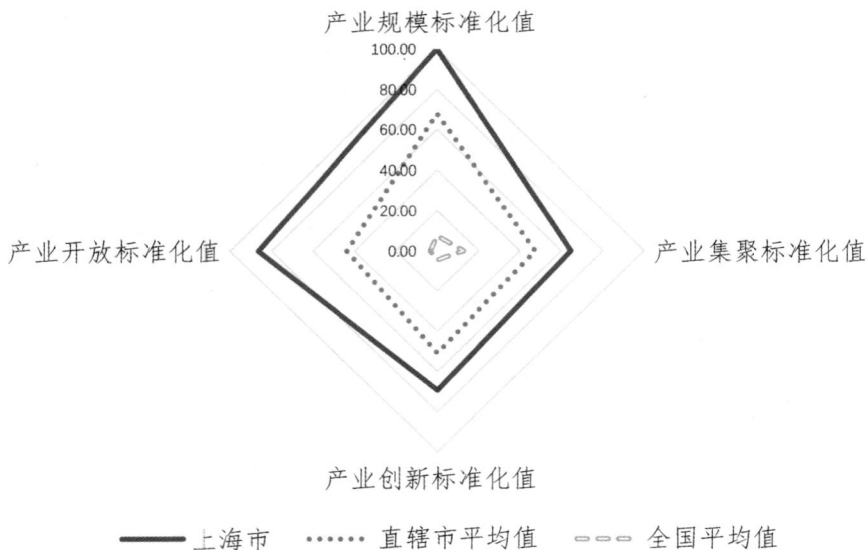

图5-1-4　上海市产业生态保障指数分项雷达图

## 二、北京市

在本次城市产业营商环境综合指数排名中，北京市综合指数排名全国第2。从分项看，北京市分项指标的排名比较均衡，且优势都较为明显，三项指数的得分均高于直辖市的平均值。其中，要素支撑保障指数排名第1，明显高于直辖市平均值，表明北京市在人力、金融、生活服务和基础设施方面的优势非常明显。见表5-1-2、图5-1-5 ~ 图5-1-8。

表5-1-2　北京市产业营商环境分项指数

| 北京市 | 标准化值 | 直辖市内排名 | 全国排名 |
| --- | --- | --- | --- |
| 制度法规保障指数 | 86.67 | 2 | 2 |
| 要素支撑保障指数 | 71.47 | 1 | 1 |
| 产业生态保障指数 | 61.61 | 2 | 4 |
| 综合指数 | 74.59 | 2 | 2 |

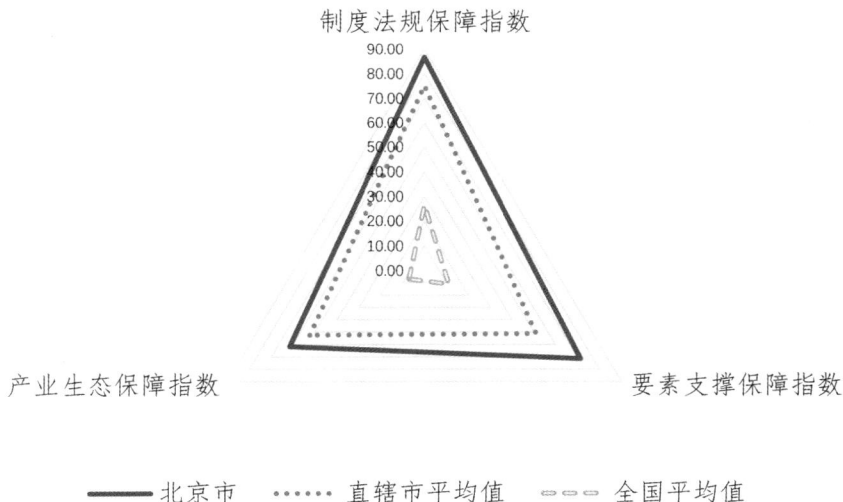

图5-1-5　北京市产业营商环境分项指标雷达图

政务环境标准化值

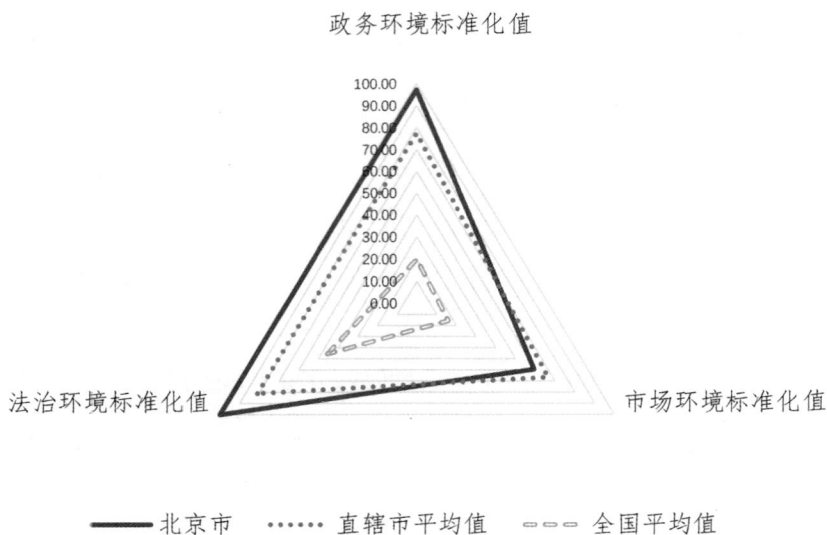

图5-1-6　北京市制度法规保障指数分项雷达图

基础设施标准化值

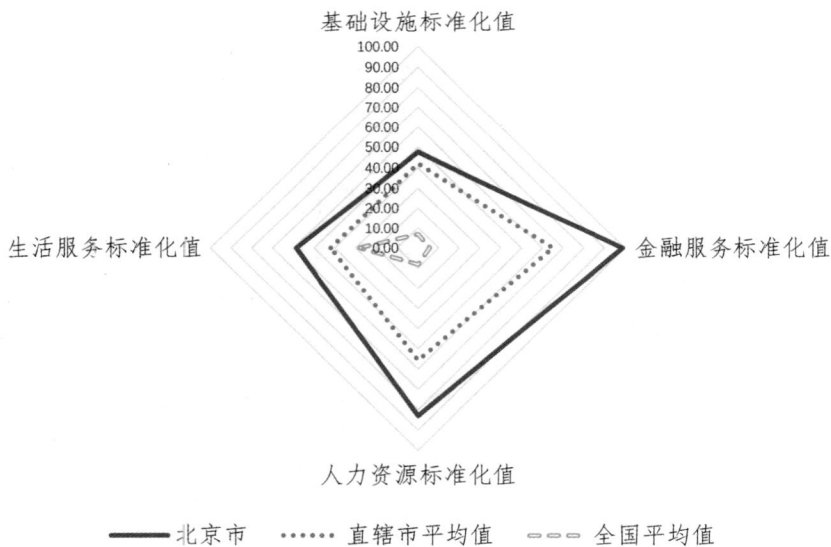

图5-1-7　北京市要素支撑保障指数分项雷达图

产业规模标准化值

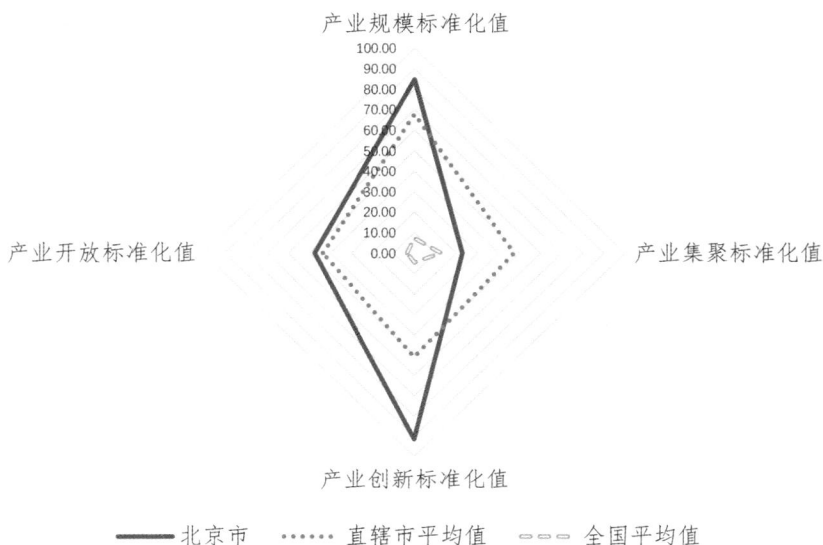

产业开放标准化值

产业集聚标准化值

产业创新标准化值

—— 北京市 ······ 直辖市平均值 - - - 全国平均值

图5-1-8 北京市产业生态保障指数分项雷达图

## 三、重庆市

在本次城市产业营商环境综合指数排名中，重庆市综合指数排名全国第5。从分项看，重庆全部分项指标都排在全国前10位，有两个分项排在全国前5位。重庆在产业营商环境优化方面取得了积极的成效，制度法规和要素支撑方面较为优秀，但是产业生态保障方面相对排名较低，未来，需要在产业规模、产业创新和开放支持方面进一步发力。见表5-1-3、图5-1-9～图5-1-12。

表5-1-3 重庆市产业营商环境分项指数

| 重庆市 | 标准化值 | 直辖市内排名 | 全国排名 |
|---|---|---|---|
| 制度法规保障指数 | 63.74 | 3 | 5 |
| 要素支撑保障指数 | 52.23 | 3 | 3 |
| 产业生态保障指数 | 38.68 | 3 | 8 |
| 综合指数 | 52.77 | 3 | 5 |

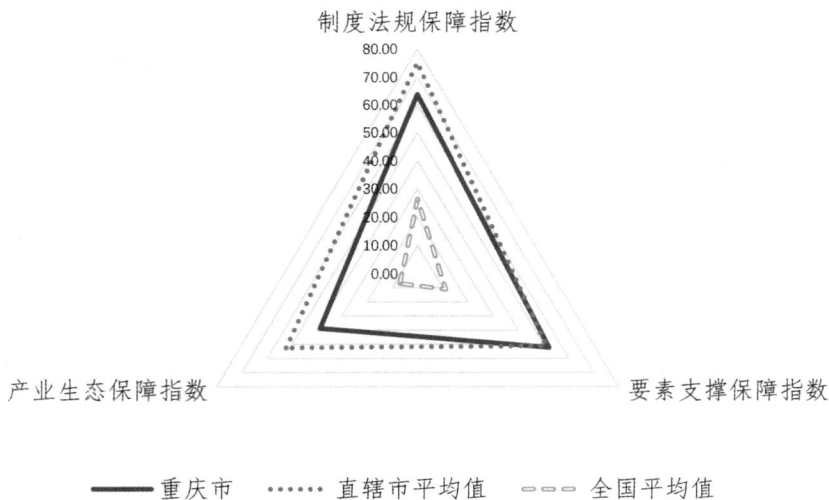

图5-1-9　重庆市产业营商环境分项指标雷达图

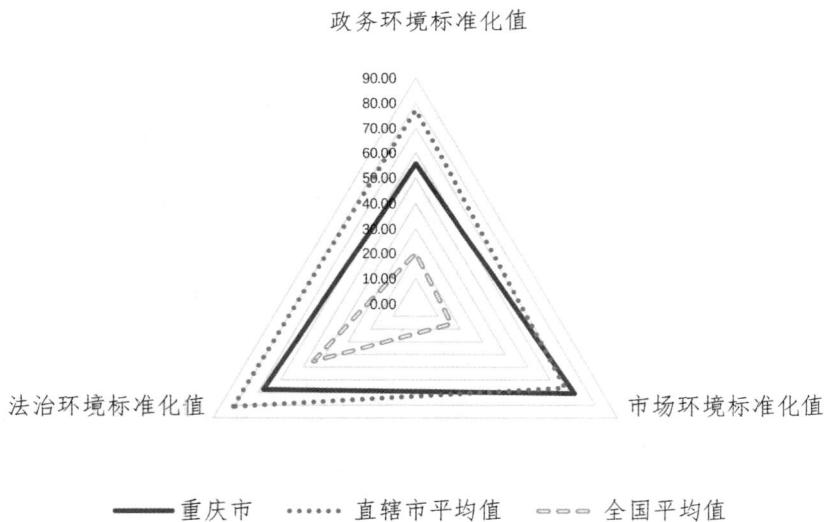

图5-1-10　重庆市制度法规保障指数分项雷达图

基础设施标准化值

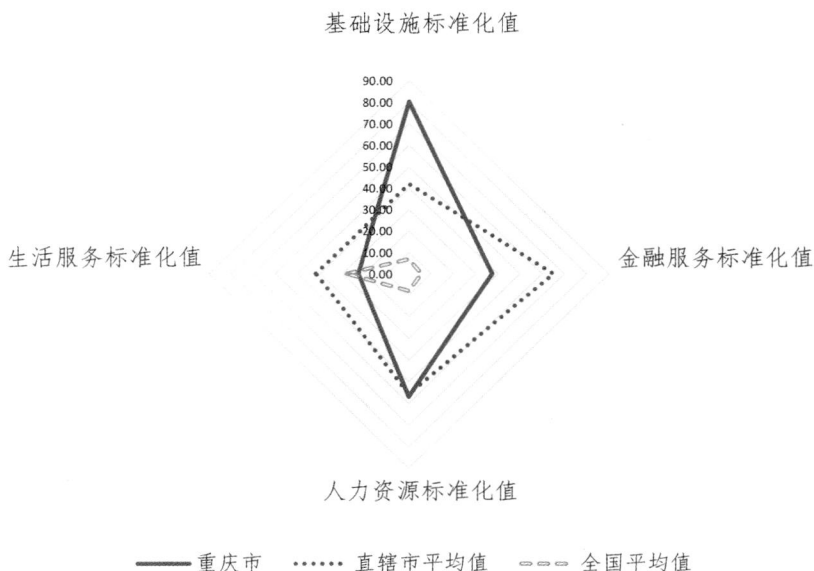

图5-1-11 重庆市要素支撑保障指数分项雷达图

产业规模标准化值

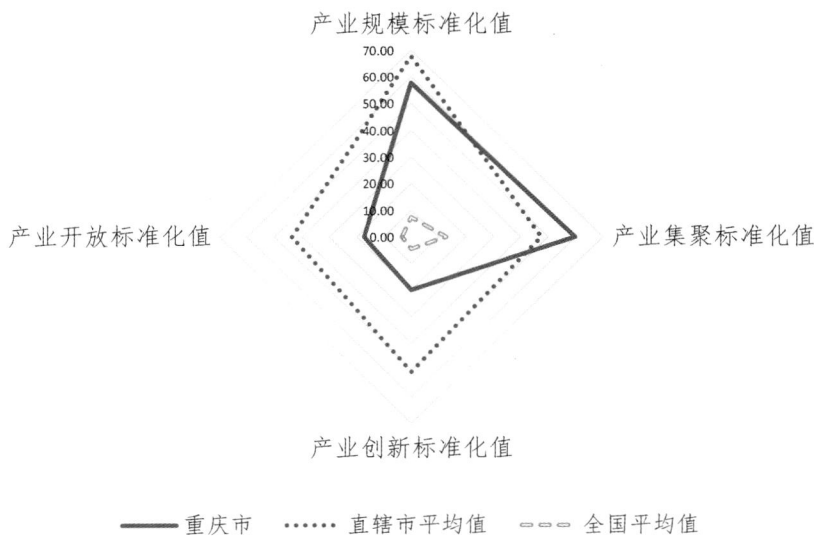

图5-1-12 重庆市产业生态保障指数分项雷达图

## 四、天津市

在本次城市产业营商环境综合指数排名中，天津市综合指数排名全国第11。从分项看，天津市的三个分项指标得分排名处在直辖市第4。与其他直辖市相比，在今后的工作中，这三个方面都是天津市产业营商环境建设中需要重点优化的领域。见表5-1-4、图5-1-13 ～ 图5-1-16。

表5-1-4　天津市产业营商环境分项指数

| 天津市 | 标准化值 | 直辖市内排名 | 全国排名 |
|---|---|---|---|
| 制度法规保障指数 | 55.11 | 4 | 8 |
| 要素支撑保障指数 | 28.35 | 4 | 15 |
| 产业生态保障指数 | 29.27 | 4 | 13 |
| 综合指数 | 39.33 | 4 | 11 |

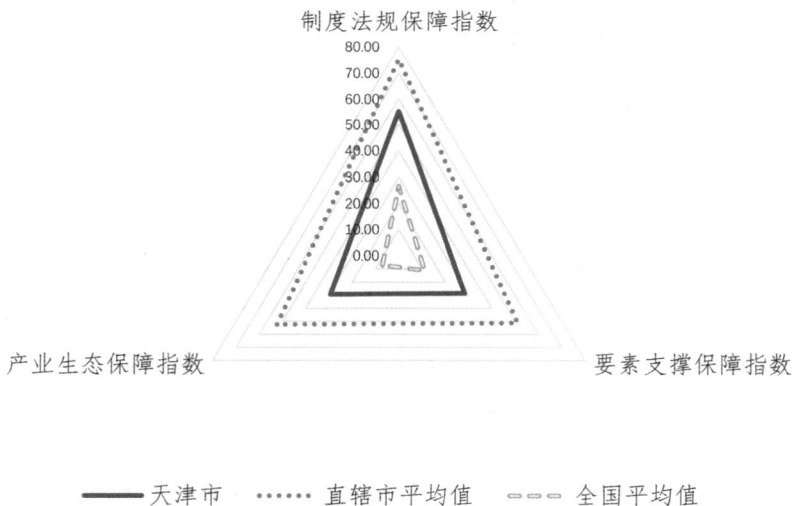

图5-1-13　天津市产业营商环境分项指标雷达图

政务环境标准化值

90.00
80.00
70.00
60.00
50.00
40.00
30.00
20.00
10.00
0.00

法治环境标准化值　　　　　　　　　　　市场环境标准化值

———天津市　……直辖市平均值　━ ━ ━全国平均值

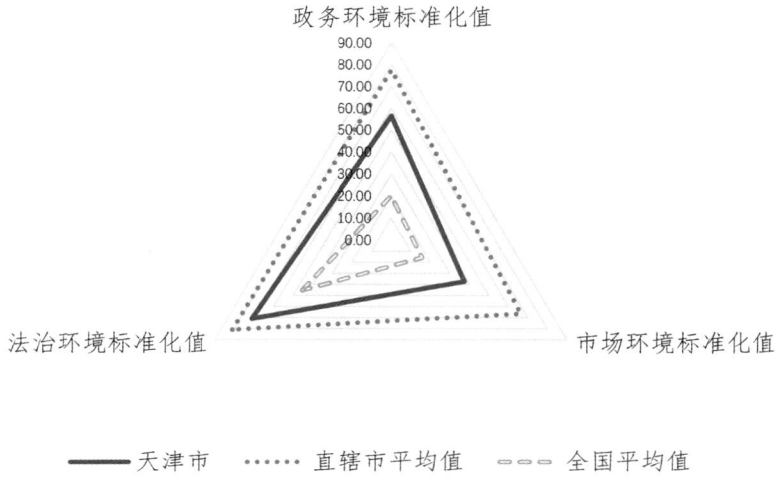

图5-1-14　天津市制度法规保障指数分项雷达图

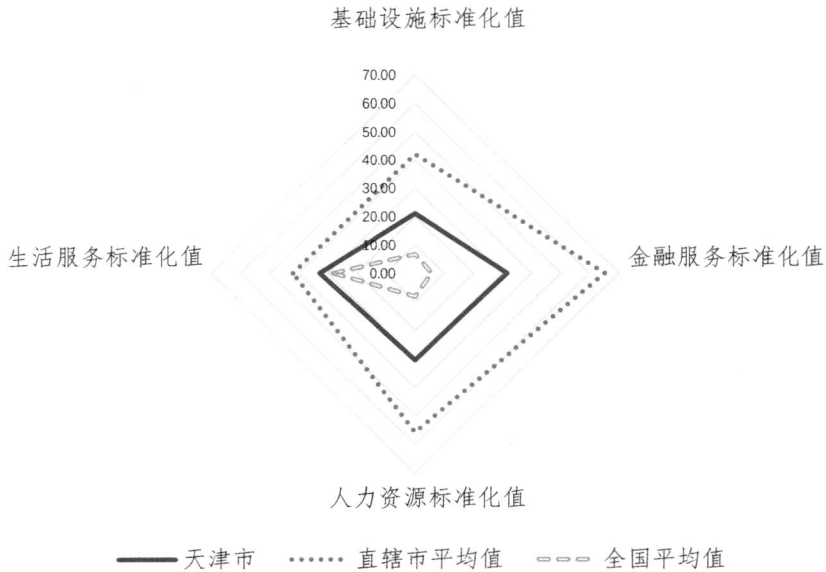

基础设施标准化值

70.00
60.00
50.00
40.00
30.00
20.00
10.00
0.00

生活服务标准化值　　　　　　　　　　　金融服务标准化值

人力资源标准化值

———天津市　……直辖市平均值　━ ━ ━全国平均值

图5-1-15　天津市要素支撑保障指数分项雷达图

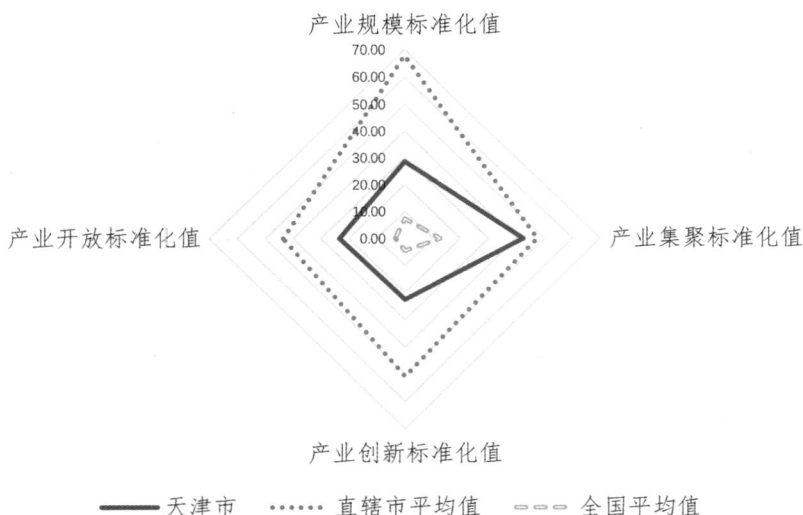

图5-1-16 天津市产业生态保障指数分项雷达图

# 第二节 计划单列市

## 一、深圳市

在本次城市产业营商环境综合指数排名中，深圳市综合指数排名全国第3，仅次于上海和北京，整体处于全国领先水平。从分项指数排名来看，深圳市制度法规保障指数、要素支撑保障指数和产业生态保障指数3个分项指标排名都位列计划单列市第1名、全国前5名，领先优势明显。见表5-2-1、图5-2-1～图5-2-4。

表5-2-1 深圳市产业营商环境分项指数

| 深圳市 | 标准化值 | 计划单列市排名 | 全国排名 |
|---|---|---|---|
| 制度法规保障指数 | 82.89 | 1 | 3 |
| 要素支撑保障指数 | 45.97 | 1 | 5 |

续表

| 深圳市 | 标准化值 | 计划单列市排名 | 全国排名 |
|---|---|---|---|
| 产业生态保障指数 | 76.83 | 1 | 2 |
| 综合指数 | 77.00 | 1 | 3 |

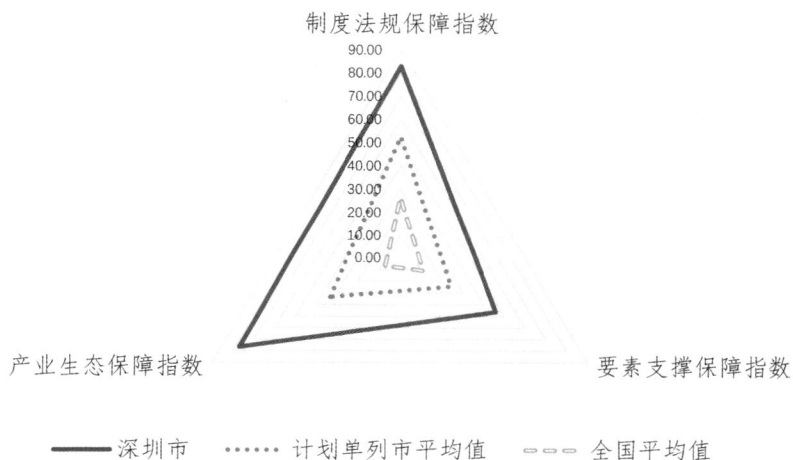

图5-2-1　深圳市产业营商环境分项指标雷达图

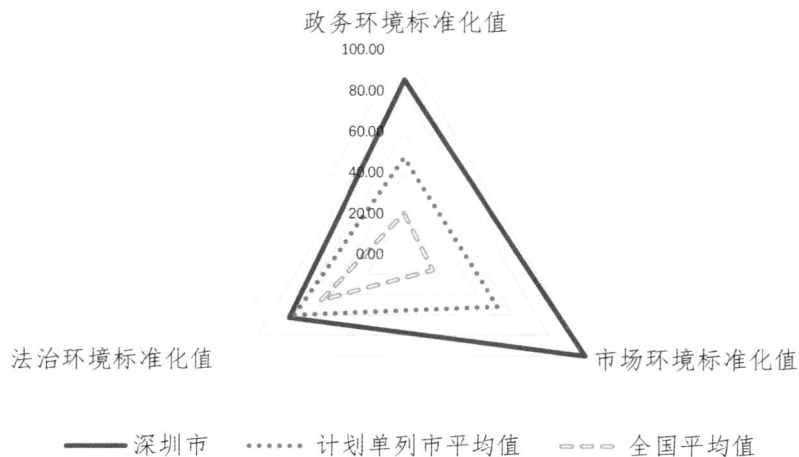

图5-2-2　深圳市制度法规保障指数分项雷达图

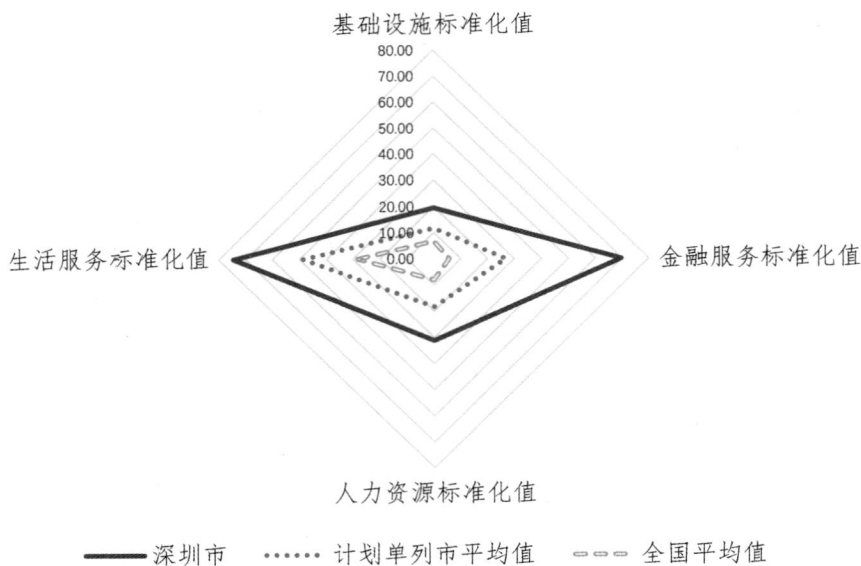

图5-2-3 深圳市要素支撑保障指数分项雷达图

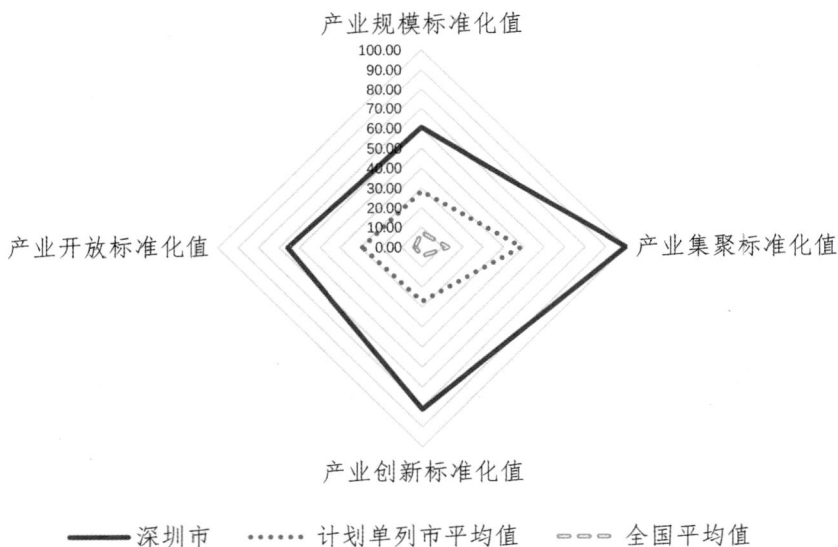

图5-2-4 深圳市产业生态保障指数分项雷达图

## 二、宁波市

在本次城市产业营商环境综合指数排名中，宁波市综合指数排名全国第 12，在计划单列市中排名第 2。从分项来看，宁波市三个分项指标中，均位列计划单列市前 3 名。制度法规保障指数、产业生态保障指数排名在全国前 15 之内，产业生态保障表现尤为突出，排在全国第 7 位。要素支撑保障表现相对落后，未来还需要在这方面继续优化。见表 5-2-2、图 5-2-5 ～ 图 5-2-8。

表5-2-2　宁波市产业营商环境分项指数

| 宁波市 | 标准化值 | 计划单列市排名 | 全国排名 |
|---|---|---|---|
| 制度法规保障指数 | 51.07 | 2 | 11 |
| 要素支撑保障指数 | 21.41 | 3 | 22 |
| 产业生态保障指数 | 38.81 | 2 | 7 |
| 综合指数 | 38.50 | 2 | 12 |

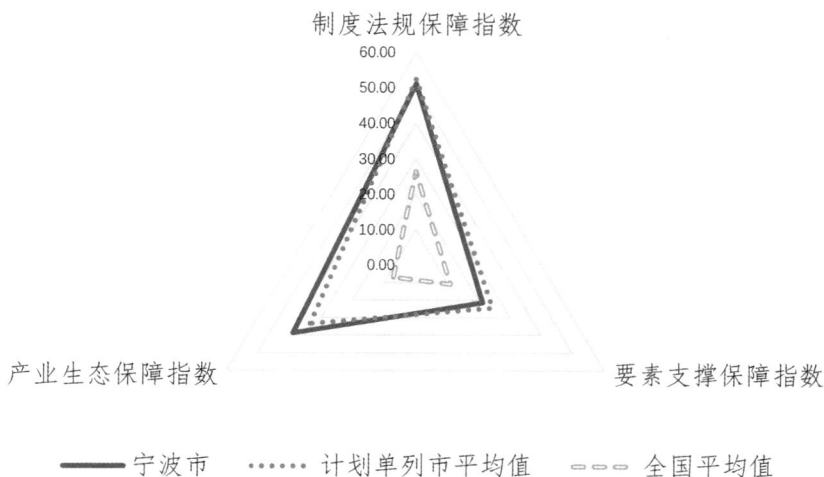

图5-2-5　宁波市产业营商环境分项指标雷达图

政务环境标准化值

70.00
60.00
50.00
40.00
30.00
20.00
10.00
0.00

法治环境标准化值　　　　　　　　市场环境标准化值

—— 宁波市　　······ 计划单列市平均值　　--- 全国平均值

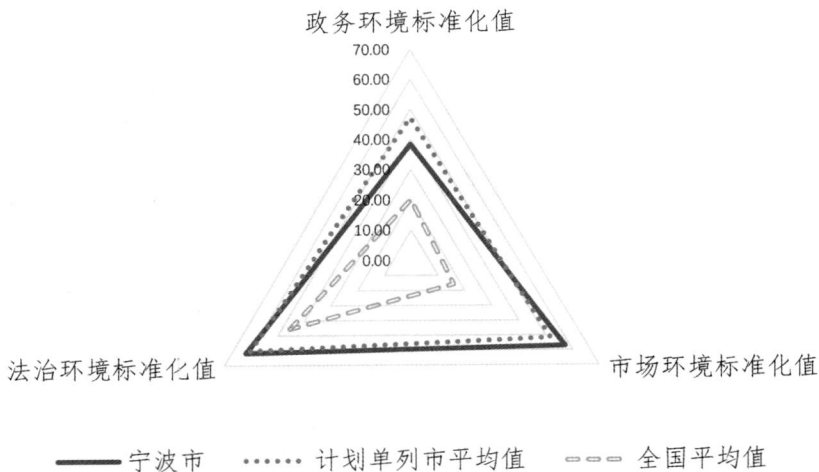

图5-2-6　宁波市制度法规保障指数分项雷达图

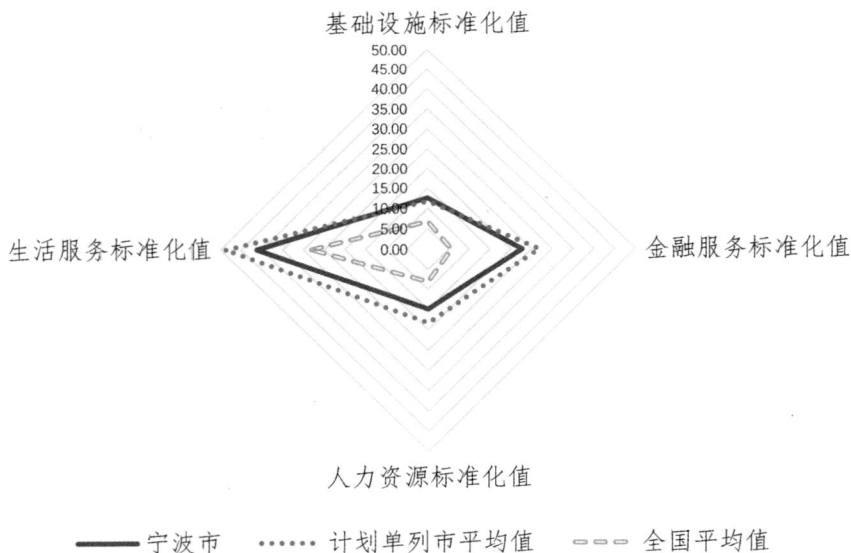

基础设施标准化值

50.00
45.00
40.00
35.00
30.00
25.00
20.00
15.00
10.00
5.00
0.00

生活服务标准化值　　　　　　　　金融服务标准化值

人力资源标准化值

—— 宁波市　　······ 计划单列市平均值　　--- 全国平均值

图5-2-7　宁波市要素支撑保障指数分项雷达图

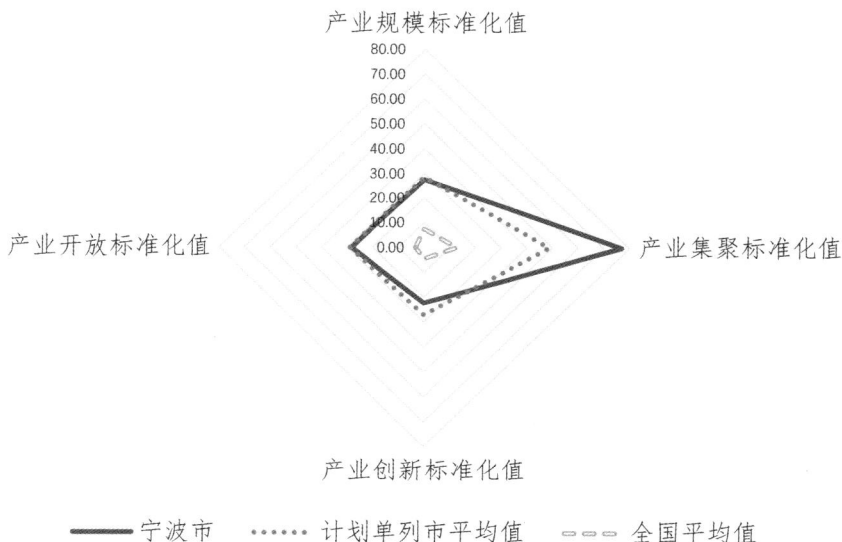

图5-2-8　宁波市产业生态保障指数分项雷达图

## 三、青岛市

在本次城市产业营商环境综合指数排名中，青岛市综合指数排名全国第 16，在计划单列市中排名第 3。从分项来看，青岛市三个分项指标排名均位列计划单列市前 3 名，在全国前 20 名。相对而言，青岛市要素支撑保障、产业生态保障相对较弱，未来应该在产业开放、创新、要素保障、产业集聚等方向继续努力。见表 5-2-3、图 5-2-9 ~ 图 5-2-12。

表5-2-3　青岛市产业营商环境分项指数

| 青岛市 | 标准化值 | 计划单列市排名 | 全国排名 |
|---|---|---|---|
| 制度法规保障指数 | 50.67 | 3 | 12 |
| 要素支撑保障指数 | 22.11 | 2 | 20 |
| 产业生态保障指数 | 24.47 | 3 | 16 |
| 综合指数 | 34.24 | 3 | 16 |

制度法规保障指数

60.00

50.00

40.00

30.00

20.00

10.00

0.00

产业生态保障指数                                   要素支撑保障指数

——— 青岛市    ······ 计划单列市平均值    - - - 全国平均值

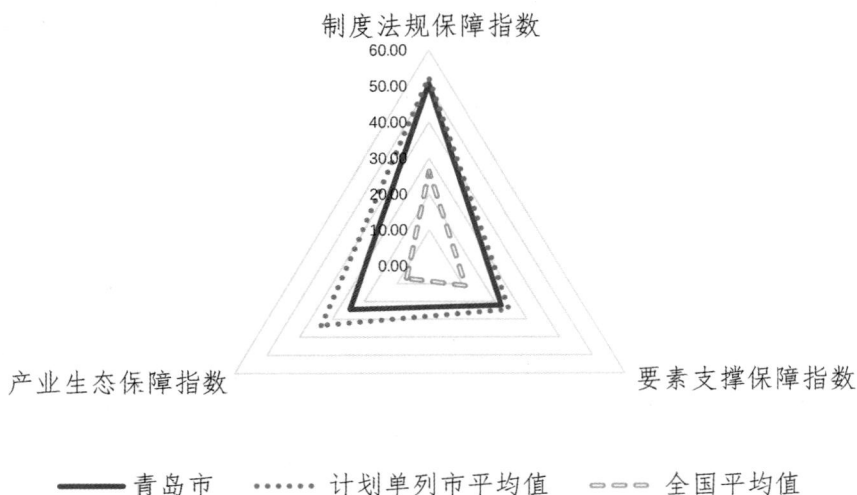

图5-2-9  青岛市产业营商环境分项指标雷达图

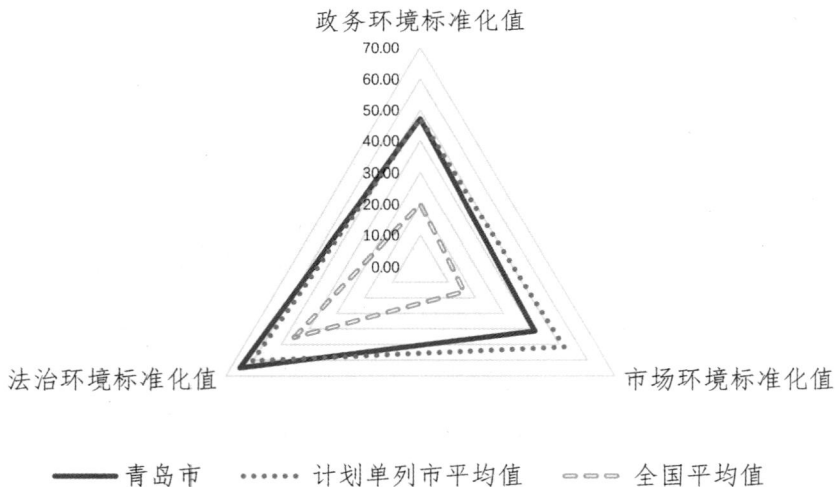

政务环境标准化值

70.00

60.00

50.00

40.00

30.00

20.00

10.00

0.00

法治环境标准化值                                   市场环境标准化值

——— 青岛市    ······ 计划单列市平均值    - - - 全国平均值

图5-2-10  青岛市制度法规保障指数分项雷达图

基础设施标准化值

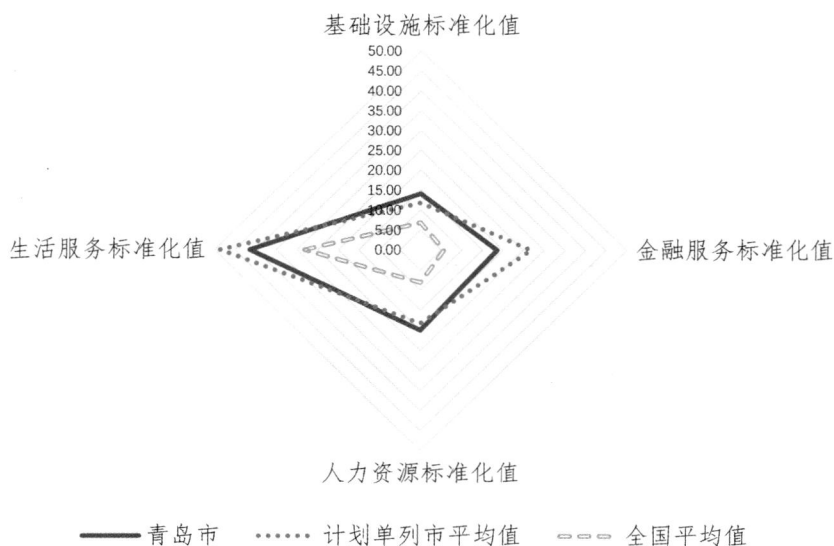

生活服务标准化值　　　　　　　　　　　　金融服务标准化值

人力资源标准化值

──── 青岛市　　……… 计划单列市平均值　　──── 全国平均值

图5-2-11 青岛市要素支撑保障指数分项雷达图

产业规模标准化值

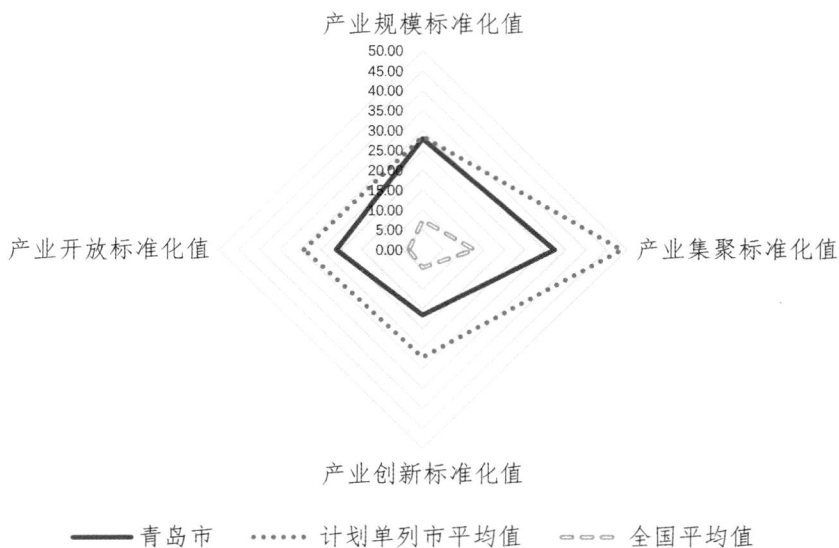

产业开放标准化值　　　　　　　　　　　　产业集聚标准化值

产业创新标准化值

──── 青岛市　　……… 计划单列市平均值　　──── 全国平均值

图5-2-12 青岛市产业生态保障指数分项雷达图

## 四、厦门市

在本次城市产业营商环境综合指数排名中，厦门市综合指数排名全国第23，在计划单列市中排名第4。从分项来看，厦门市的三个分项指标都位列计划单列市第4名。相对而言，厦门市要素支撑保障、产业生态保障相对偏弱，未来应该在产业集聚、产业创新、要素保障等方向持续发力。见表5-2-4、图5-2-13 ~ 图5-2-16。

表5-2-4　厦门市产业营商环境分项指数

| 厦门市 | 标准化值 | 计划单列市排名 | 全国排名 |
|---|---|---|---|
| 制度法规保障指数 | 43.85 | 4 | 19 |
| 要素支撑保障指数 | 17.64 | 4 | 33 |
| 产业生态保障指数 | 15.41 | 4 | 28 |
| 综合指数 | 27.45 | 4 | 23 |

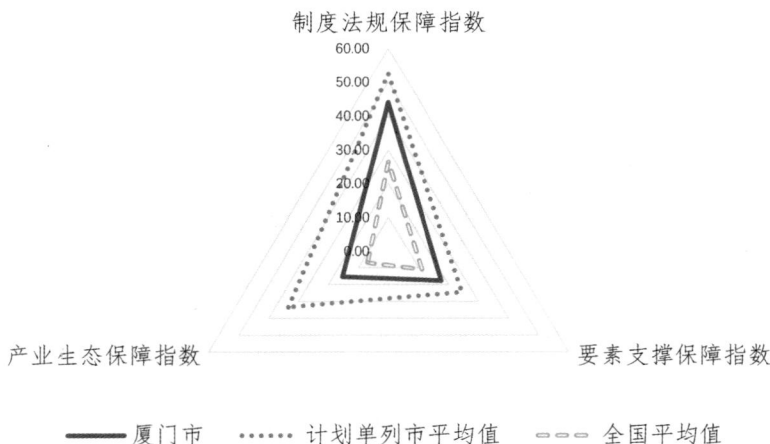

图5-2-13　厦门市产业营商环境分项指标雷达图

政务环境标准化值

70.00
60.00
50.00
40.00
30.00
20.00
10.00
0.00

法治环境标准化值          市场环境标准化值

——— 厦门市     …… 计划单列市平均值     ––– 全国平均值

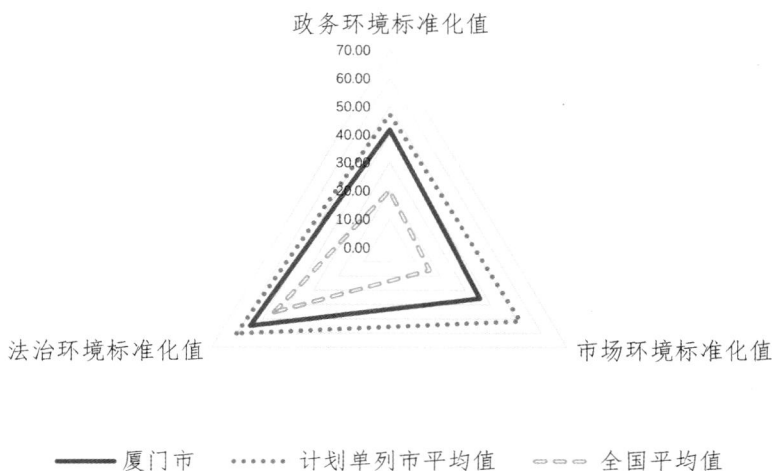

图5-2-14 厦门市制度法规保障指数分项雷达图

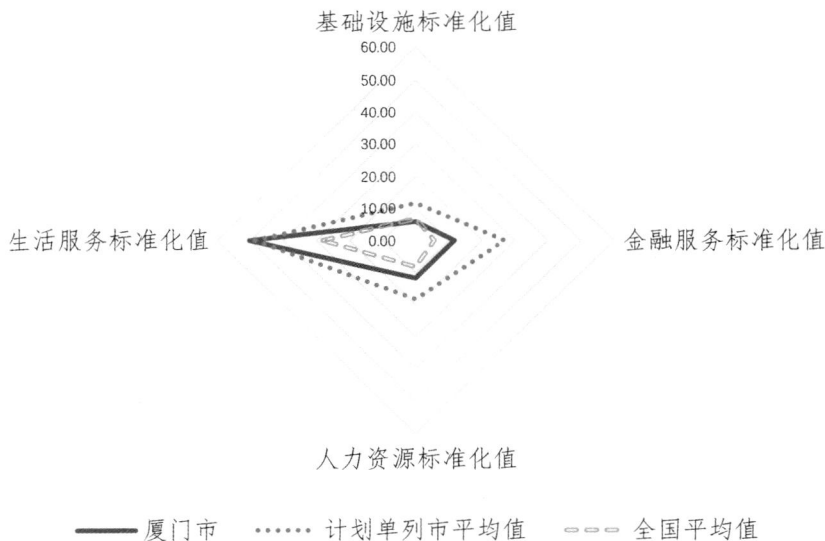

基础设施标准化值

60.00
50.00
40.00
30.00
20.00
10.00
0.00

生活服务标准化值          金融服务标准化值

人力资源标准化值

——— 厦门市     …… 计划单列市平均值     ––– 全国平均值

图5-2-15 厦门市要素支撑保障指数分项雷达图

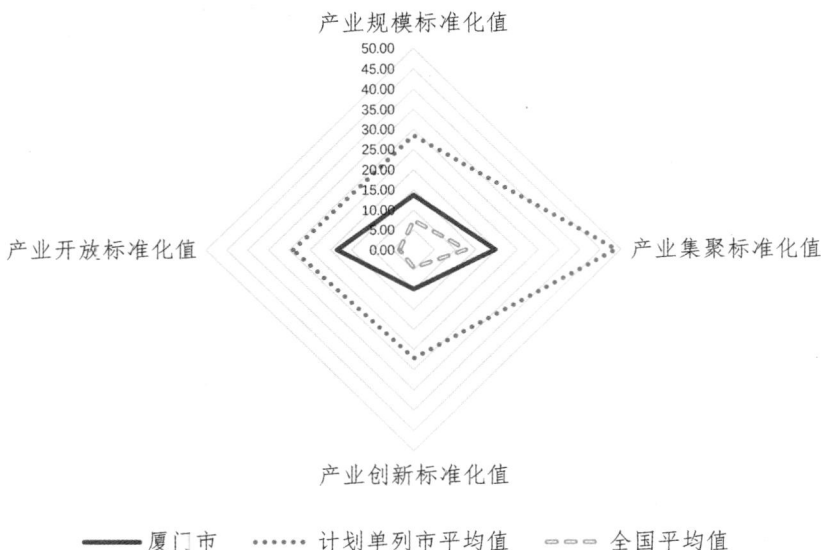

图5-2-16　厦门市产业生态保障指数分项雷达图

## 五、大连市

在本次城市产业营商环境综合指数排名中，大连市综合指数排名全国第39，在计划单列市中排名第5。从分项来看，大连市三个分项指标排名均位列计划单列市前5名。相对而言，大连市制度法规保障相对较弱，未来应该在政务环境、法治环境、市场环境等方面继续努力。见表5-2-5、图5-2-17～图5-2-20。

表5-2-5　大连市产业营商环境分项指数

| 大连市 | 标准化值 | 计划单列市排名 | 全国排名 |
|---|---|---|---|
| 制度法规保障指数 | 33.77 | 5 | 44 |
| 要素支撑保障指数 | 15.47 | 5 | 36 |
| 产业生态保障指数 | 11.28 | 5 | 41 |
| 综合指数 | 21.53 | 5 | 39 |

制度法规保障指数

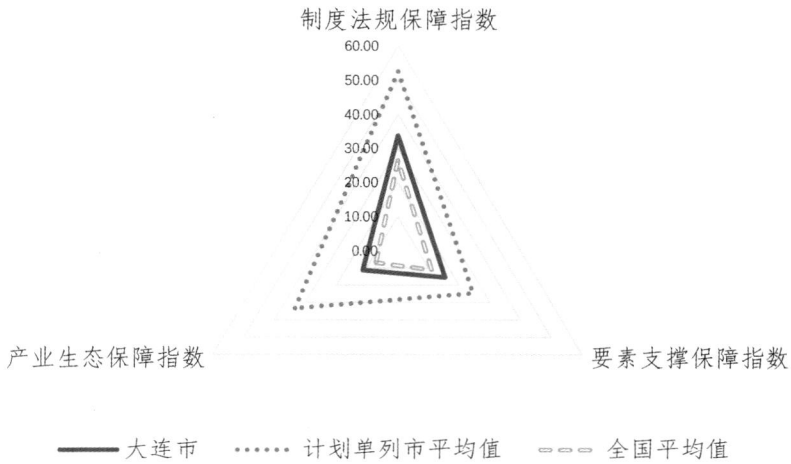

产业生态保障指数　　　　　　　　　　　　要素支撑保障指数

——— 大连市　⋯⋯⋯ 计划单列市平均值　－－－ 全国平均值

图5-2-17　大连市产业营商环境分项指标雷达图

政务环境标准化值

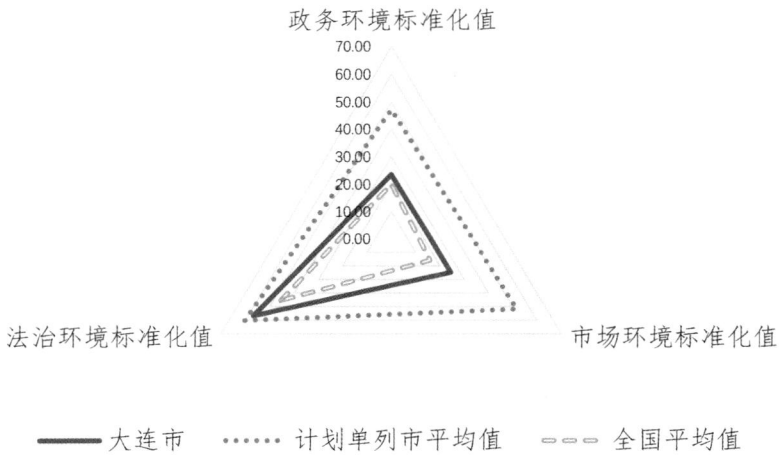

法治环境标准化值　　　　　　　　　　　　市场环境标准化值

——— 大连市　⋯⋯⋯ 计划单列市平均值　－－－ 全国平均值

图5-2-18　大连市制度法规保障指数分项雷达图

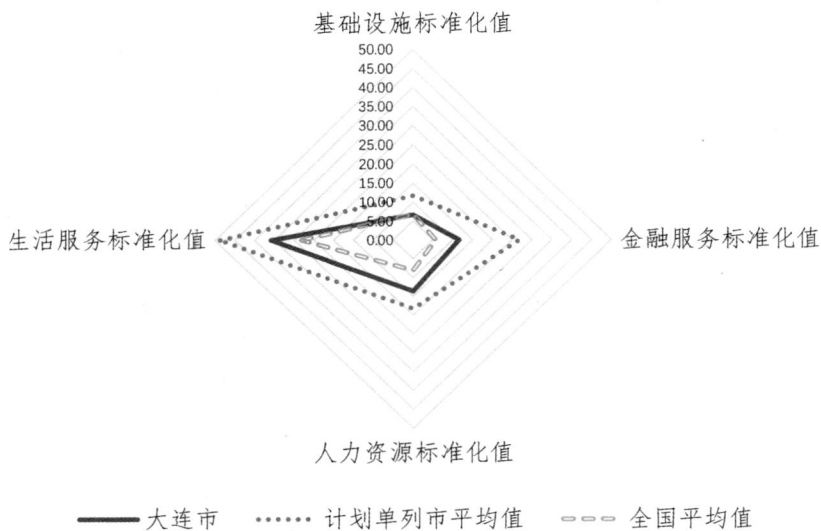

图5-2-19　大连市要素支撑保障指数分项雷达图

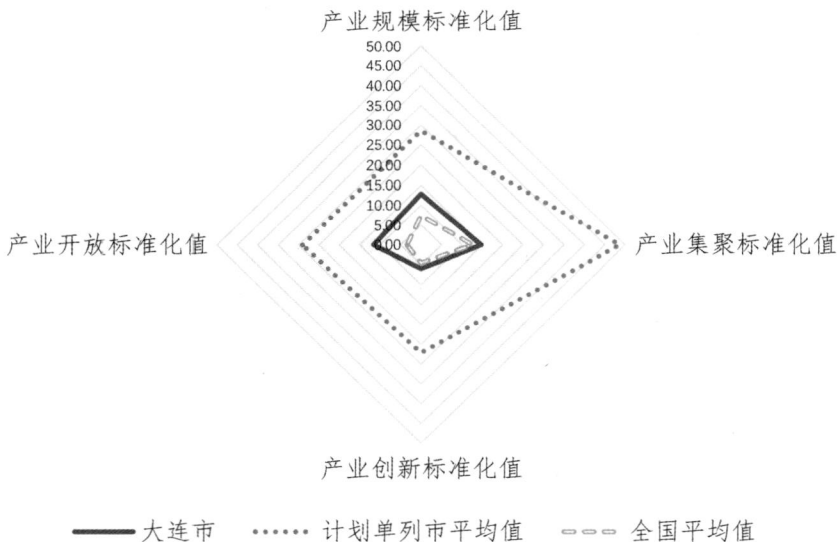

图5-2-20　大连市产业生态保障指数分项雷达图

# 第三节　省会城市

## 一、广州市

在本次城市产业营商环境综合指数排名中，广州市综合指数排名全国第 4，在计划单列市中排名第 1。从分项来看，三个分项指标排名均位列省会城市第 1 名，各项指数明显高于省会城市平均值，优势明显。见表 5-3-1、图 5-3-1 ～图 5-3-4。

表5-3-1　广州市产业营商环境分项指数

| 广州市 | 标准化值 | 省会城市排名 | 全国排名 |
|---|---|---|---|
| 制度法规保障指数 | 64.88 | 1 | 4 |
| 要素支撑保障指数 | 49.11 | 1 | 4 |
| 产业生态保障指数 | 43.45 | 1 | 5 |
| 综合指数 | 53.72 | 1 | 4 |

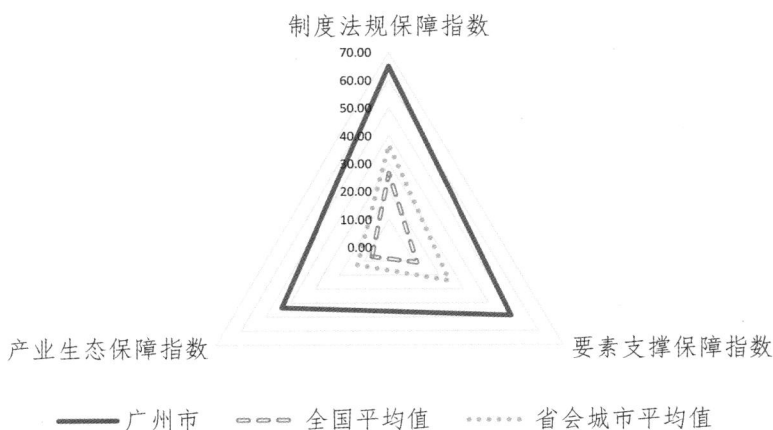

图5-3-1　广州市产业营商环境分项指标雷达图

政务环境标准化值

80.00
70.00
60.00
50.00
40.00
30.00
20.00
10.00
0.00

法治环境标准化值　　　　　　　　　　　市场环境标准化值

——— 广州市　　- - - 全国平均值　　…… 省会城市平均值

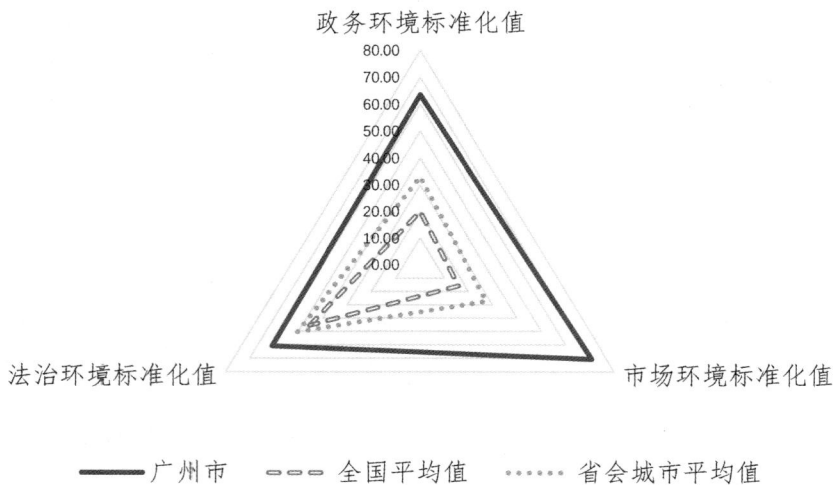

图5-3-2　广州市制度法规保障指数分项雷达图

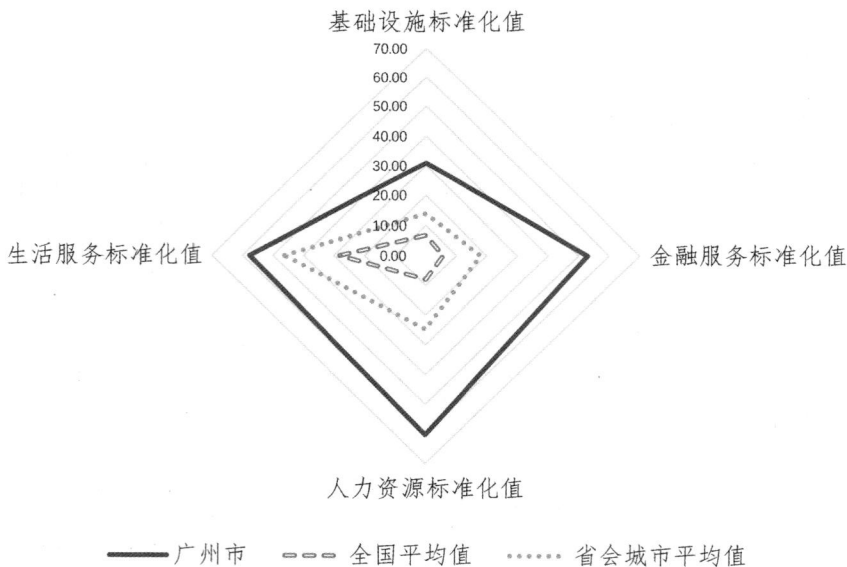

基础设施标准化值

70.00
60.00
50.00
40.00
30.00
20.00
10.00
0.00

生活服务标准化值　　　　　　　　　　　金融服务标准化值

人力资源标准化值

——— 广州市　　- - - 全国平均值　　…… 省会城市平均值

图5-3-3　广州市要素支撑保障指数分项雷达图

产业规模标准化值

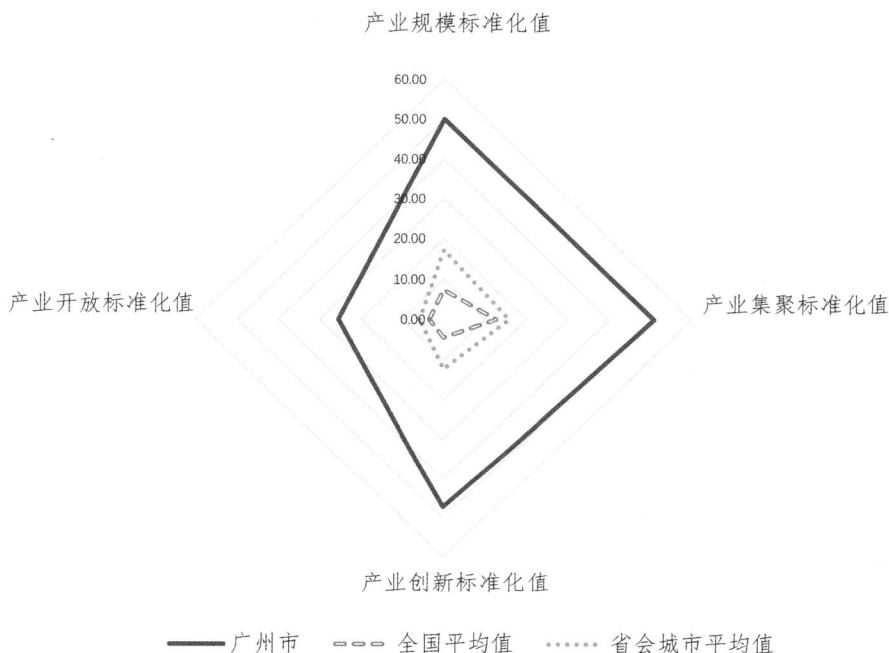

图5-3-4 广州市产业生态保障指数分项雷达图

## 二、杭州市

在本次城市产业营商环境综合指数排名中，杭州市综合指数排名全国第 7。从分项看，各个分项指标在全国全部排在前 10 位，各项指数均远超所有省会城市的平均值，特别是在产业生态保障方面优势明显。见表 5-3-2、图 5-3-5 ~ 图 5-3-8。

表5-3-2 杭州市产业营商环境分项指数

| 杭州市 | 标准化值 | 省会城市排名 | 全国排名 |
|---|---|---|---|
| 制度法规保障指数 | 53.67 | 3 | 9 |
| 要素支撑保障指数 | 40.13 | 3 | 7 |
| 产业生态保障指数 | 36.08 | 2 | 9 |
| 综合指数 | 44.33 | 2 | 7 |

制度法规保障指数

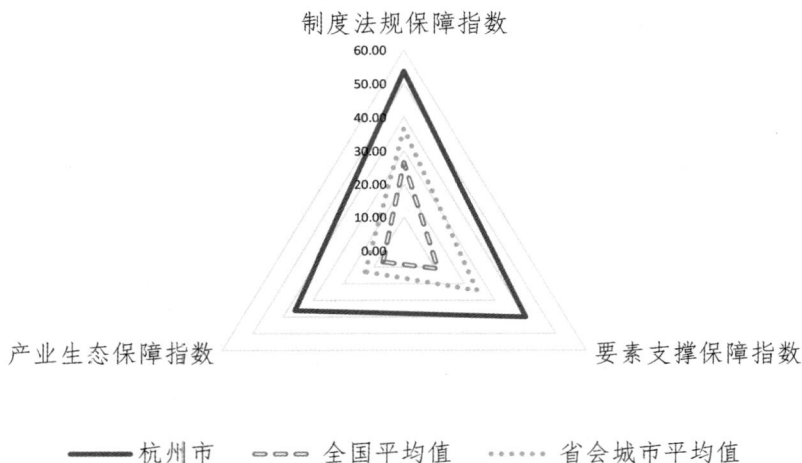

产业生态保障指数　　　　　　　　　　　　　要素支撑保障指数

―――杭州市　- - - 全国平均值　······ 省会城市平均值

图5-3-5　杭州市产业营商环境分项指标雷达图

政务环境标准化值

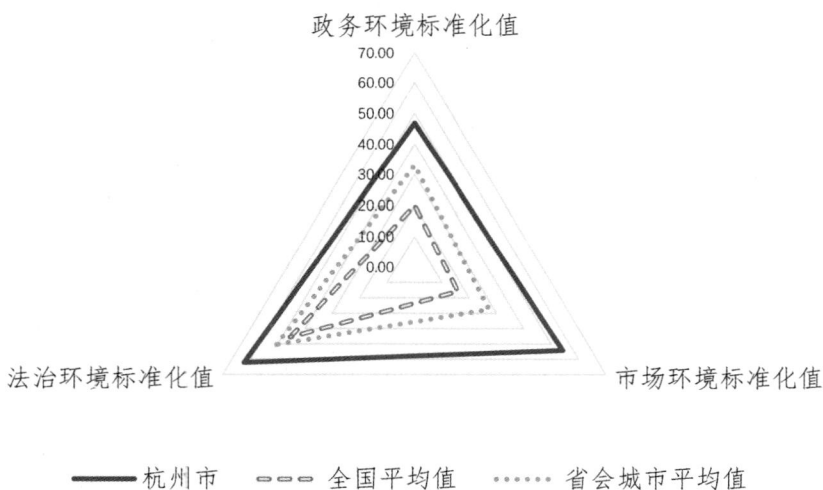

法治环境标准化值　　　　　　　　　　　　市场环境标准化值

―――杭州市　- - - 全国平均值　······ 省会城市平均值

图5-3-6　杭州市制度法规保障指数分项雷达图

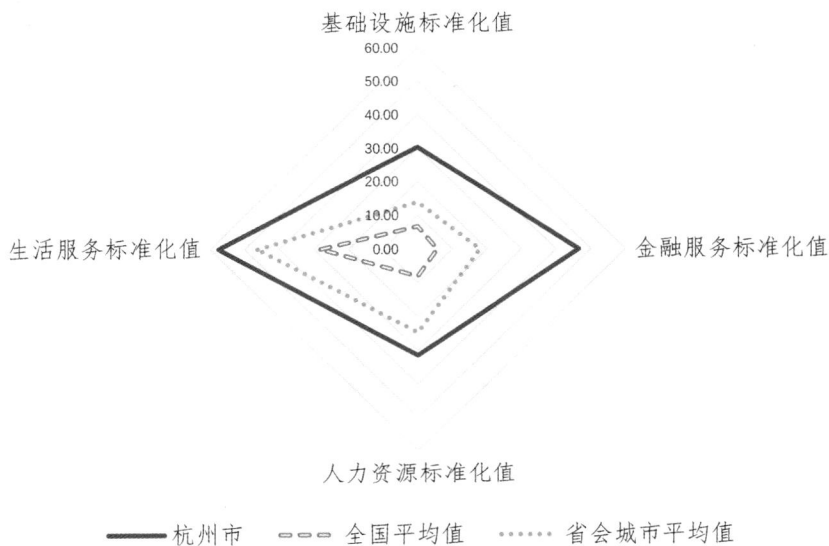

基础设施标准化值

生活服务标准化值　　　　　　　　　　金融服务标准化值

人力资源标准化值

——— 杭州市　 - - - 全国平均值　 ‧‧‧‧‧ 省会城市平均值

图5-3-7　杭州市要素支撑保障指数分项雷达图

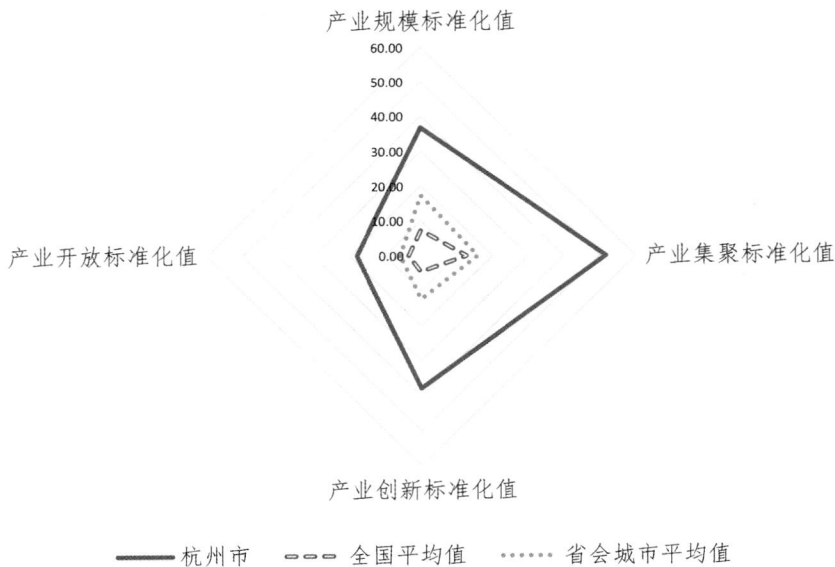

产业规模标准化值

产业开放标准化值　　　　　　　　　　产业集聚标准化值

产业创新标准化值

——— 杭州市　 - - - 全国平均值　 ‧‧‧‧‧ 省会城市平均值

图5-3-8　杭州市产业生态保障指数分项雷达图

### 三、成都市

在本次城市产业营商环境综合指数排名中，成都市综合指数排名全国第 8，省会城市中排名第 3。从分项来看，三个分项指标排名均位列省会城市前 3 名，各项指数明显高于省会城市平均值，优势明显。但相对于其他指标，产业生态保障方面略微薄弱，今后，还应在产业开放和产业创新方面多加努力。见表 5-3-3、图 5-3-9 ~ 图 5-3-12。

表5-3-3　成都市产业营商环境分项指数

| 成都市 | 标准化值 | 省会城市排名 | 全国排名 |
|---|---|---|---|
| 制度法规保障指数 | 56.09 | 3 | 7 |
| 要素支撑保障指数 | 40.68 | 2 | 6 |
| 产业生态保障指数 | 30.36 | 3 | 11 |
| 综合指数 | 43.75 | 3 | 8 |

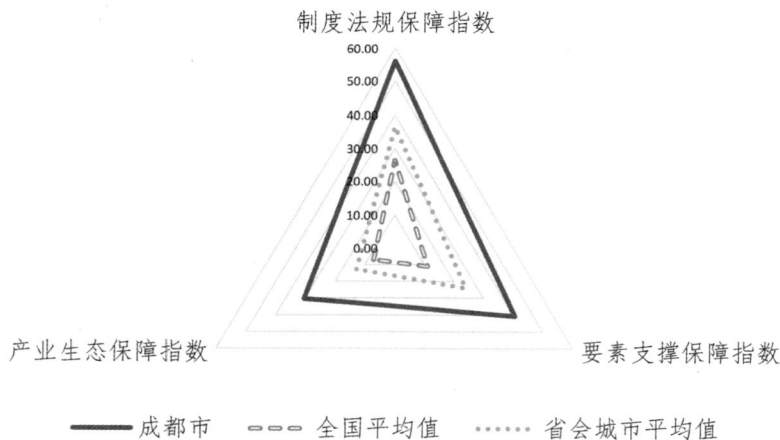

图5-3-9　成都市产业营商环境分项指标雷达图

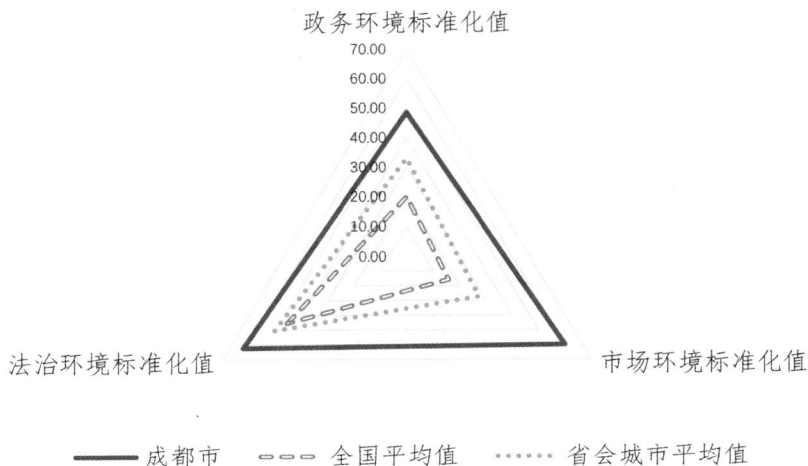

图5-3-10　成都市制度法规保障指数分项雷达图

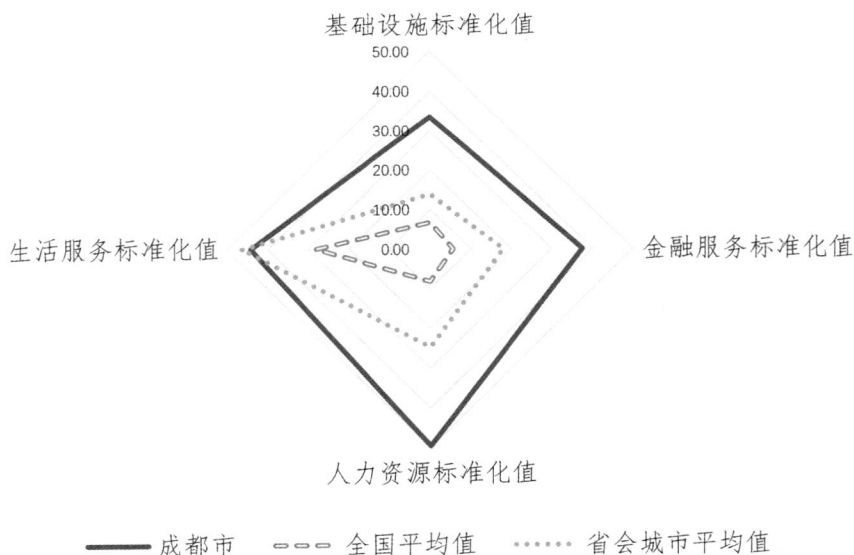

图5-3-11　成都市要素支撑保障指数分项雷达图

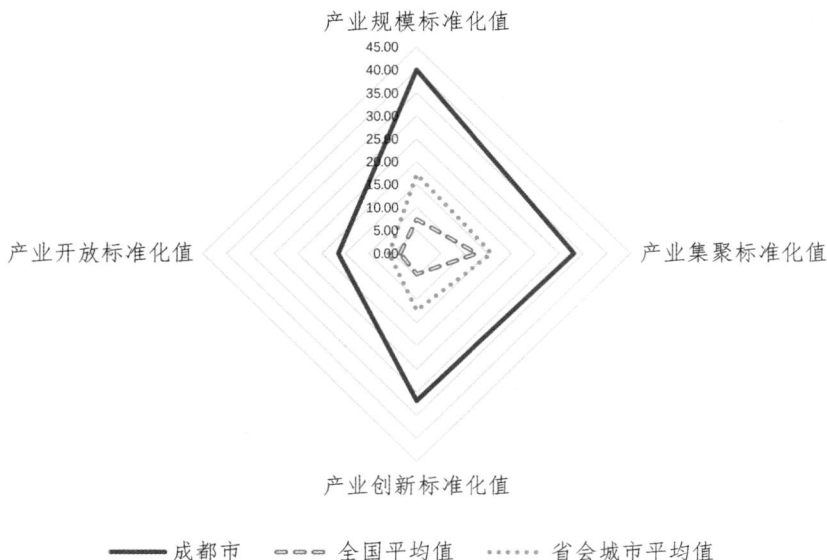

产业规模标准化值

产业开放标准化值

产业集聚标准化值

产业创新标准化值

——— 成都市　- - - 全国平均值　······ 省会城市平均值

图5-3-12　成都市产业生态保障指数分项雷达图

## 四、武汉市

在本次城市产业营商环境综合指数排名中，武汉市综合指数排名全国第 10，省会城市中排名第 4。从分项来看，三个分项指标排名均位列省会城市前 5 名，各项指数明显高于省会城市平均值，优势明显。但相对于其他指标，产业生态保障方面略微薄弱，今后，还应在产业开放和产业集聚方面多加关注。见表 5-3-4、图 5-3-13 ～图 5-3-16。

表5-3-4　武汉市产业营商环境分项指数

| 武汉市 | 标准化值 | 省会城市排名 | 全国排名 |
|---|---|---|---|
| 制度法规保障指数 | 53.48 | 4 | 10 |
| 要素支撑保障指数 | 36.46 | 5 | 9 |
| 产业生态保障指数 | 24.99 | 5 | 15 |
| 综合指数 | 39.83 | 4 | 10 |

制度法规保障指数

产业生态保障指数　　　　　　　　　要素支撑保障指数

——— 武汉市　- - - 全国平均值　‥‥‥ 省会城市平均值

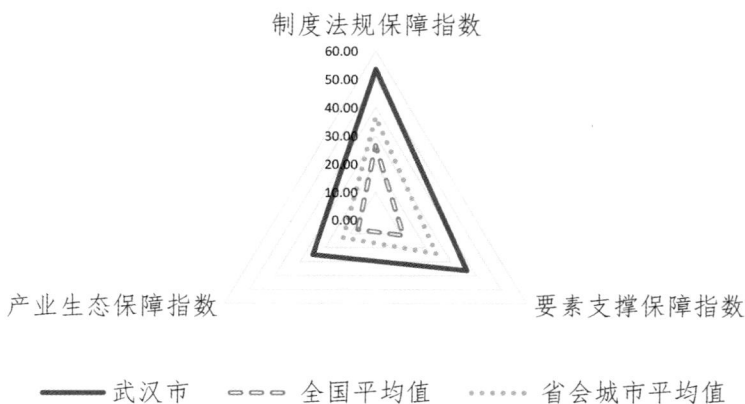

图5-3-13　武汉市产业营商环境分项指标雷达图

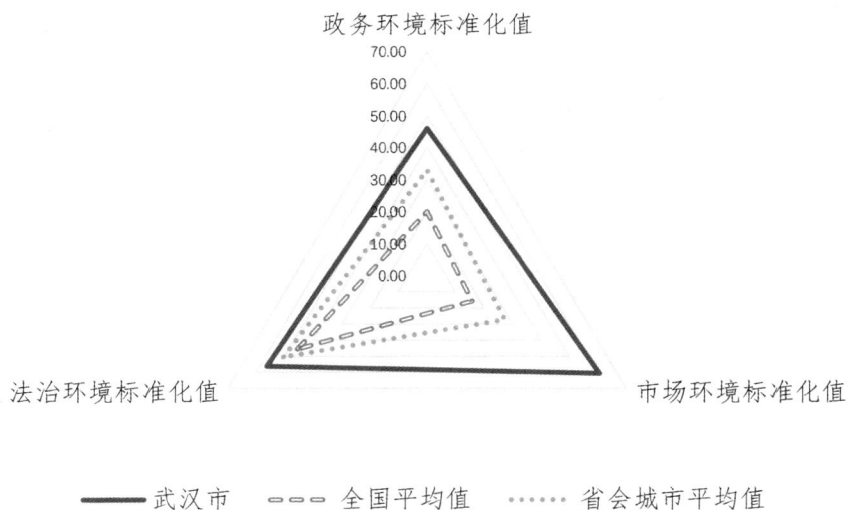

政务环境标准化值

法治环境标准化值　　　　　　　　　市场环境标准化值

——— 武汉市　- - - 全国平均值　‥‥‥ 省会城市平均值

图5-3-14　武汉市制度法规保障指数分项雷达图

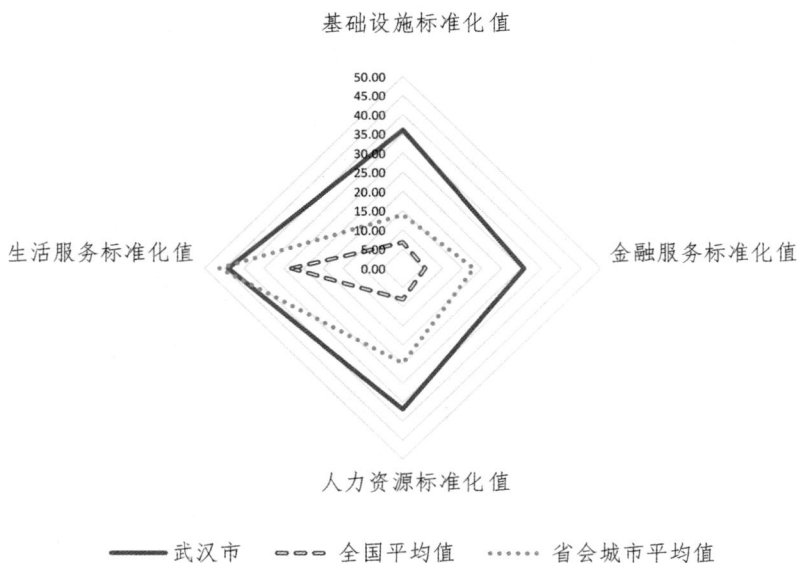

图5-3-15　武汉市要素支撑保障指数分项雷达图

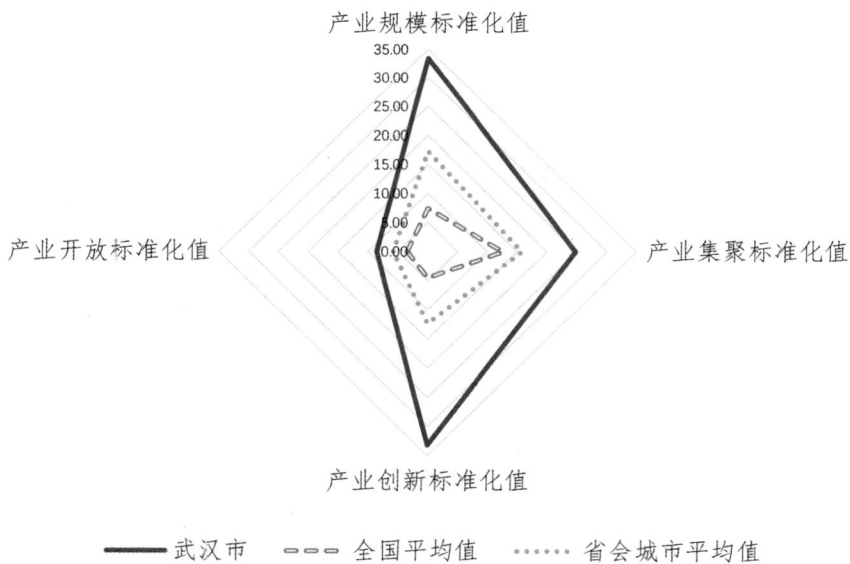

图5-3-16　武汉市产业生态保障指数分项雷达图

## 五、南京市

在本次城市产业营商环境综合指数排名中，南京市综合指数排名全国第 13，省会城市中排名第 5。从分项来看，三个分项指标排名比较均衡，均位列省会城市前 10 名，各项指数明显高于省会城市平均值，优势明显。见表 5-3-5、图 5-3-17 ~ 图 5-3-20。

表5-3-5　南京市产业营商环境分项指数

| 南京市 | 标准化值 | 省会城市排名 | 全国排名 |
|---|---|---|---|
| 制度法规保障指数 | 50.46 | 5 | 13 |
| 要素支撑保障指数 | 32.25 | 6 | 10 |
| 产业生态保障指数 | 27.06 | 4 | 14 |
| 综合指数 | 37.98 | 5 | 13 |

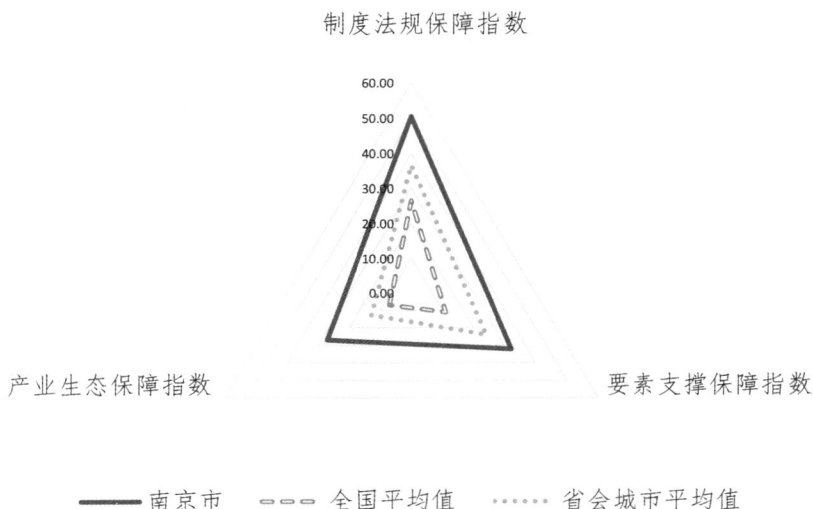

图5-3-17　南京市产业营商环境分项指标雷达图

政务环境标准化值

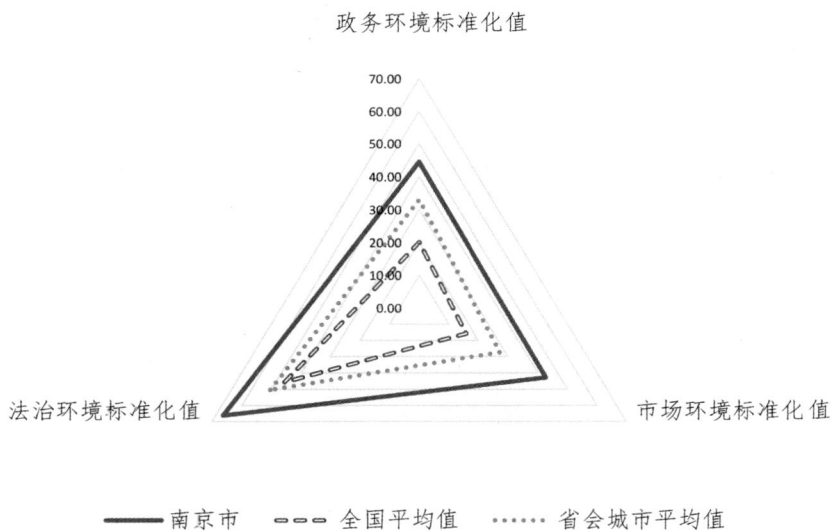

图5-3-18　南京市制度法规保障指数分项雷达图

基础设施标准化值

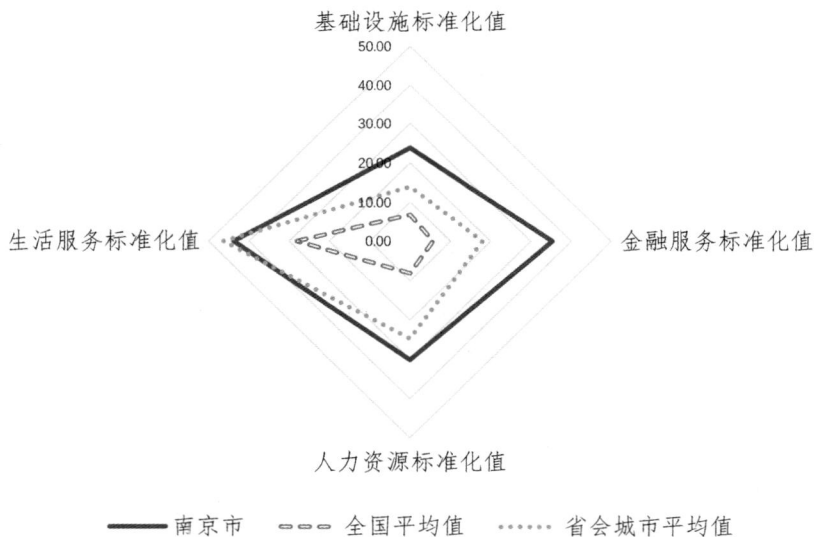

图5-3-19　南京市要素支撑保障指数分项雷达图

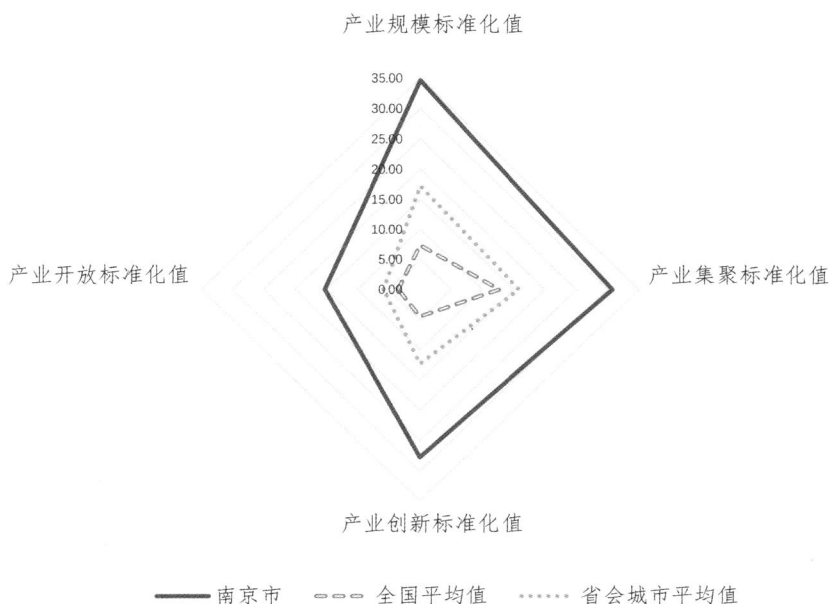

产业规模标准化值

产业开放标准化值

产业集聚标准化值

产业创新标准化值

——— 南京市　---　全国平均值　……　省会城市平均值

图5-3-20　南京市产业生态保障指数分项雷达图

## 六、郑州市

在本次城市产业营商环境综合指数排名中，郑州市综合指数排名全国第14，省会城市中排名第6。从分项来看，要素支撑保障指数尤为突出，指数排名在全国第8位，说明郑州在生活服务、人力资源方面优势明显。见表5-3-6、图5-3-21～图5-3-24。

表5-3-6　郑州市产业营商环境分项指数

| 郑州市 | 标准化值 | 省会城市排名 | 全国排名 |
|---|---|---|---|
| 制度法规保障指数 | 46.39 | 6 | 16 |
| 要素支撑保障指数 | 38.10 | 4 | 8 |
| 产业生态保障指数 | 18.34 | 6 | 23 |
| 综合指数 | 35.49 | 6 | 14 |

制度法规保障指数

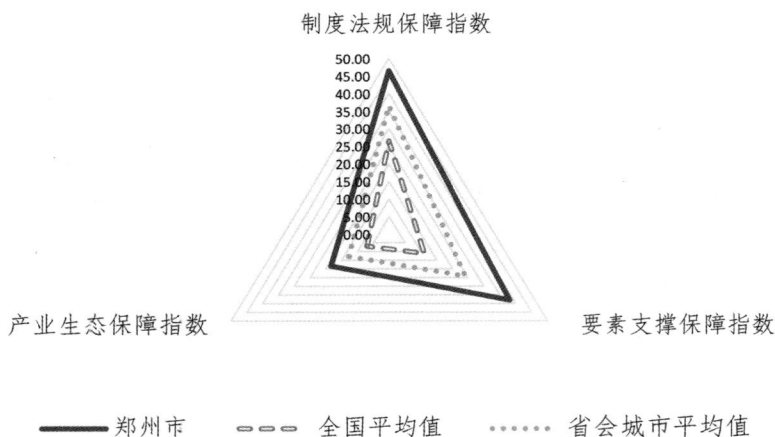

图5-3-21 郑州市产业营商环境分项指标雷达图

政务环境标准化值

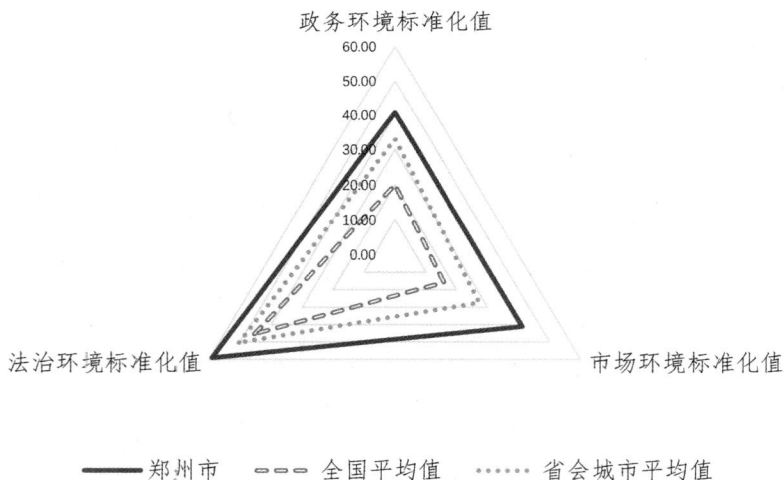

图5-3-22 郑州市制度法规保障指数分项雷达图

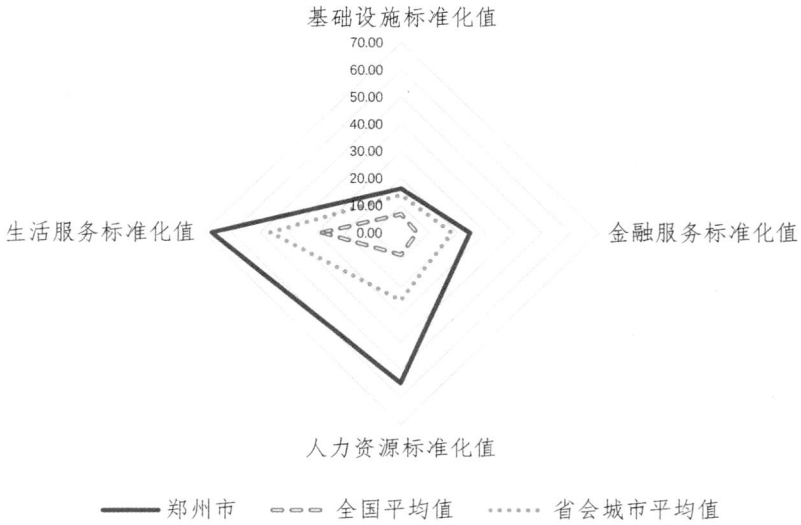

图5-3-23 郑州市要素支撑保障指数分项雷达图

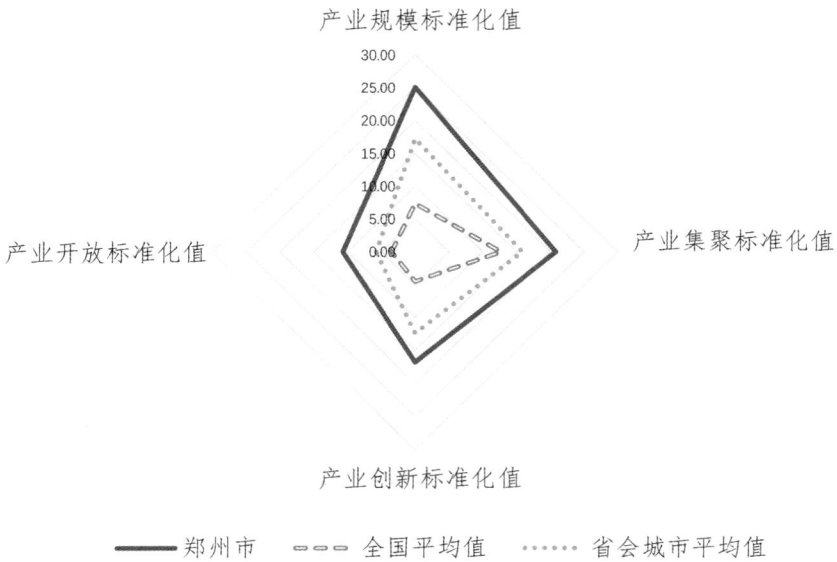

图5-3-24 郑州市产业生态保障指数分项雷达图

## 七、西安市

在本次城市产业营商环境综合指数排名中，西安市综合指数排名全国第17，省会城市中排名第7。从分项来看，要素支撑保障指数尤为突出，指数排名在全国第11，说明西安在人力资源、金融服务等方面优势明显。今后，西安市想要进一步优化产业营商环境，应从完善制度法规和增加产业生态保障方面多加努力。见表5-3-7、图5-3-25 ~ 图5-3-28。

表5-3-7　西安市产业营商环境分项指数

| 西安市 | 标准化值 | 省会城市排名 | 全国排名 |
|---|---|---|---|
| 制度法规保障指数 | 45.73 | 7 | 17 |
| 要素支撑保障指数 | 31.90 | 7 | 11 |
| 产业生态保障指数 | 15.14 | 10 | 30 |
| 综合指数 | 32.40 | 7 | 17 |

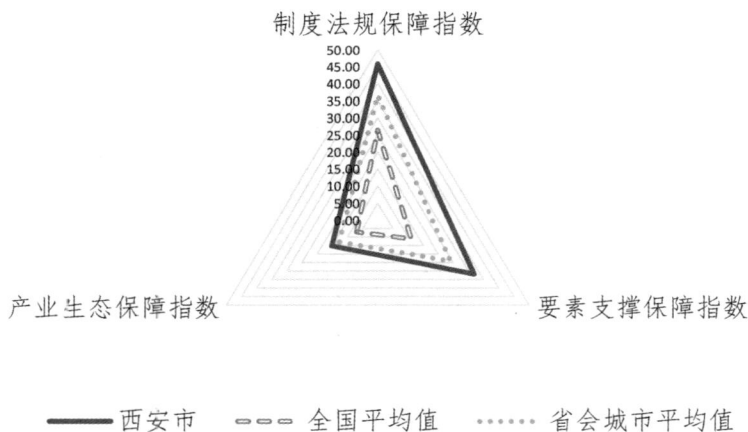

图5-3-25　西安市产业营商环境分项指标雷达图

政务环境标准化值

60.00
50.00
40.00
30.00
20.00
10.00
0.00

法治环境标准化值

市场环境标准化值

──── 西安市　　─ ─ ─ 全国平均值　　······ 省会城市平均值

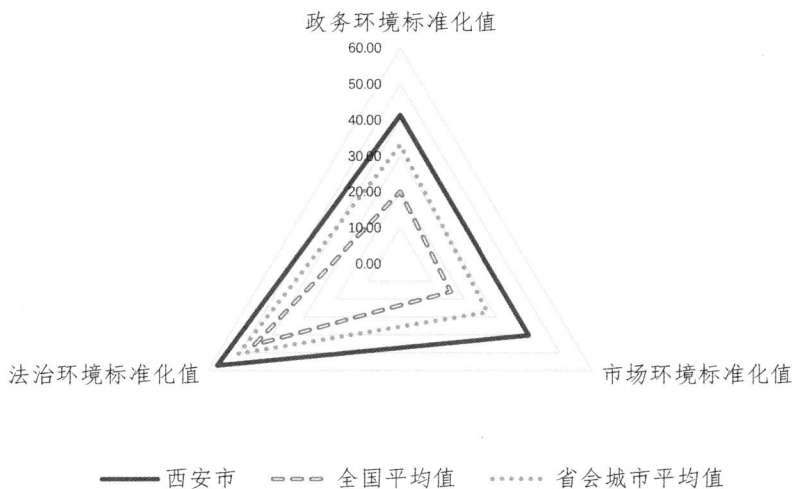

图5-3-26　西安市制度法规保障指数分项雷达图

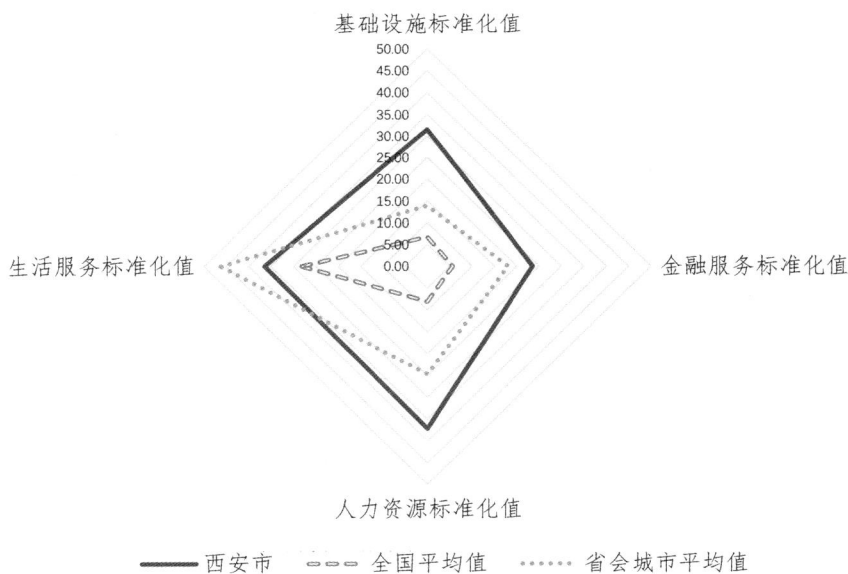

基础设施标准化值

50.00
45.00
40.00
35.00
30.00
25.00
20.00
15.00
10.00
5.00
0.00

生活服务标准化值

金融服务标准化值

人力资源标准化值

──── 西安市　　─ ─ ─ 全国平均值　　······ 省会城市平均值

图5-3-27　西安市要素支撑保障指数分项雷达图

产业规模标准化值

25.00

20.00

15.00

10.00

5.00

0.00

产业开放标准化值

产业集聚标准化值

产业创新标准化值

———— 西安市　---- 全国平均值　·······省会城市平均值

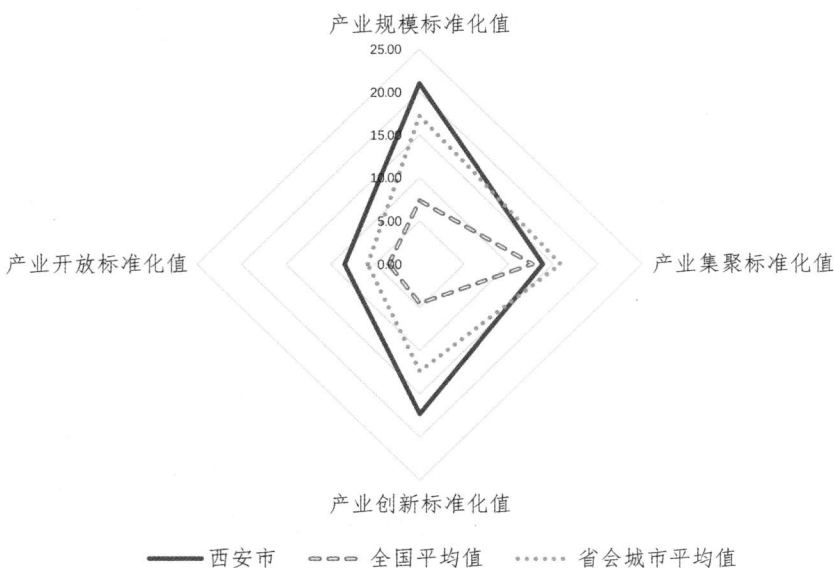

图5-3-28　西安市产业生态保障指数分项雷达图

## 八、长沙市

在本次城市产业营商环境综合指数排名中，长沙市综合指数排名全国第19。从分项来看，三个分项指标排名均位列省会城市前10名，各项指数明显高于省会城市平均值，优势明显。相对于其他指标，要素支撑保障方面有突出优势，今后，还应保持并借助优势，继续优化产业营商环境。见表5-3-8、图5-3-29～图5-3-32。

表5-3-8　长沙市产业营商环境分项指数

| 长沙市 | 标准化值 | 省会城市排名 | 全国排名 |
|---|---|---|---|
| 制度法规保障指数 | 43.84 | 9 | 20 |
| 要素支撑保障指数 | 28.52 | 8 | 13 |
| 产业生态保障指数 | 17.50 | 8 | 25 |
| 综合指数 | 31.34 | 8 | 19 |

制度法规保障指数

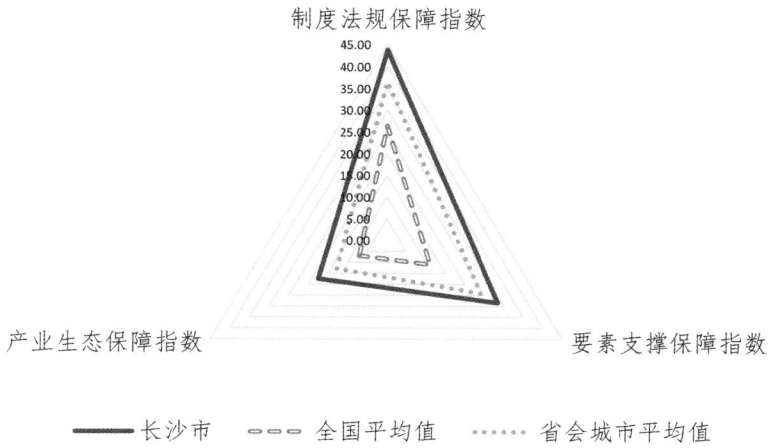

产业生态保障指数                                              要素支撑保障指数

——— 长沙市    ━━━ 全国平均值    ······ 省会城市平均值

图5-3-29 长沙市产业营商环境分项指标雷达图

政务环境标准化值

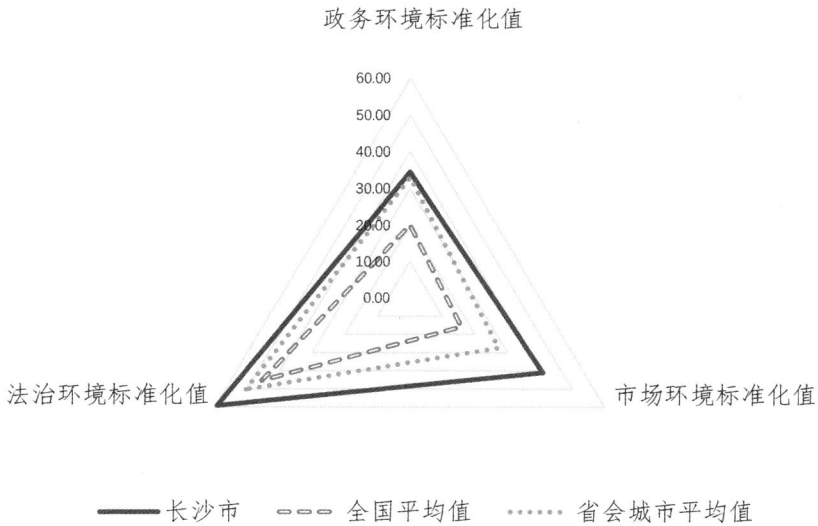

法治环境标准化值                                              市场环境标准化值

——— 长沙市    ━━━ 全国平均值    ······ 省会城市平均值

图5-3-30 长沙市制度法规保障指数分项雷达图

基础设施标准化值

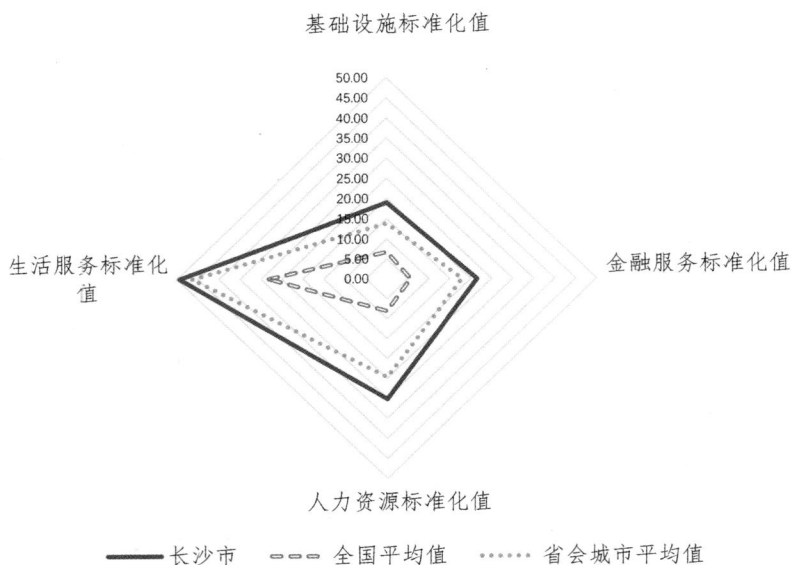

图5-3-31　长沙市要素支撑保障指数分项雷达图

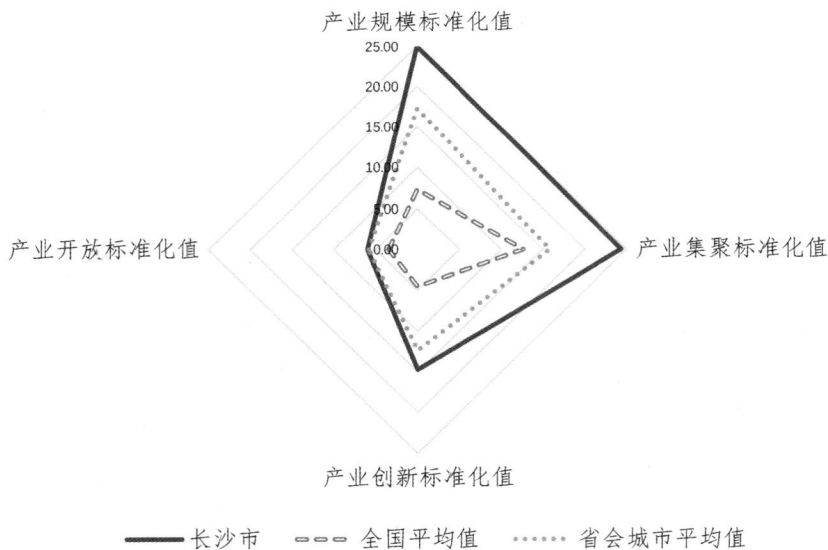

图5-3-32　长沙市产业生态保障指数分项雷达图

## 九、济南市

在本次城市产业营商环境综合指数排名中，济南市综合指数排名全国第 20。从分项来看，三个分项指标排名均位列省会城市前 10 名，各项指数明显高于省会城市平均值，优势明显。制度法规和要素支撑方面都较为优秀，指标排名在全国前 20。见表 5-3-9、图 5-3-33 ~ 图 5-3-36。

表5-3-9　济南市产业营商环境分项指数

| 济南市 | 标准化值 | 省会城市排名 | 全国排名 |
|---|---|---|---|
| 制度法规保障指数 | 45.07 | 8 | 18 |
| 要素支撑保障指数 | 25.28 | 9 | 16 |
| 产业生态保障指数 | 15.22 | 9 | 29 |
| 综合指数 | 30.18 | 9 | 20 |

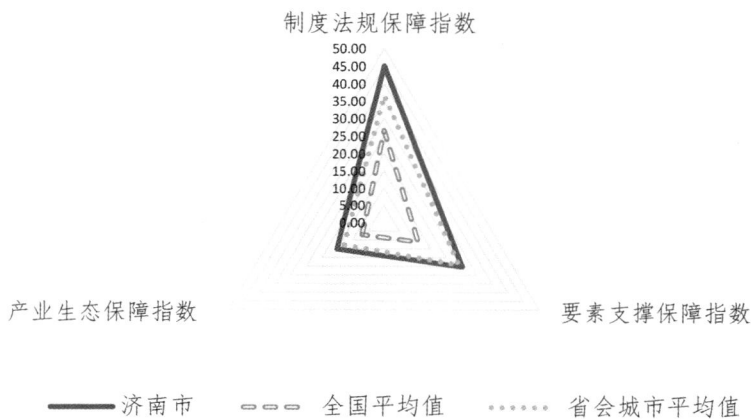

图5-3-33　济南市产业营商环境分项指标雷达图

政务环境标准化值

60.00
50.00
40.00
30.00
20.00
10.00
0.00

法治环境标准化值　　　　　　　　　　　　　市场环境标准化值

———— 济南市　　- - - 全国平均值　　…… 省会城市平均值

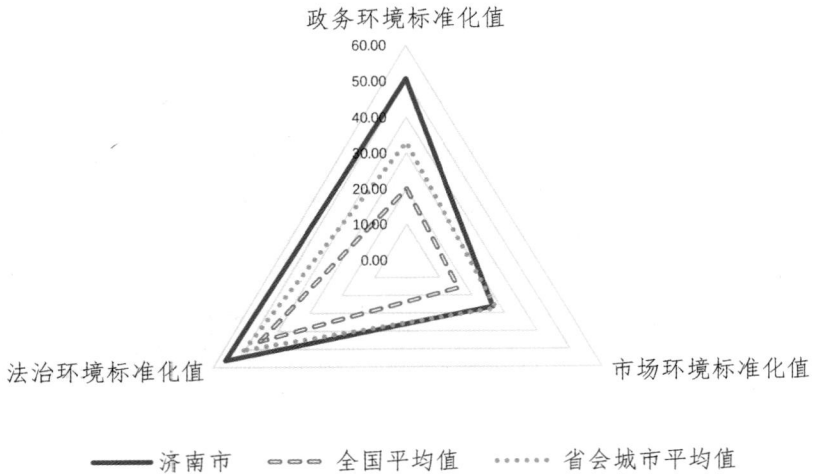

图5-3-34　济南市制度法规保障指数分项雷达图

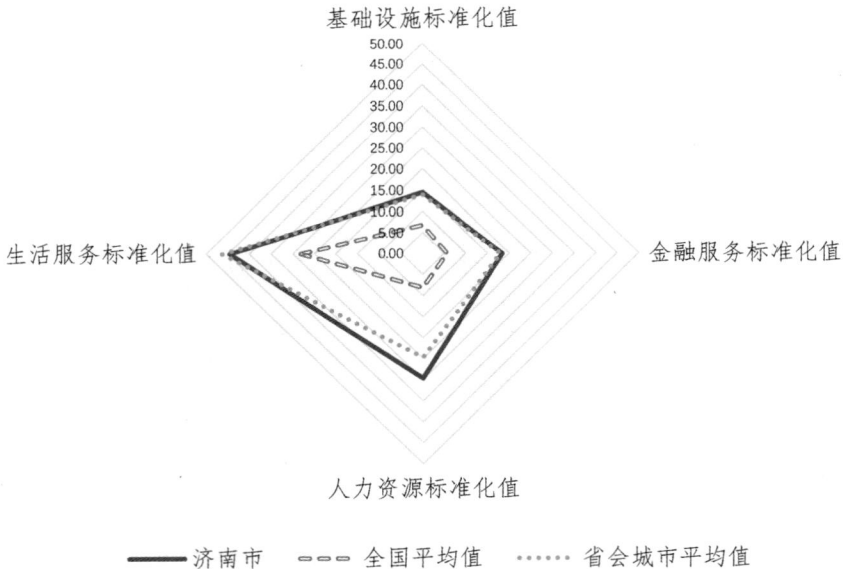

基础设施标准化值

50.00
45.00
40.00
35.00
30.00
25.00
20.00
15.00
10.00
5.00
0.00

生活服务标准化值　　　　　　　　　　　　　金融服务标准化值

人力资源标准化值

———— 济南市　　- - - 全国平均值　　…… 省会城市平均值

图5-3-35　济南市要素支撑保障指数分项雷达图

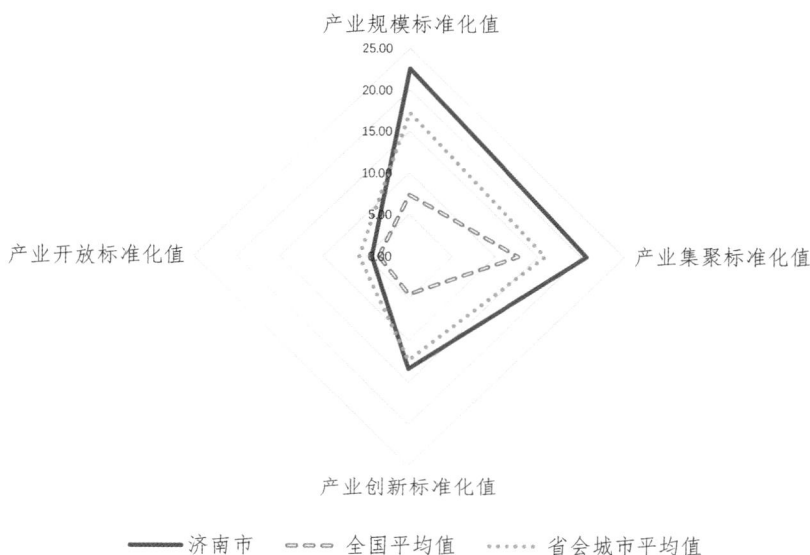

图5-3-36　济南市产业生态保障指数分项雷达图

# 十、合肥市

在本次城市产业营商环境综合指数排名中，合肥市综合指数排名全国第21。从分项来看，要素保障方面表现相对较好，表明合肥市有较好的生活服务和金融服务环境，而在制度法规和产业生态上面还有一定的改进空间。通过进一步改善法规环境、推动产业多元化、吸引更多的投资，合肥市有望提升其产业营商环境。见表5-3-10、图5-3-37 ～图5-3-40。

表5-3-10　合肥市产业营商环境分项指数

| 合肥市 | 标准化值 | 省会城市排名 | 全国排名 |
|---|---|---|---|
| 制度法规保障指数 | 37.67 | 11 | 29 |
| 要素支撑保障指数 | 23.56 | 11 | 18 |
| 产业生态保障指数 | 18.25 | 7 | 24 |
| 综合指数 | 27.61 | 10 | 21 |

制度法规保障指数

40.00
35.00
30.00
25.00
20.00
15.00
10.00
5.00
0.00

产业生态保障指数

要素支撑保障指数

——— 合肥市　　--- 全国平均值　　……… 省会城市平均值

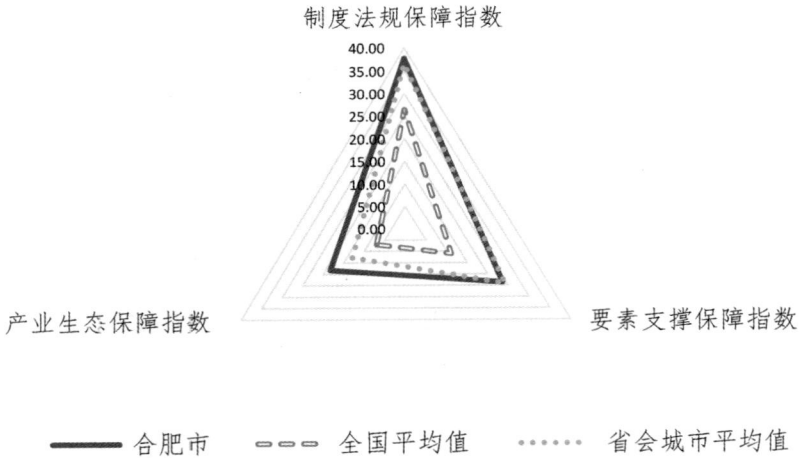

图5-3-37　合肥市产业营商环境分项指标雷达图

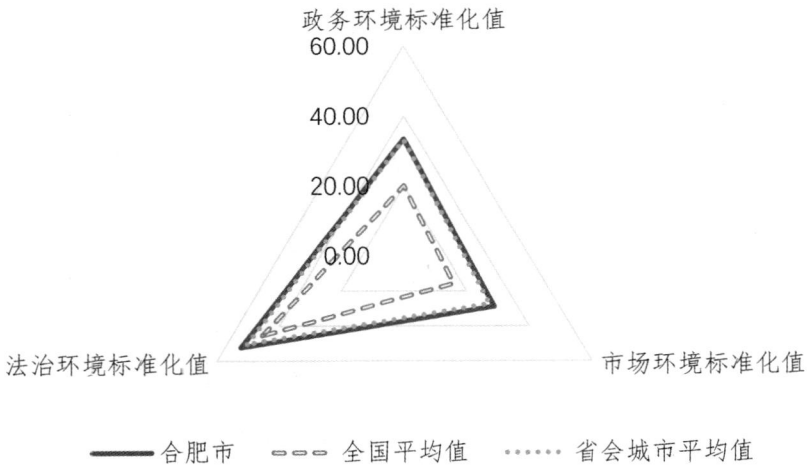

政务环境标准化值

60.00

40.00

20.00

0.00

法治环境标准化值

市场环境标准化值

——— 合肥市　　--- 全国平均值　　……… 省会城市平均值

图5-3-38　合肥市制度法规保障指数分项雷达图

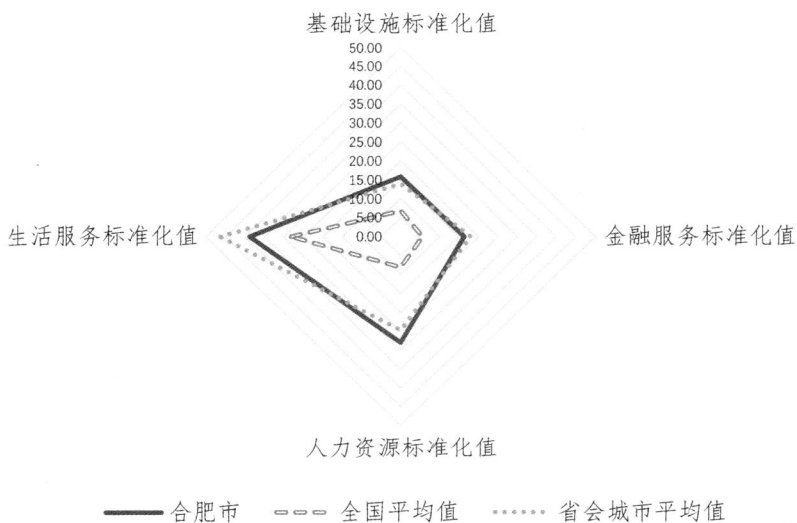

图5-3-39 合肥市要素支撑保障指数分项雷达图

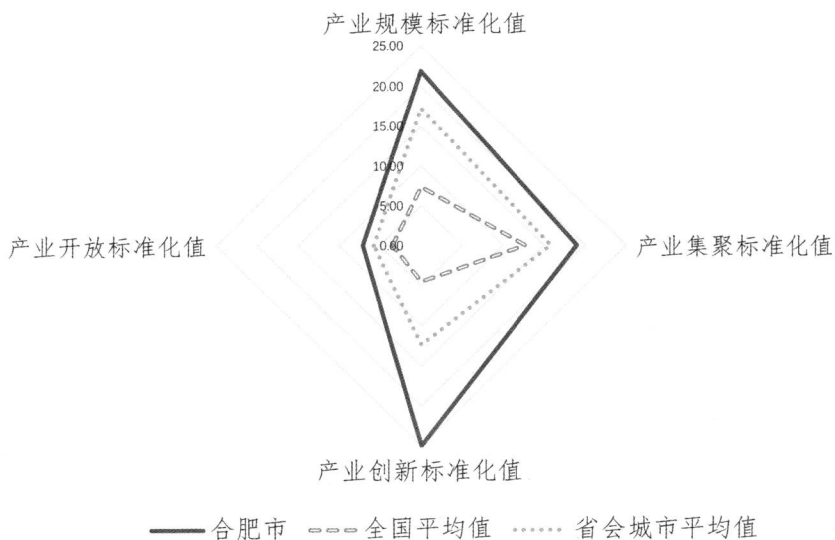

图5-3-40 合肥市产业生态保障指数分项雷达图

## 十一、福州市

在本次城市产业营商环境综合指数排名中，福州市综合指数排名全国第27。从分项来看，较为均衡，指数基本和省会城市平均值持平。而福州想要进一步优化其产业营商环境，要均衡各指标要素，多方努力。见表5-3-11、图5-3-41 ~ 图5-3-44。

表5-3-11　福州市产业营商环境分项指数

| 福州市 | 标准化值 | 省会城市排名 | 全国排名 |
|---|---|---|---|
| 制度法规保障指数 | 38.40 | 10 | 27 |
| 要素支撑保障指数 | 18.03 | 20 | 31 |
| 产业生态保障指数 | 14.82 | 11 | 31 |
| 综合指数 | 25.22 | 11 | 27 |

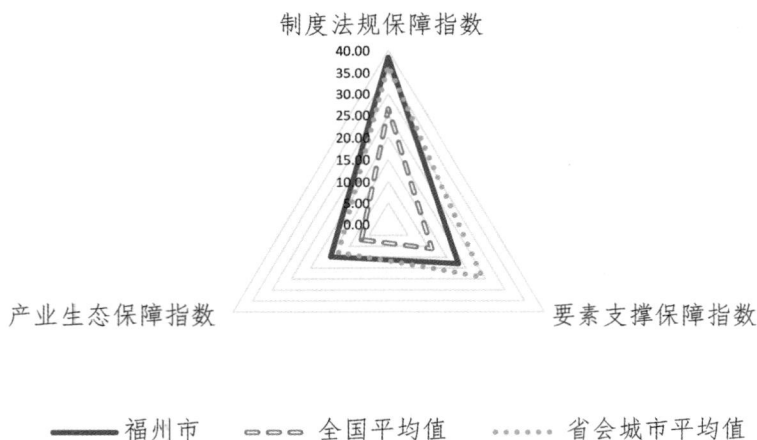

图5-3-41　福州市产业营商环境分项指标雷达图

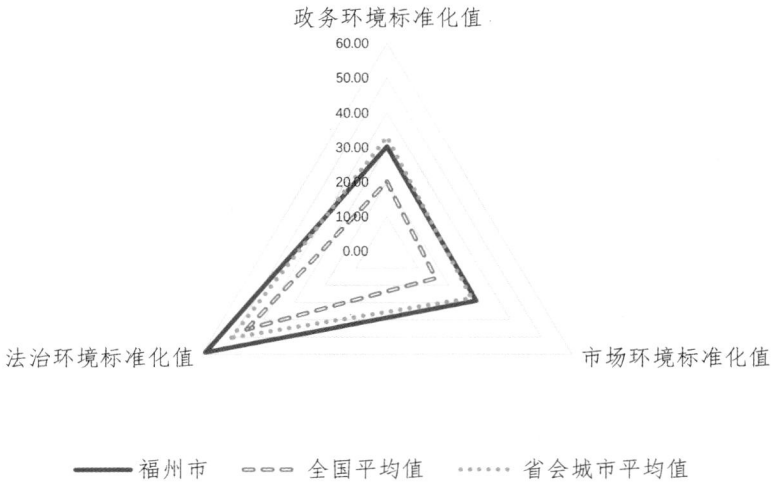

图5-3-42　福州市制度法规保障指数分项雷达图

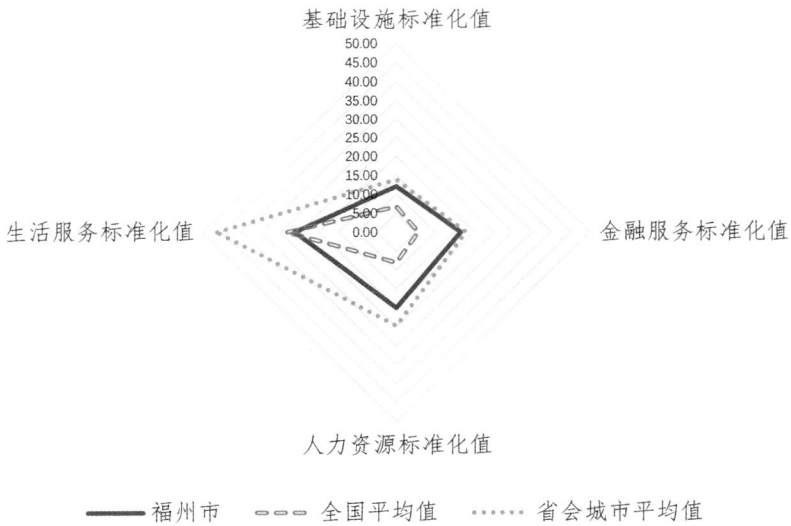

图5-3-43　福州市要素支撑保障指数分项雷达图

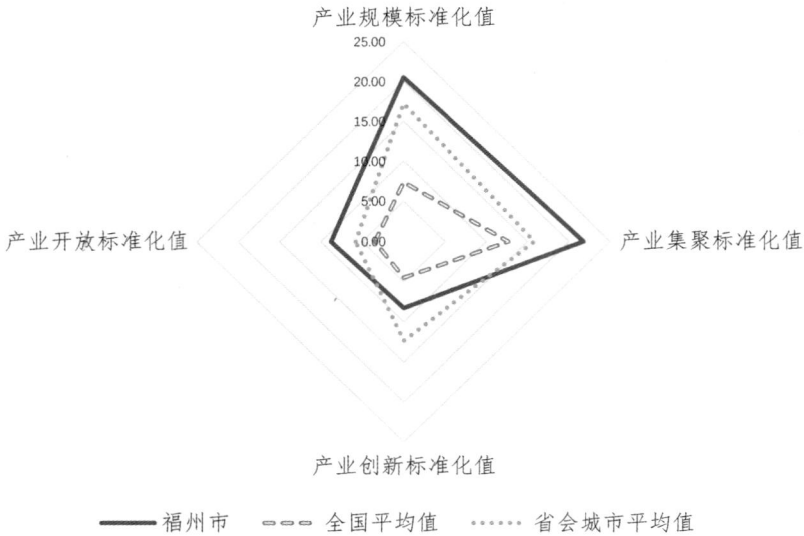

产业规模标准化值

产业开放标准化值

产业集聚标准化值

产业创新标准化值

—— 福州市　--- 全国平均值　……省会城市平均值

图5-3-44　福州市产业生态保障指数分项雷达图

## 十二、南昌市

在本次城市产业营商环境综合指数排名中，南昌市综合指数排名全国第31。从分项来看，相对于其他，要素支撑保障方面，指数在全国排名第21，领先于其他两项。这说明南昌在人力资源、金融服务和基础设施方面具有明显的竞争力。见表5-3-12、图5-3-45～图5-3-48。

表5-3-12　南昌市产业营商环境分项指数

| 南昌市 | 标准化值 | 省会城市排名 | 全国排名 |
|---|---|---|---|
| 制度法规保障指数 | 36.61 | 12 | 33 |
| 要素支撑保障指数 | 21.81 | 13 | 21 |
| 产业生态保障指数 | 9.21 | 14 | 45 |
| 综合指数 | 23.95 | 12 | 31 |

制度法规保障指数

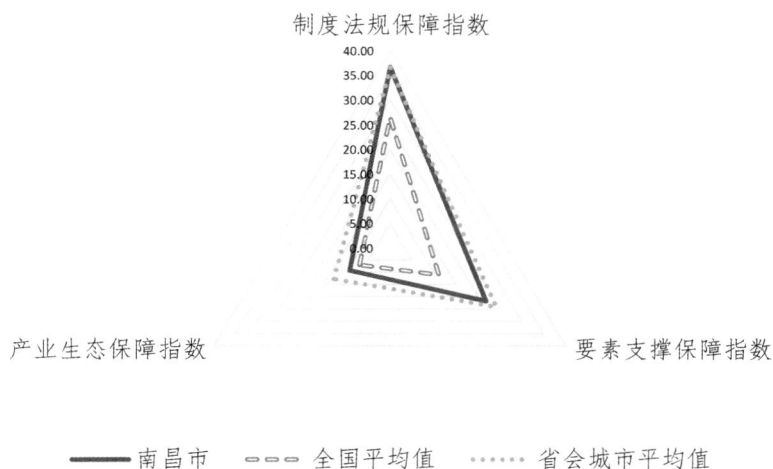

图5-3-45　南昌市产业营商环境分项指标雷达图

政务环境标准化值

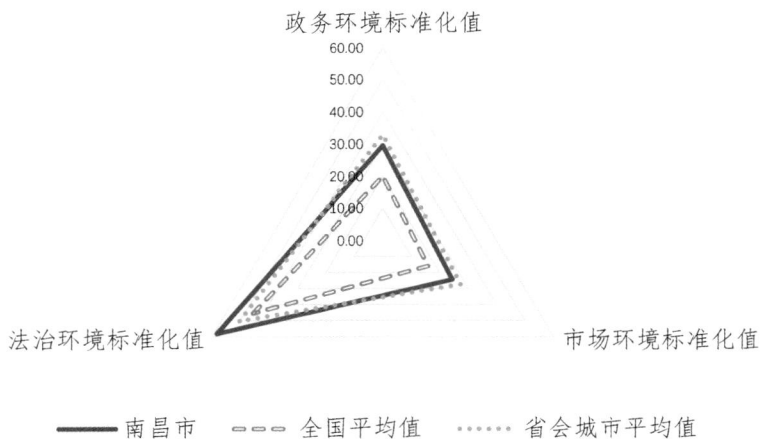

图5-3-46　南昌市制度法规保障指数分项雷达图

基础设施标准化值

50.00
45.00
40.00
35.00
30.00
25.00
20.00
15.00
10.00
5.00
0.00

生活服务标准化值

金融服务标准化值

人力资源标准化值

——— 南昌市　- - - 全国平均值　……… 省会城市平均值

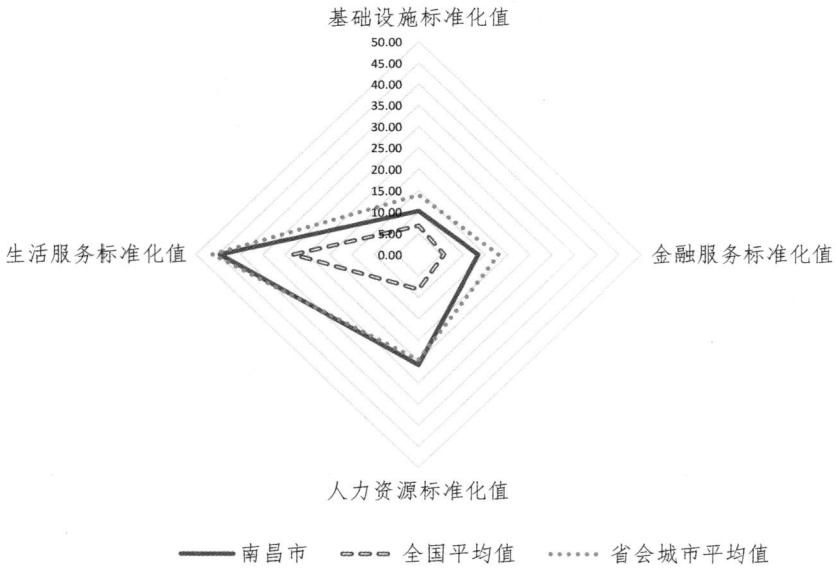

图5-3-47　南昌市要素支撑保障指数分项雷达图

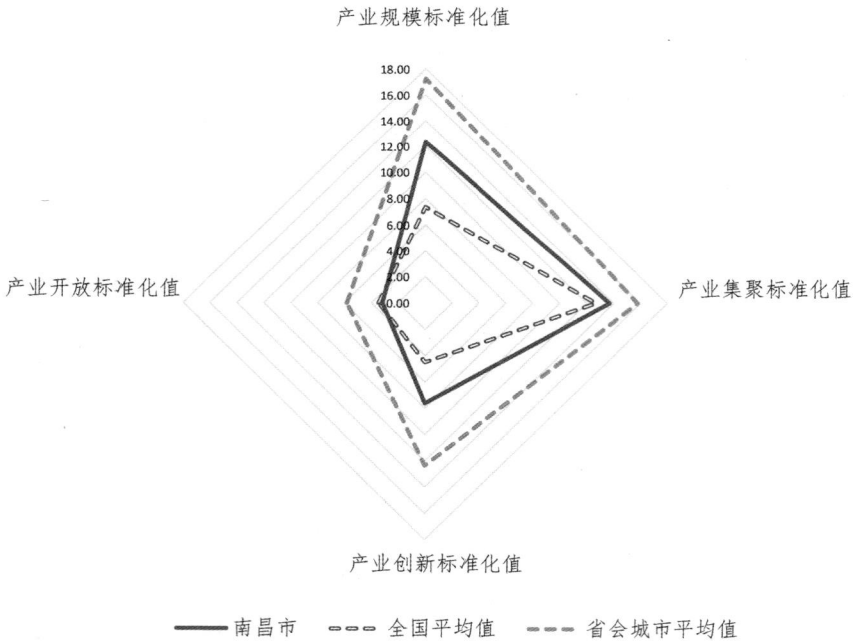

产业规模标准化值

18.00
16.00
14.00
12.00
10.00
8.00
6.00
4.00
2.00
0.00

产业开放标准化值

产业集聚标准化值

产业创新标准化值

——— 南昌市　- - - 全国平均值　- - - 省会城市平均值

图5-3-48　南昌市产业生态保障指数分项雷达图

## 十三、石家庄市

在本次城市产业营商环境综合指数排名中，石家庄市综合指数排名全国第 32。从分项来看，在产业生态保障方面较为薄弱，说明产业开放、产业创新等方面是下一步工作的重点优化内容。见表 5-3-13、图 5-3-49 ~ 图 5-3-52。

表5-3-13　石家庄市产业营商环境分项指数

| 石家庄市 | 标准化值 | 省会城市排名 | 全国排名 |
|---|---|---|---|
| 制度法规保障指数 | 36.61 | 13 | 34 |
| 要素支撑保障指数 | 20.08 | 16 | 25 |
| 产业生态保障指数 | 9.98 | 12 | 43 |
| 综合指数 | 23.49 | 13 | 32 |

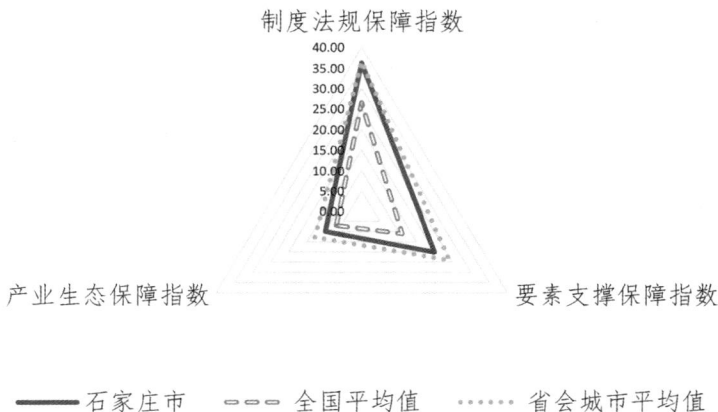

图5-3-49　石家庄市产业营商环境分项指标雷达图

政务环境标准化值

70.00
60.00
50.00
40.00
30.00
20.00
10.00
0.00

法治环境标准化值　　　　　　　　　　市场环境标准化值

—— 石家庄市　　- - - 全国平均值　　······ 省会城市平均值

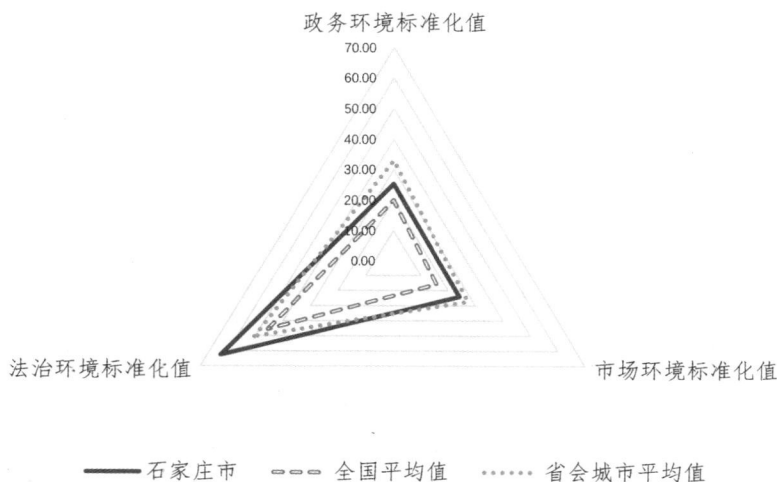

图5-3-50　石家庄市制度法规保障指数分项雷达图

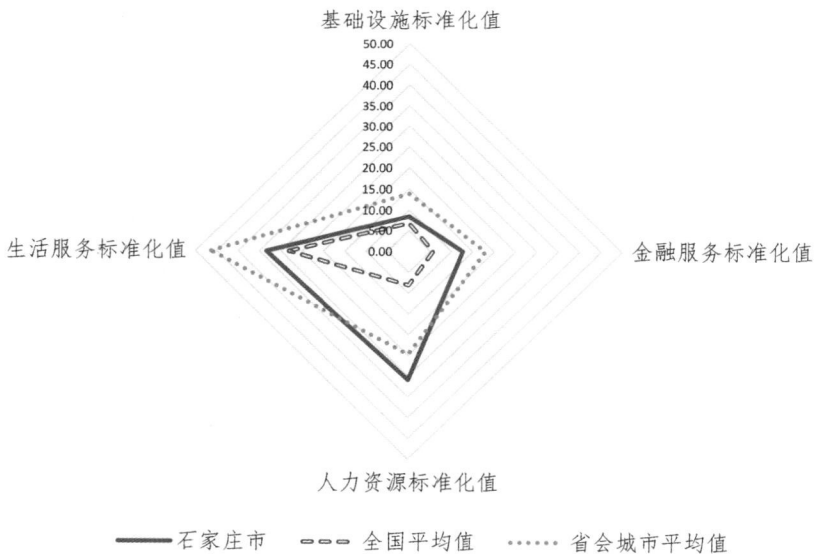

基础设施标准化值

50.00
45.00
40.00
35.00
30.00
25.00
20.00
15.00
10.00
0.00

生活服务标准化值　　　　　　　　　　金融服务标准化值

人力资源标准化值

—— 石家庄市　　- - - 全国平均值　　······ 省会城市平均值

图5-3-51　石家庄市要素支撑保障指数分项雷达图

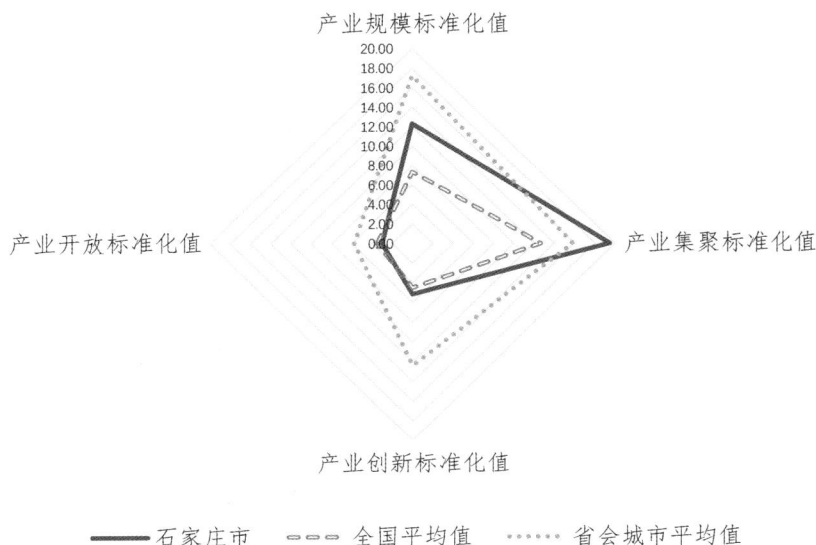

图5-3-52　石家庄市产业生态保障指数分项雷达图

## 十四、沈阳市

在本次城市产业营商环境综合指数排名中，沈阳市综合指数排名全国第35。从分项来看，相对于要素支撑保障方面，沈阳市的产业生态保障和制度法规保障略微薄弱，今后，还应在产业开放、产业创新、法治环境和市场环境等领域多加关注。见表5-3-14、图5-3-52 ~ 图5-3-56。

表5-3-14　沈阳市产业营商环境分项指数

| 沈阳市 | 标准化值 | 省会城市排名 | 全国排名 |
|---|---|---|---|
| 制度法规保障指数 | 34.24 | 15 | 39 |
| 要素支撑保障指数 | 21.06 | 15 | 24 |
| 产业生态保障指数 | 9.90 | 13 | 44 |
| 综合指数 | 22.99 | 14 | 35 |

制度法规保障指数

40.00
35.00
30.00
25.00
20.00
15.00
10.00
5.00
0.00

产业生态保障指数

要素支撑保障指数

—— 沈阳市　　--- 全国平均值　　······ 省会城市平均值

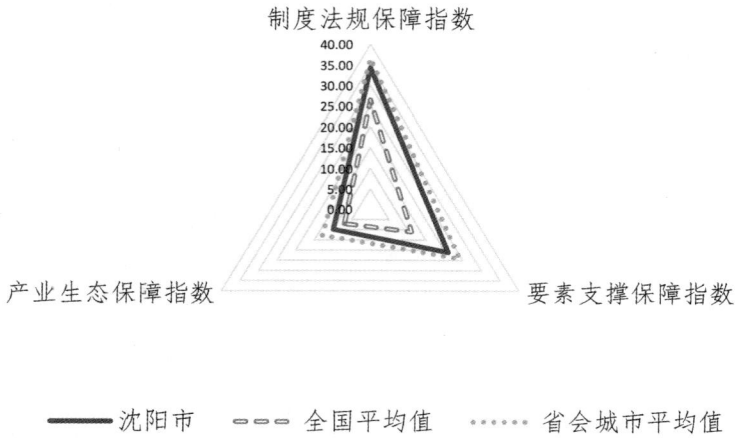

图5-3-53　沈阳市产业营商环境分项指标雷达图

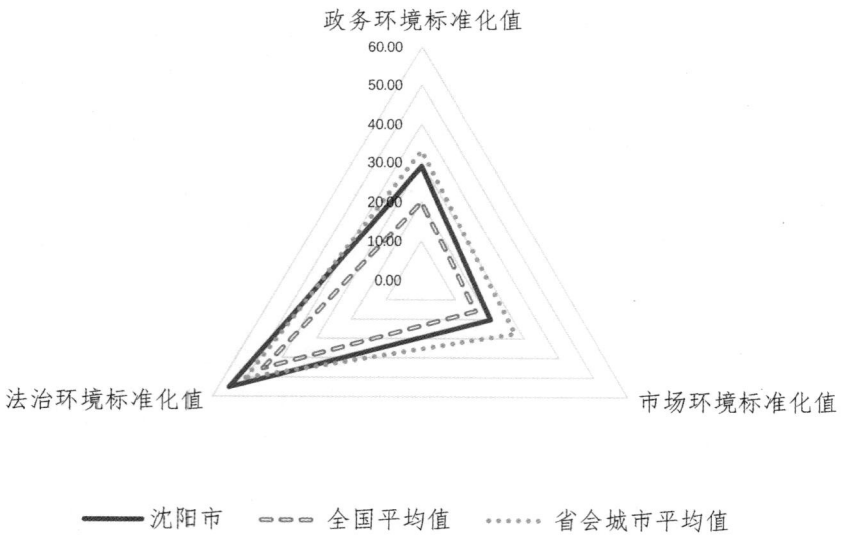

政务环境标准化值

60.00
50.00
40.00
30.00
20.00
10.00
0.00

法治环境标准化值

市场环境标准化值

—— 沈阳市　　--- 全国平均值　　······ 省会城市平均值

图5-3-54　沈阳市制度法规保障指数分项雷达图

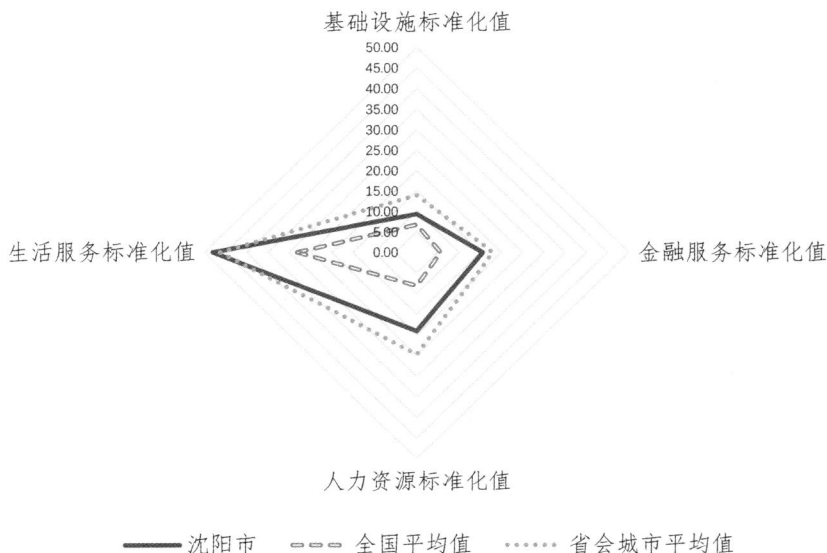

基础设施标准化值

50.00
45.00
40.00
35.00
30.00
25.00
20.00
15.00
10.00
5.00
0.00

生活服务标准化值

金融服务标准化值

人力资源标准化值

———— 沈阳市    ━ ━ ━ 全国平均值    ········ 省会城市平均值

图5-3-55  沈阳市要素支撑保障指数分项雷达图

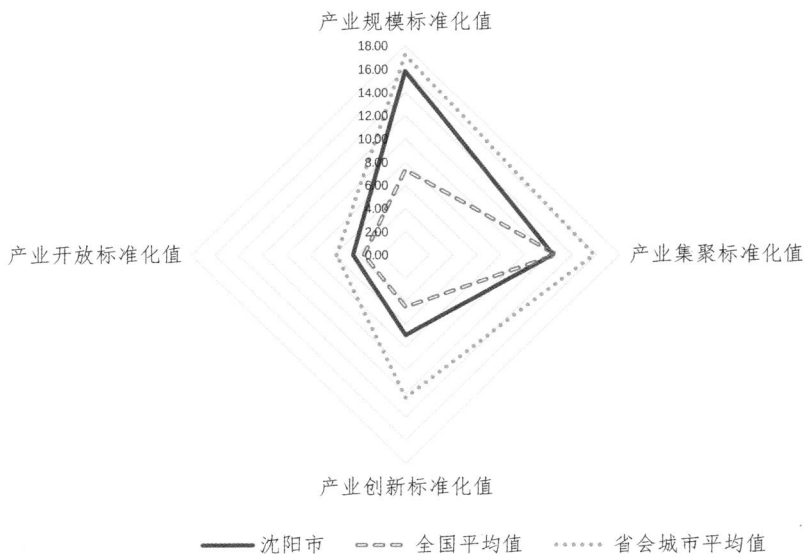

产业规模标准化值

18.00
16.00
14.00
12.00
10.00
8.00
6.00
4.00
2.00
0.00

产业开放标准化值

产业集聚标准化值

产业创新标准化值

———— 沈阳市    ━ ━ ━ 全国平均值    ········ 省会城市平均值

图5-3-56  沈阳市产业生态保障指数分项雷达图

## 十五、贵阳市

在本次城市产业营商环境综合指数排名中，贵阳市综合指数排名全国第38。从分项来看，产业生态保障方面较为薄弱。为了进一步提升贵阳市的产业营商环境，需要营造鼓励创新与开放和产业集聚的环境，促进产业升级与转型。见表5-3-15、图5-3-57 ~ 图5-3-60。

表5-3-15　贵阳市产业营商环境分项指数

| 贵阳市 | 标准化值 | 省会城市排名 | 全国排名 |
|---|---|---|---|
| 制度法规保障指数 | 34.72 | 14 | 38 |
| 要素支撑保障指数 | 21.14 | 14 | 23 |
| 产业生态保障指数 | 5.52 | 20 | 86 |
| 综合指数 | 21.89 | 15 | 38 |

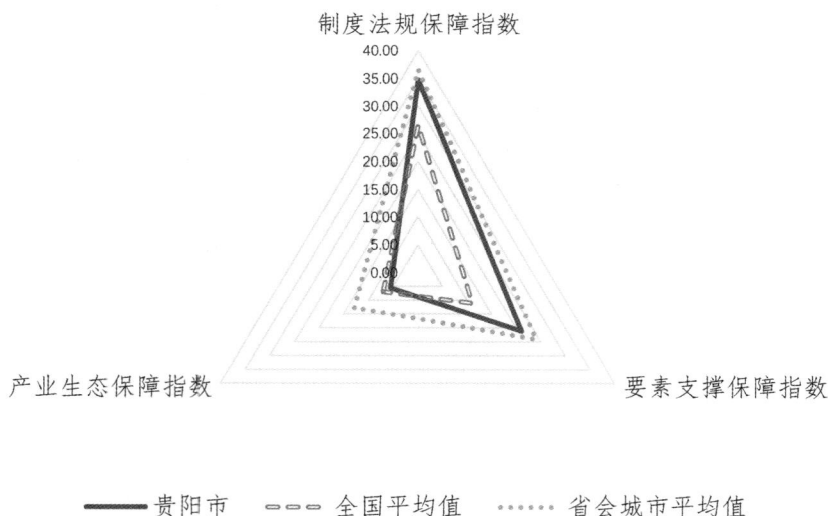

图5-3-57　贵阳市产业营商环境分项指标雷达图

政务环境标准化值

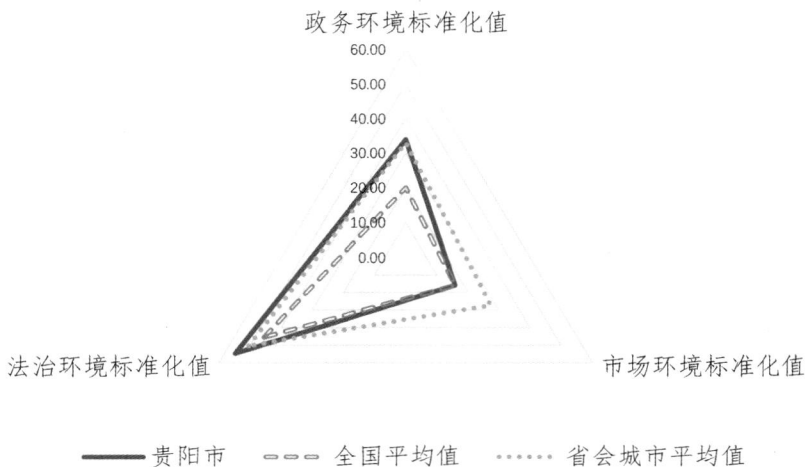

法治环境标准化值　　　　　　　　市场环境标准化值

——— 贵阳市　　- - - 全国平均值　　······ 省会城市平均值

图5-3-58　贵阳市制度法规保障指数分项雷达图

基础设施标准化值

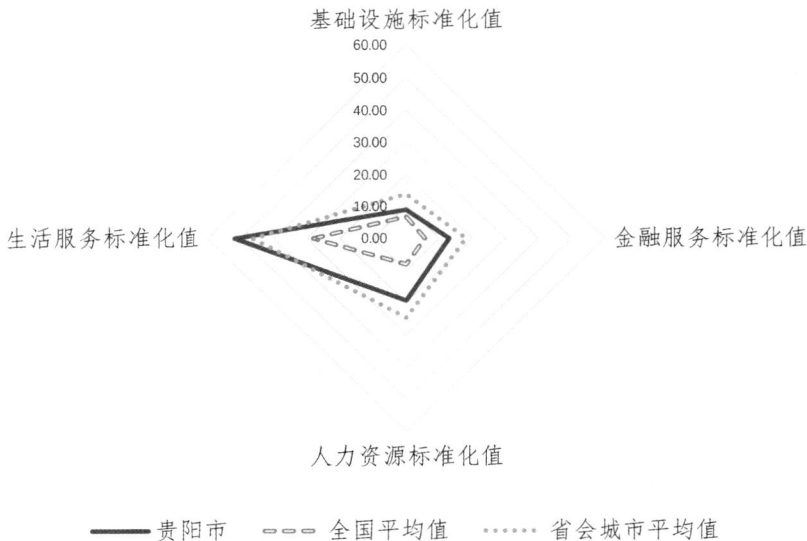

生活服务标准化值　　　　　　　　金融服务标准化值

人力资源标准化值

——— 贵阳市　　- - - 全国平均值　　······ 省会城市平均值

图5-3-59　贵阳市要素支撑保障指数分项雷达图

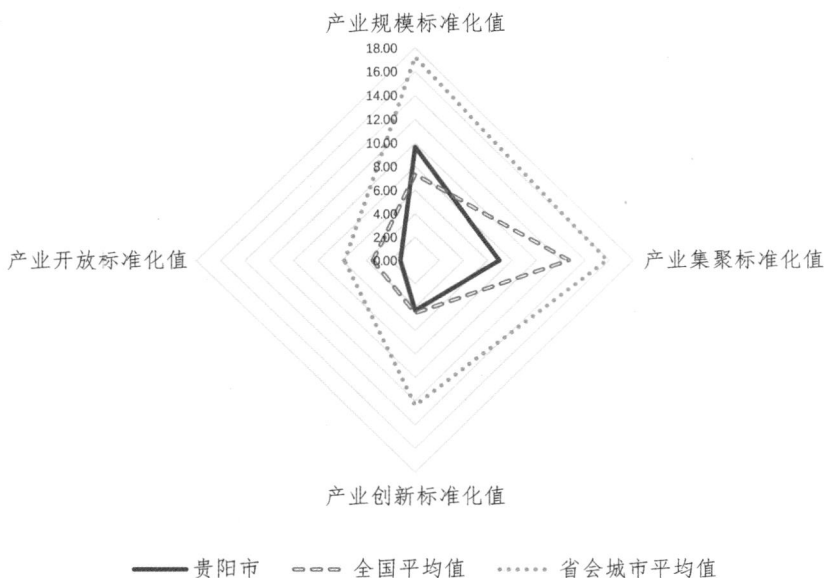

图5-3-60　贵阳市产业生态保障指数分项雷达图

## 十六、太原市

在本次城市产业营商环境综合指数排名中，太原市综合指数排名全国第40。从分项来看，产业生态保障和制度法规保障方面都较为薄弱，是下一步工作的重点。见表5-3-16、图5-3-61 ~ 图5-3-64。

表5-3-16　太原市产业营商环境分项指数

| 太原市 | 标准化值 | 省会城市排名 | 全国排名 |
|---|---|---|---|
| 制度法规保障指数 | 32.01 | 16 | 48 |
| 要素支撑保障指数 | 22.32 | 12 | 19 |
| 产业生态保障指数 | 6.20 | 19 | 73 |
| 综合指数 | 21.36 | 16 | 40 |

制度法规保障指数

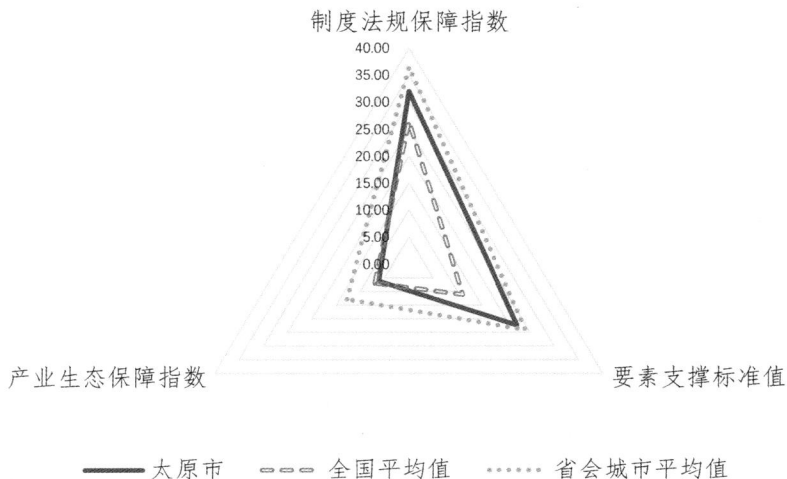

产业生态保障指数　　　　　　　　　　　　要素支撑标准值

———— 太原市　--- 全国平均值　······ 省会城市平均值

图5-3-61　太原市产业营商环境分项指标雷达图

政务环境标准化值

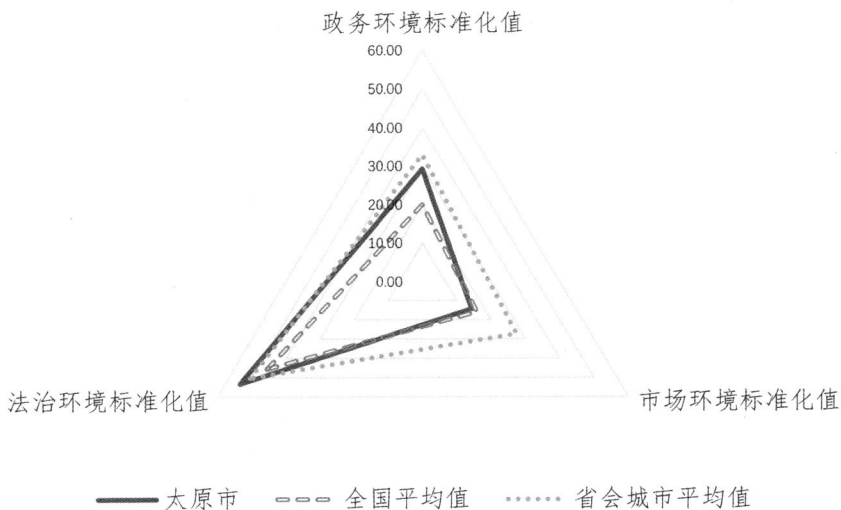

法治环境标准化值　　　　　　　　　　　　市场环境标准化值

———— 太原市　--- 全国平均值　······ 省会城市平均值

图5-3-62　太原市制度法规保障指数分项雷达图

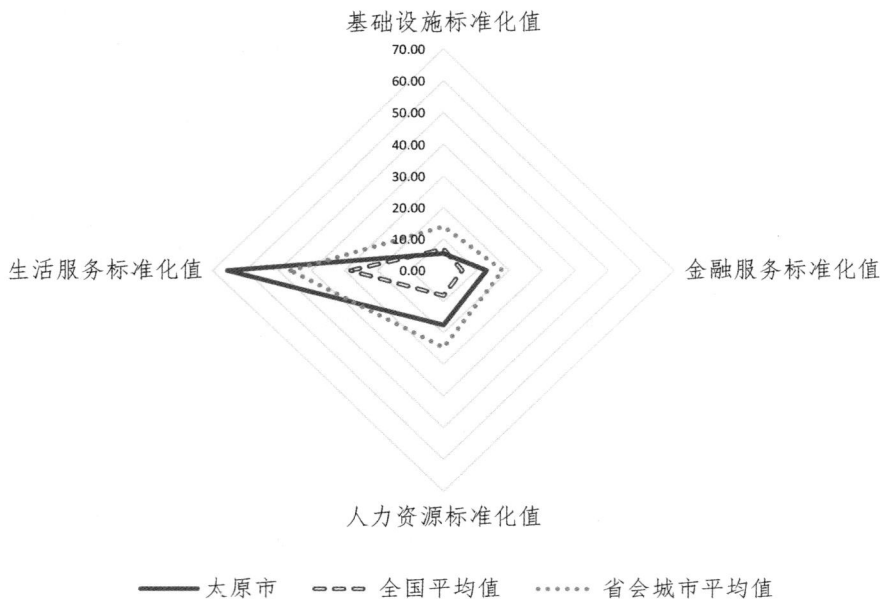

图5-3-63 太原市要素支撑保障指数分项雷达图

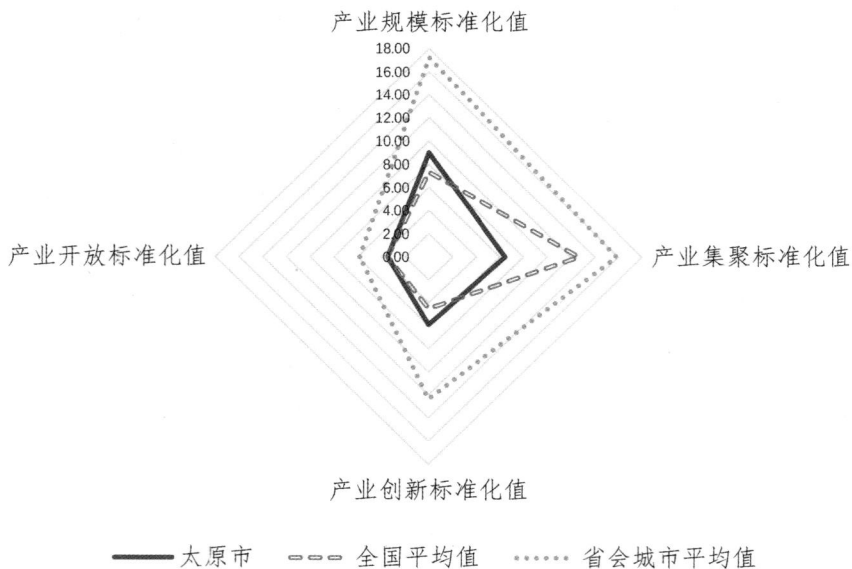

图5-3-64 太原市产业生态保障指数分项雷达图

## 十七、长春市

在本次城市产业营商环境综合指数排名中，长春市综合指数排名全国第43。从分项来看，要素支撑保障方面有相对突出的表现，指数全国排名靠前，表明长春市在基础设施建设、人力资源供给等方面有较大的优势，下一步的工作要进一步补足制度法规保障和产业生态保障的不足。见表5-3-17、图5-3-65 ~ 图5-3-68。

表5-3-17　长春市产业营商环境分项指数

| 长春市 | 标准化值 | 省会城市排名 | 全国排名 |
|---|---|---|---|
| 制度法规保障指数 | 31.40 | 18 | 50 |
| 要素支撑保障指数 | 18.80 | 18 | 28 |
| 产业生态保障指数 | 7.81 | 16 | 55 |
| 综合指数 | 20.54 | 17 | 43 |

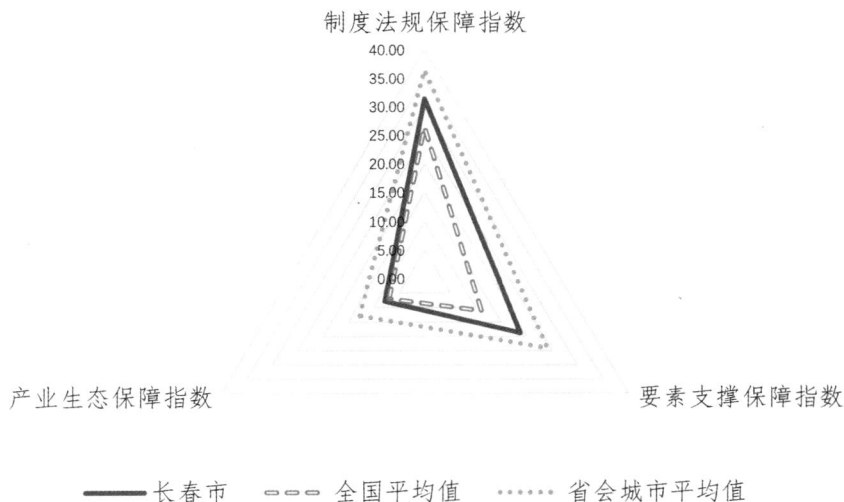

图5-3-65　长春市产业营商环境分项指标雷达图

政务环境标准化值

70.00
60.00
50.00
40.00
30.00
20.00
10.00
0.00

法治环境标准化值　　　　　　　　　市场环境标准化值

—— 长春市　---- 全国平均值　······ 省会城市平均值

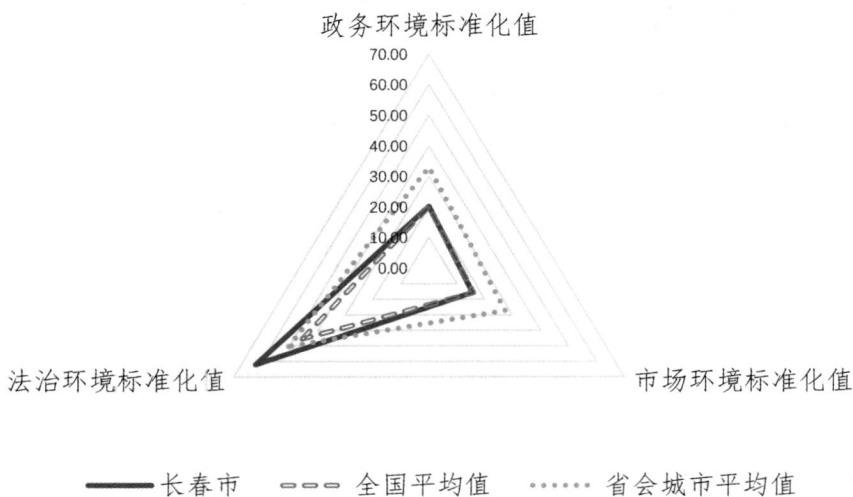

图5-3-66　长春市制度法规保障指数分项雷达图

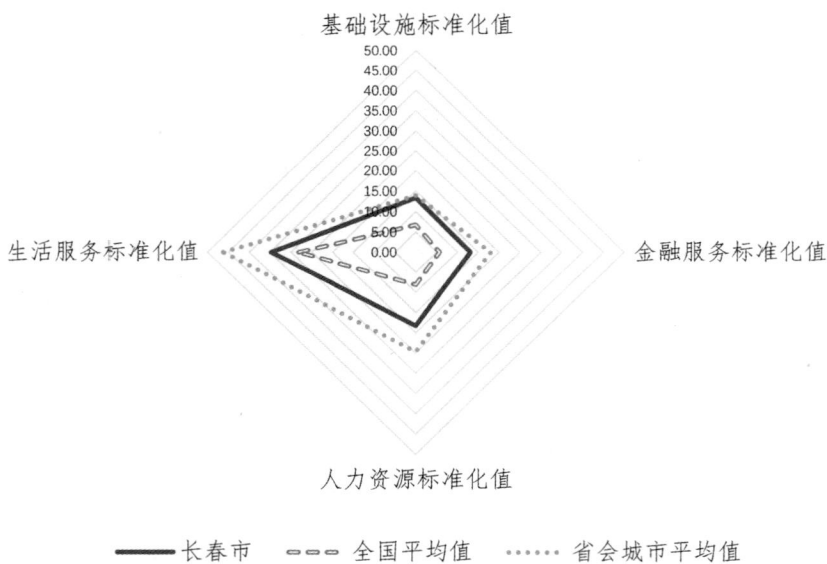

基础设施标准化值

50.00
45.00
40.00
35.00
30.00
25.00
20.00
15.00
10.00
5.00
0.00

生活服务标准化值　　　　　　　　金融服务标准化值

人力资源标准化值

—— 长春市　---- 全国平均值　······ 省会城市平均值

图5-3-67　长春市要素支撑保障指数分项雷达图

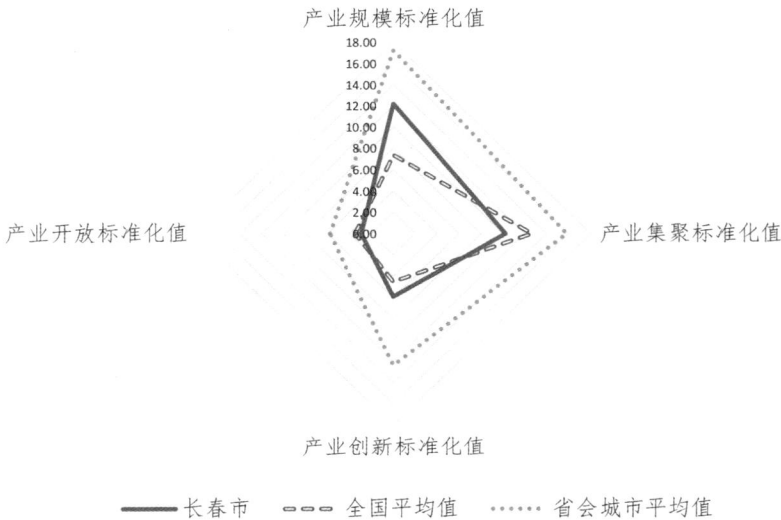

图5-3-68　长春市产业生态保障指数分项雷达图

## 十八、南宁市

在本次城市产业营商环境综合指数排名中，南宁市综合指数排名全国第44。从分项来看，相对均衡，指数基本高于全国平均，但与省会城市平均值有较大的差距，还需要继续优化产业营商环境，并且平衡好制度法规保障、要素支撑保障和产业生态保障三方面。见表5-3-18、图5-3-69 ~ 图5-3-72。

表5-3-18　南宁市产业营商环境分项指数

| 南宁市 | 标准化值 | 省会城市排名 | 全国排名 |
| --- | --- | --- | --- |
| 制度法规保障指数 | 31.41 | 17 | 49 |
| 要素支撑保障指数 | 19.05 | 17 | 27 |
| 产业生态保障指数 | 6.59 | 18 | 70 |
| 综合指数 | 20.26 | 18 | 44 |

制度法规保障指数

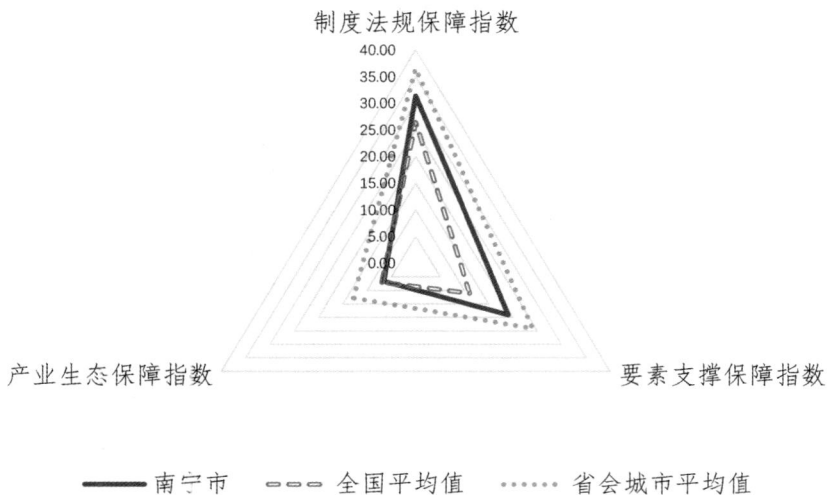

40.00
35.00
30.00
25.00
20.00
15.00
10.00
5.00
0.00

产业生态保障指数　　　　　　　　　　要素支撑保障指数

———— 南宁市　　━ ━ ━ 全国平均值　　‥‥‥‥ 省会城市平均值

图5-3-69　南宁市产业营商环境分项指标雷达图

政务环境标准化值

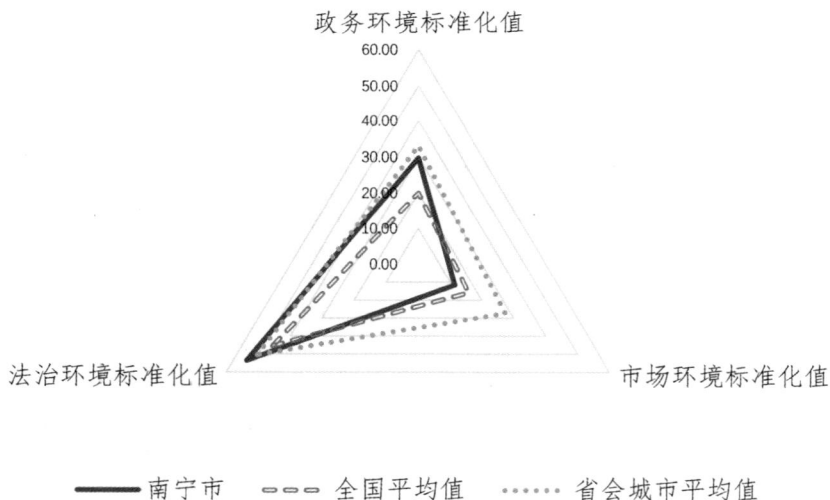

60.00
50.00
40.00
30.00
20.00
10.00
0.00

法治环境标准化值　　　　　　　　　　市场环境标准化值

———— 南宁市　　━ ━ ━ 全国平均值　　‥‥‥‥ 省会城市平均值

图5-3-70　南宁市制度法规保障指数分项雷达图

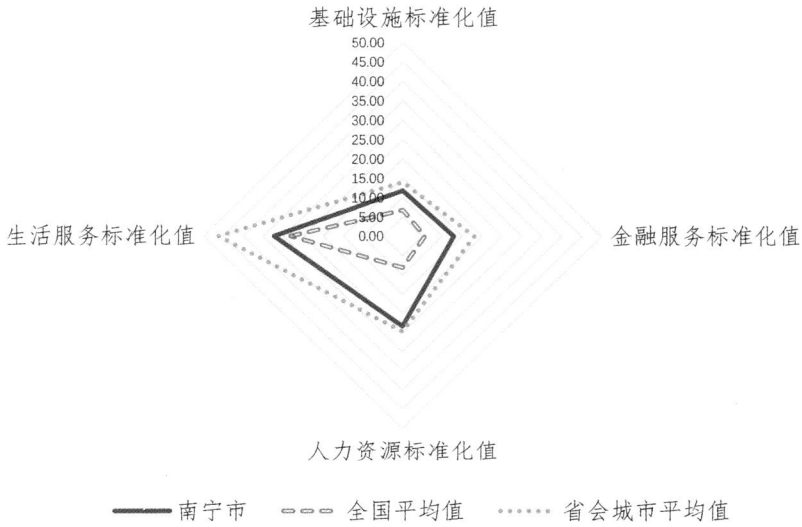

图5-3-71　南宁市要素支撑保障指数分项雷达图

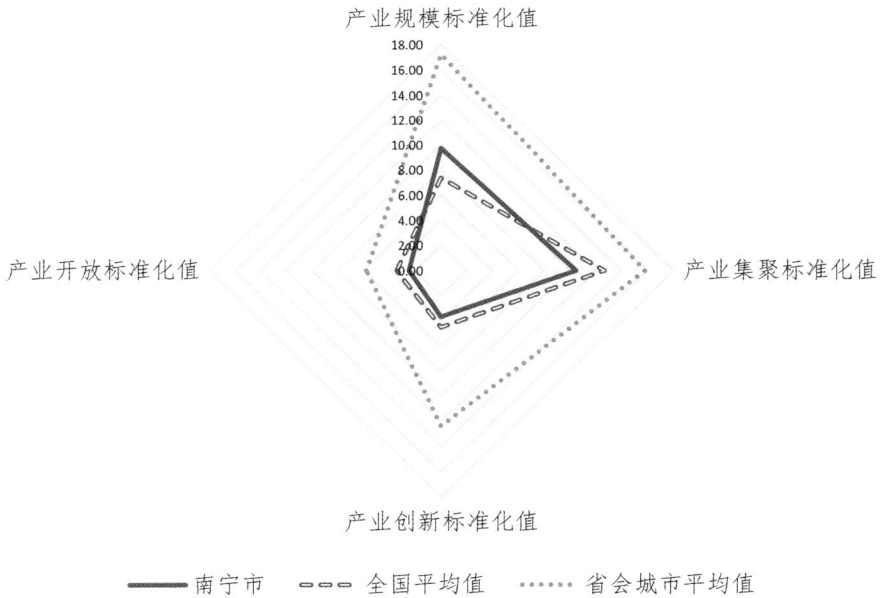

图5-3-72　南宁市产业生态保障指数分项雷达图

## 十九、昆明市

在本次城市产业营商环境综合指数排名中，昆明市综合指数排名全国第45。从分项来看，要素支撑保障方面有相对突出的表现，指数全国排名靠前，表明昆明市在生活服务保障、人力资源供给等方面有较大的优势，下一步的工作要保持好优势且借助优势方面，进一步补足制度法规保障和产业生态保障的不足。见表5-3-19、图5-3-73 ~ 图5-3-76。

表5-3-19　昆明市产业营商环境分项指数

| 昆明市 | 标准化值 | 省会城市排名 | 全国排名 |
|---|---|---|---|
| 制度法规保障指数 | 25.04 | 22 | 109 |
| 要素支撑保障指数 | 25.17 | 10 | 17 |
| 产业生态保障指数 | 7.96 | 15 | 54 |
| 综合指数 | 19.95 | 19 | 45 |

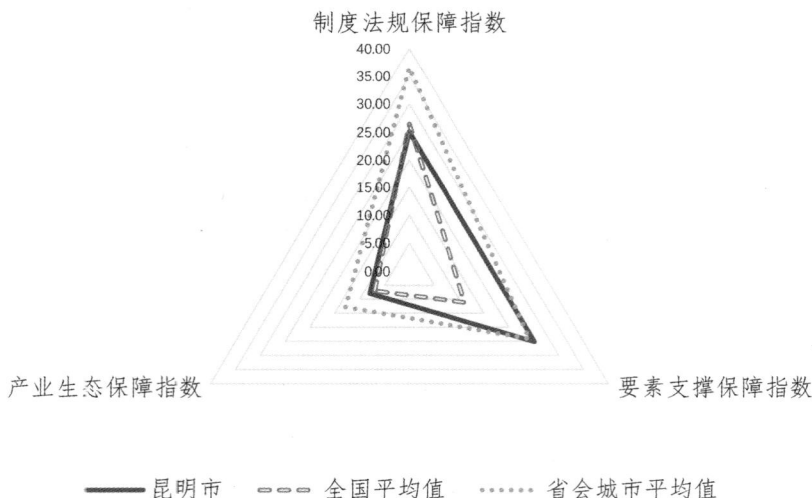

制度法规保障指数

产业生态保障指数　　　　　　　　　　　要素支撑保障指数

──── 昆明市　─ ─ ─ 全国平均值　······ 省会城市平均值

图5-3-73　昆明市产业营商环境分项指标雷达图

政务环境标准化值

60.00

50.00

40.00

30.00

20.00

10.00

0.00

法治环境标准化值　　　　　　　　　　　市场环境标准化值

―――― 昆明市　　⊙⊙⊙ 全国平均值　　…… 省会城市平均值

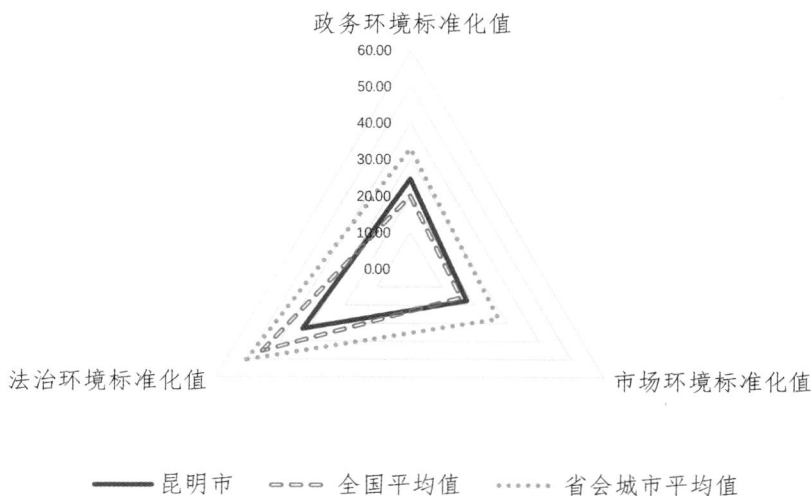

图5-3-74　昆明市制度法规保障指数分项雷达图

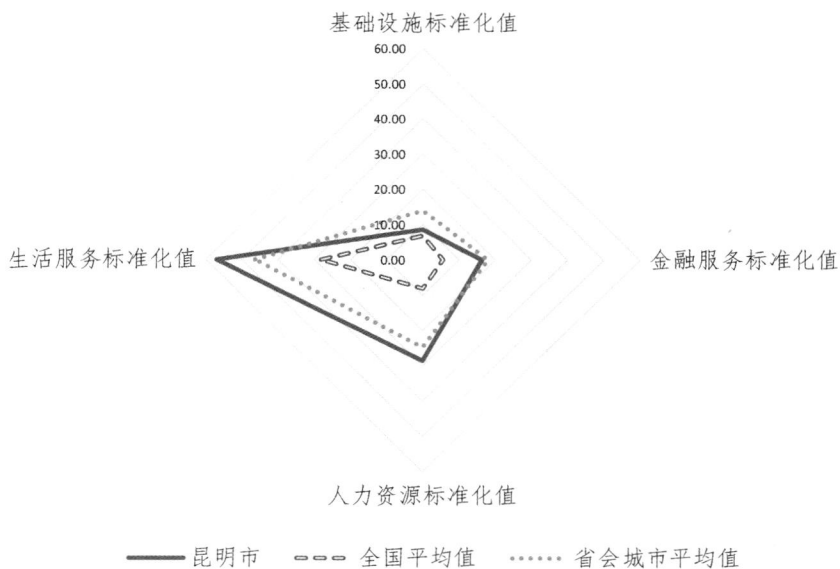

基础设施标准化值

60.00

50.00

40.00

30.00

20.00

10.00

0.00

生活服务标准化值　　　　　　　　　　　金融服务标准化值

人力资源标准化值

―――― 昆明市　　⊙⊙⊙ 全国平均值　　…… 省会城市平均值

图5-3-75　昆明市要素支撑保障指数分项雷达图

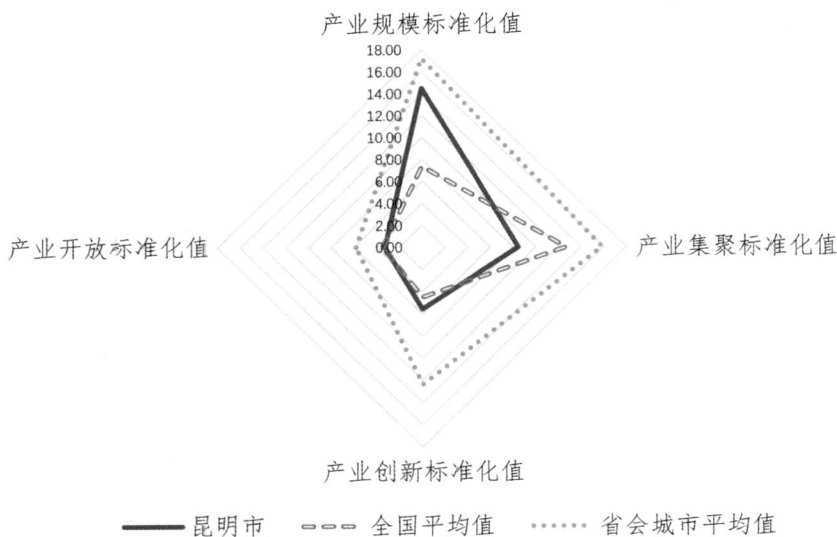

图5-3-76 昆明市产业生态保障指数分项雷达图

## 二十、哈尔滨市

在本次城市产业营商环境综合指数排名中，哈尔滨市综合指数排名全国第56。从分项来看，制度法规保障和产业生态保障方面都较为薄弱，是下一步工作的重点。见表5-3-20、图5-3-77 ~ 图5-3-80。

表5-3-20 哈尔滨市产业营商环境分项指数

| 哈尔滨市 | 标准化值 | 省会城市排名 | 全国排名 |
|---|---|---|---|
| 制度法规保障指数 | 26.75 | 19 | 82 |
| 要素支撑保障指数 | 18.79 | 19 | 29 |
| 产业生态保障指数 | 6.85 | 17 | 63 |
| 综合指数 | 18.39 | 20 | 56 |

制度法规保障指数

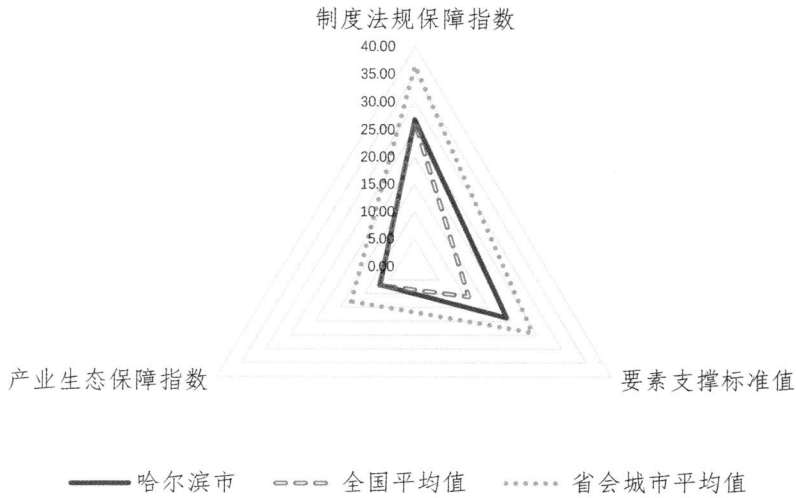

图5-3-77　哈尔滨市产业营商环境分项指标雷达图

政务环境标准化值

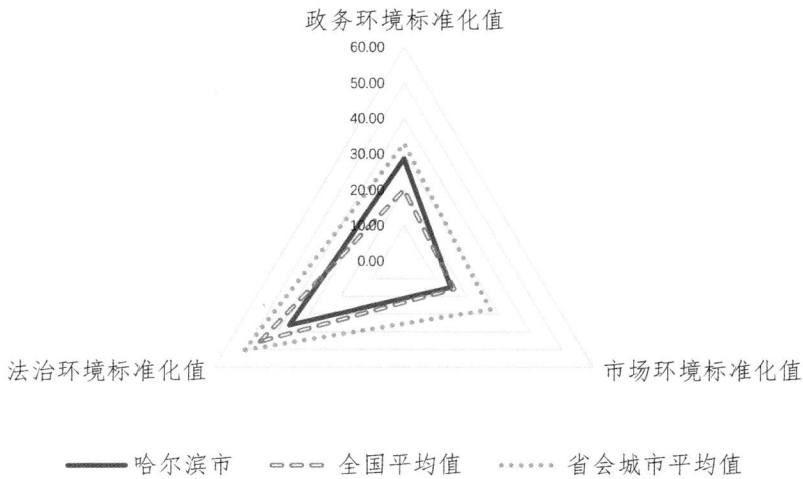

图5-3-78　哈尔滨市制度法规保障指数分项雷达图

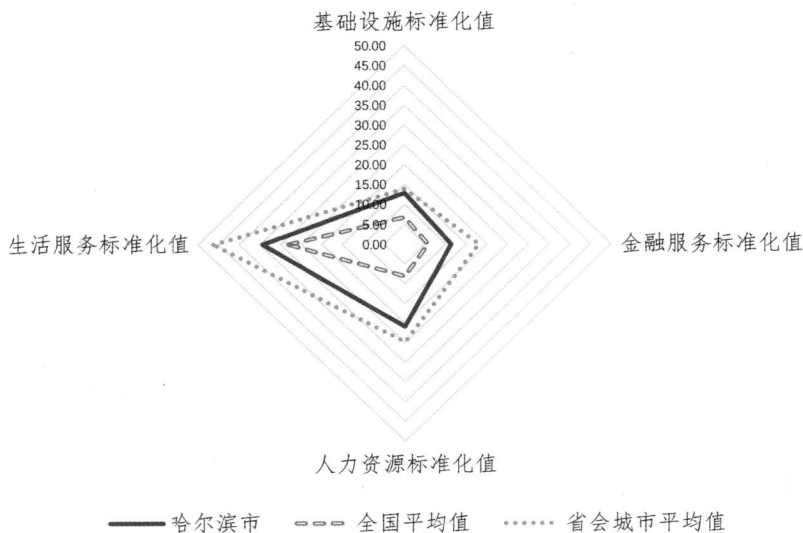

图5-3-79 哈尔滨市要素支撑保障指数分项雷达图

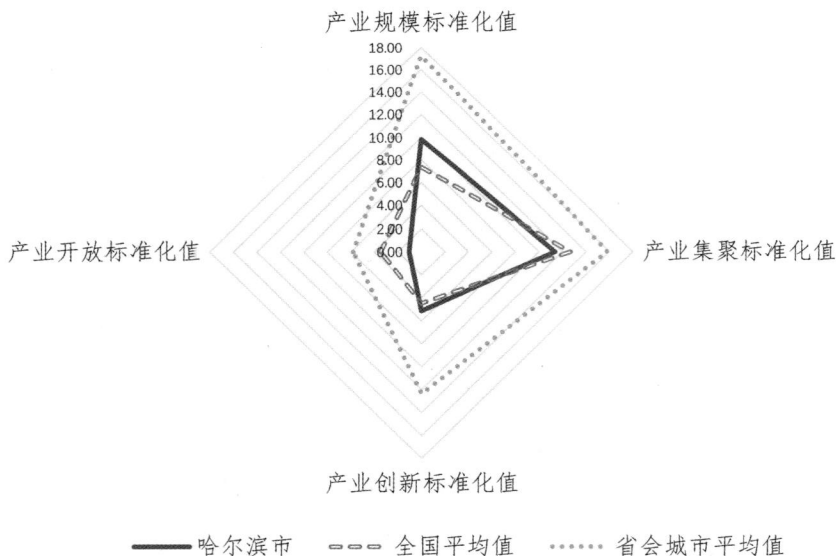

图5-3-80 哈尔滨市产业生态保障指数分项雷达图

## 二十一、海口市

在本次城市产业营商环境综合指数排名中，海口市综合指数排名全国第 77。从分项来看，产业生态保障方面相对于其他方面表现较差，指数排名在全国排名靠后。未来应该在产业集聚、产业创新等方向持续发力。见表 5-3-21、图 5-3-81 ~ 图 5-3-84。

表5-3-21 海口市产业营商环境分项指数

| 海口市 | 标准化值 | 省会城市排名 | 全国排名 |
|---|---|---|---|
| 制度法规保障指数 | 26.05 | 21 | 92 |
| 要素支撑保障指数 | 15.04 | 23 | 39 |
| 产业生态保障指数 | 1.76 | 24 | 192 |
| 综合指数 | 15.46 | 21 | 77 |

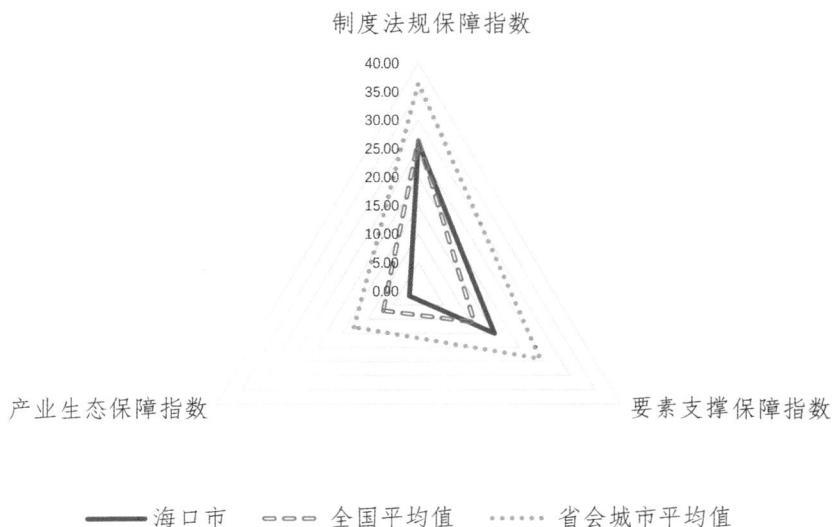

图5-3-81 海口市产业营商环境分项指标雷达图

政务环境标准化值

60.00
50.00
40.00
30.00
20.00
10.00
0.00

法治环境标准化值

市场环境标准化值

——海口市　－－－全国平均值　······省会城市平均值

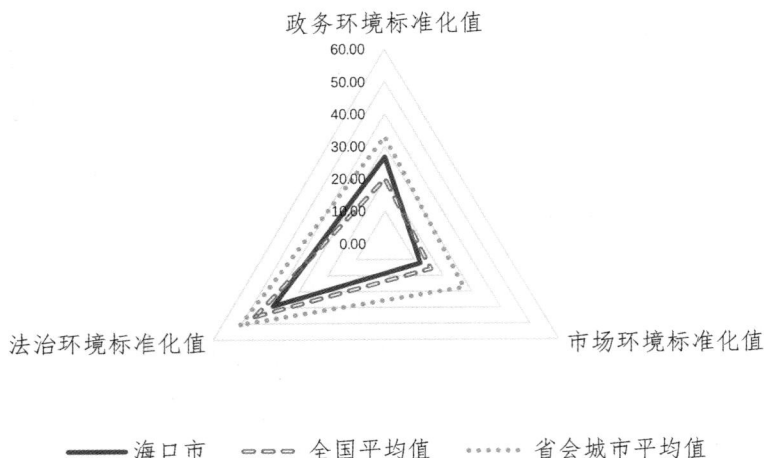

图5-3-82　海口市制度法规保障指数分项雷达图

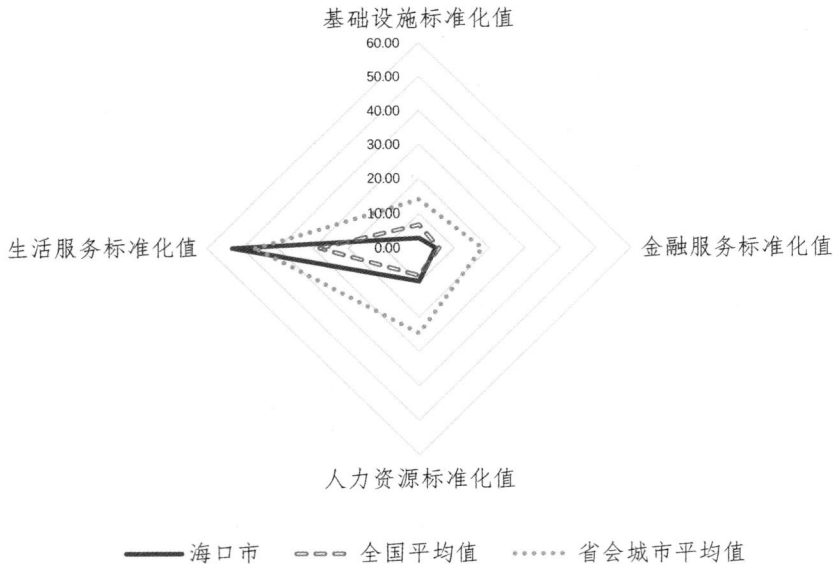

基础设施标准化值

60.00
50.00
40.00
30.00
20.00
10.00
0.00

生活服务标准化值

金融服务标准化值

人力资源标准化值

——海口市　－－－全国平均值　······省会城市平均值

图5-3-83　海口市要素支撑保障指数分项雷达图

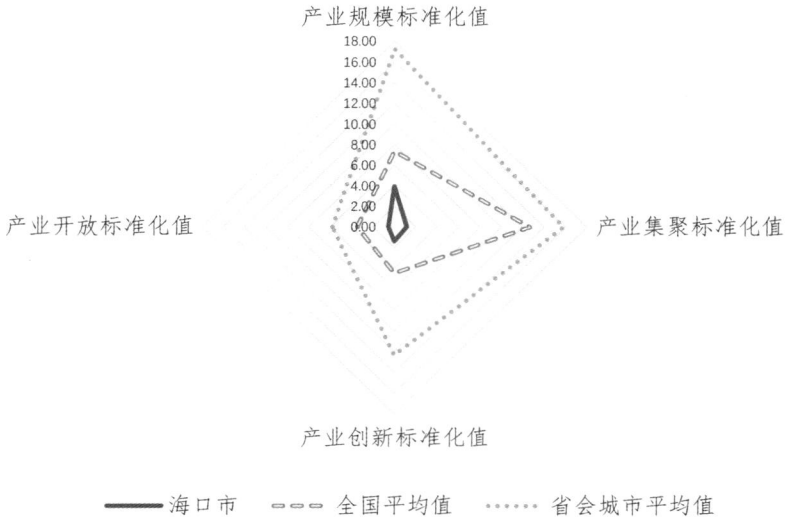

图5-3-84　海口市产业生态保障指数分项雷达图

## 二十二、呼和浩特市

在本次城市产业营商环境综合指数排名中，呼和浩特市综合指数排名全国第87。从分项来看，要素支撑保障表现较为良好，制度法规保障和产业生态保障方面都相对较差，未来应该在市场环境、产业集聚、产业创新等方向持续发力。见表5-3-22、图5-3-85 ～图5-3-88。

表5-3-22　呼和浩特市产业营商环境分项指数

| 呼和浩特市 | 标准化值 | 省会城市排名 | 全国排名 |
|---|---|---|---|
| 制度法规保障指数 | 24.09 | 24 | 124 |
| 要素支撑保障指数 | 15.20 | 22 | 37 |
| 产业生态保障指数 | 2.17 | 24 | 168 |
| 综合指数 | 14.85 | 22 | 87 |

制度法规保障指数

40.00
30.00
20.00
10.00
0.00

产业生态保障指数

要素支撑保障指数

—— 呼和浩特市 --- 全国平均值 ········ 省会城市平均值

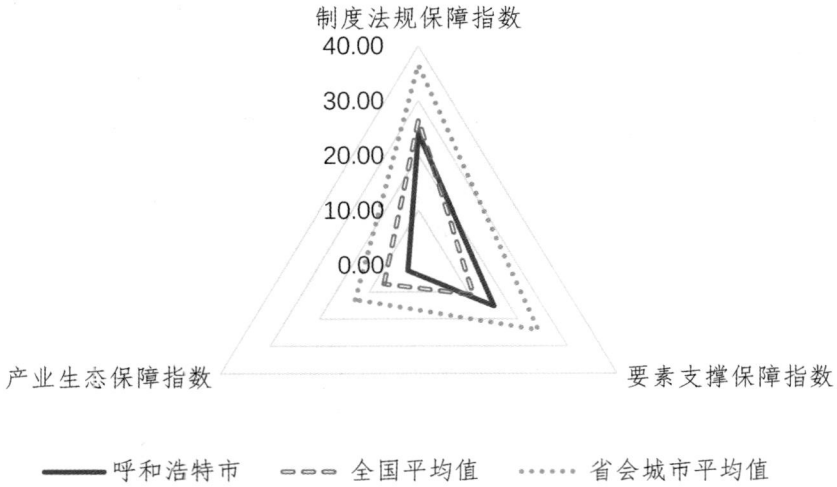

图5-3-85 呼和浩特市产业营商环境分项指标雷达图

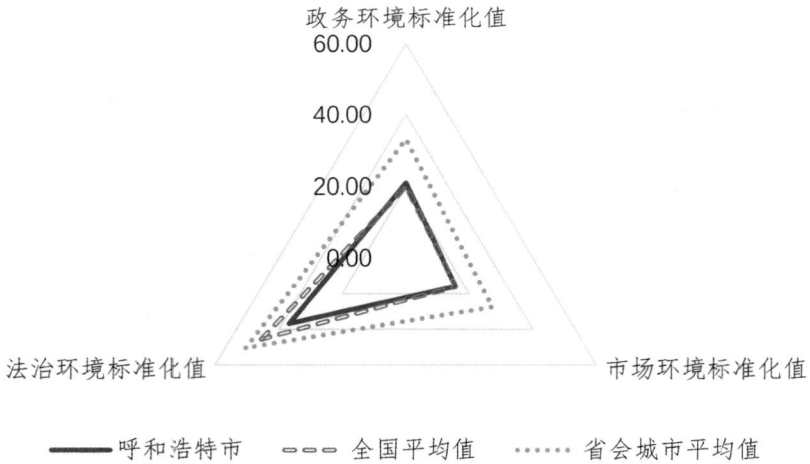

政务环境标准化值

60.00
40.00
20.00
0.00

法治环境标准化值

市场环境标准化值

—— 呼和浩特市 --- 全国平均值 ········ 省会城市平均值

图5-3-86 呼和浩特市制度法规保障指数分项雷达图

基础设施标准化值
50.00
40.00
30.00
20.00
10.00
0.00

生活服务标准化值

金融服务标准化值

人力资源标准化值

——— 呼和浩特市　 --- 全国平均值　 ⋯⋯ 省会城市平均值

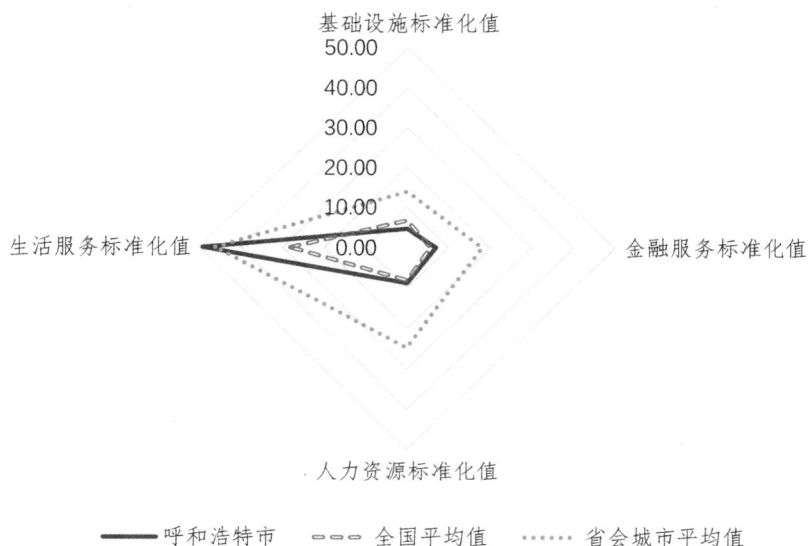

图5-3-87　呼和浩特市要素支撑保障指数分项雷达图

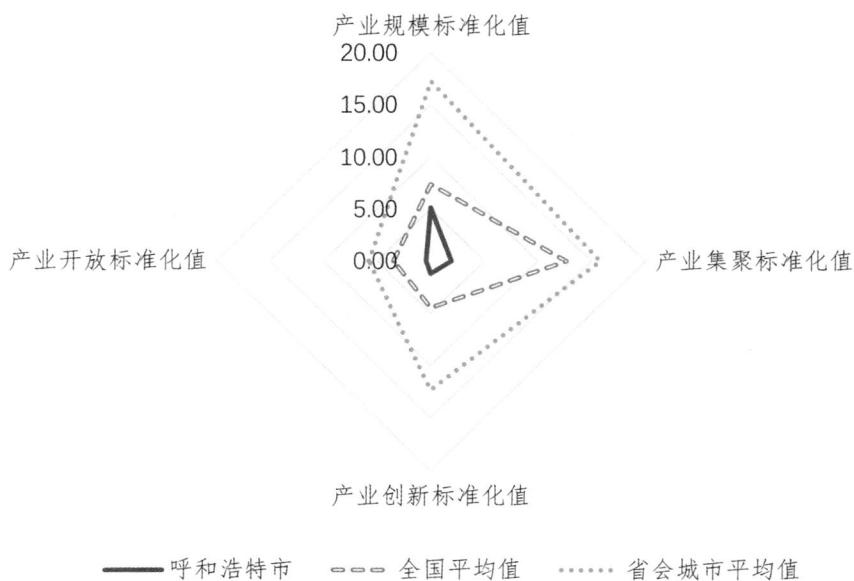

产业规模标准化值
20.00
15.00
10.00
5.00
0.00

产业开放标准化值

产业集聚标准化值

产业创新标准化值

——— 呼和浩特市　 --- 全国平均值　 ⋯⋯ 省会城市平均值

图5-3-88　呼和浩特市产业生态保障指数分项雷达图

## 二十三、兰州市

在本次城市产业营商环境综合指数排名中，兰州市综合指数排名全国第88。从分项来看，要素支撑保障表现较为良好，制度法规保障和产业生态保障方面都相对较差，未来应该在产业开放、创新、市场环境、产业集聚等方向继续努力。见表5-3-23、图5-3-89 ~ 图5-3-92。

表5-3-23 兰州市产业营商环境分项指数

| 兰州市 | 标准化值 | 省会城市排名 | 全国排名 |
|---|---|---|---|
| 制度法规保障指数 | 21.01 | 25 | 178 |
| 要素支撑保障指数 | 17.96 | 21 | 32 |
| 产业生态保障指数 | 3.15 | 22 | 133 |
| 综合指数 | 14.74 | 23 | 88 |

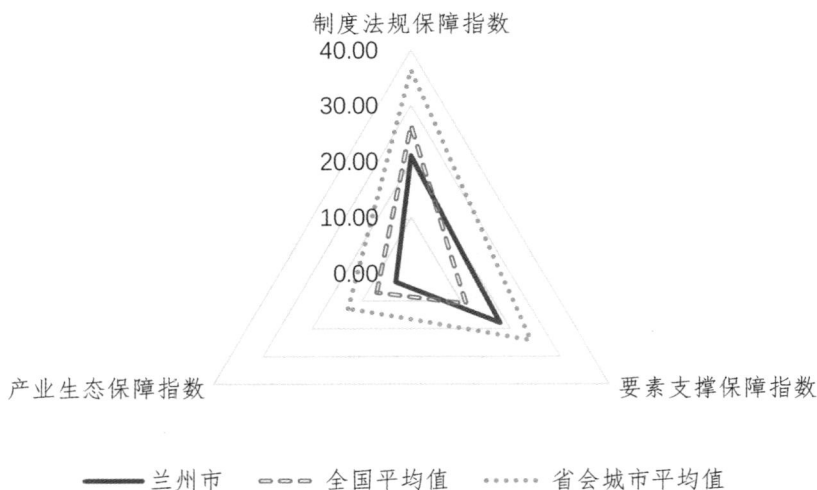

图5-3-89 兰州市产业营商环境分项指标雷达图

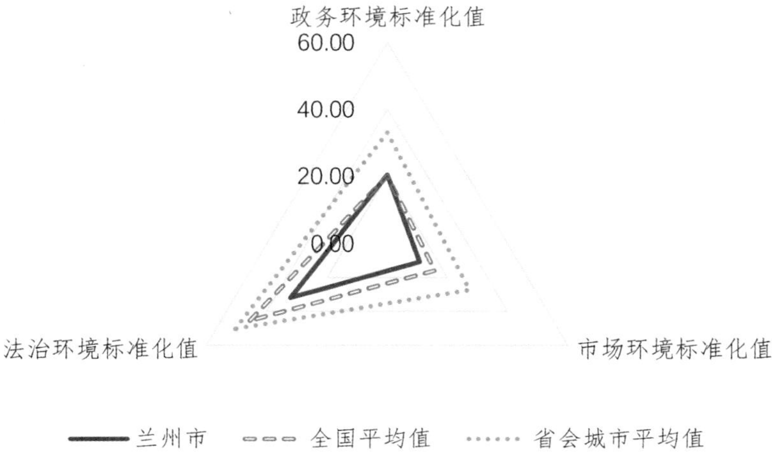
政务环境标准化值
60.00
40.00
20.00
0.00
法治环境标准化值
市场环境标准化值
兰州市
全国平均值
省会城市平均值

图5-3-90　兰州市制度法规保障指数分项雷达图

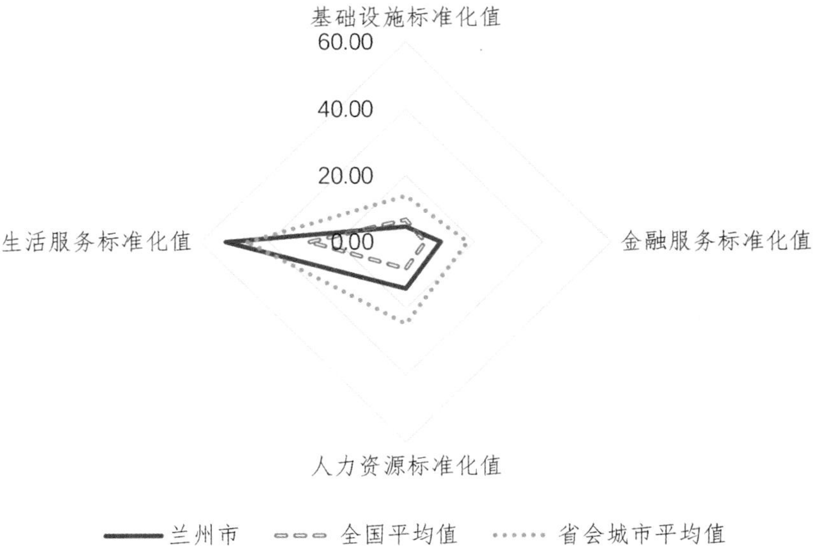
基础设施标准化值
60.00
40.00
20.00
0.00
生活服务标准化值
金融服务标准化值
人力资源标准化值
兰州市
全国平均值
省会城市平均值

图5-3-91　兰州市要素支撑保障指数分项雷达图

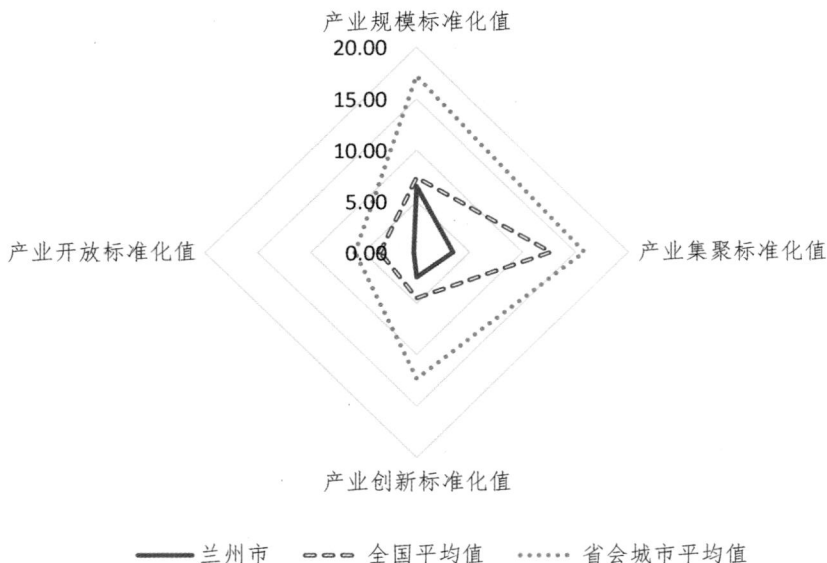

图5-3-92　兰州市产业生态保障指数分项雷达图

## 二十四、银川市

在本次城市产业营商环境综合指数排名中，银川市综合指数排名全国第94。从分项来看，要素支撑保障表现较为良好，制度法规保障和产业生态保障方面都相对较差。今后，应该在市场环境、产业创新、产业集聚等方面多多关注。见表5-3-24、图 5-3-93 ~ 图 5-3-96。

表5-3-24　银川市产业营商环境分项指数

| 银川市 | 标准化值 | 省会城市排名 | 全国排名 |
|---|---|---|---|
| 制度法规保障指数 | 24.62 | 23 | 115 |
| 要素支撑保障指数 | 13.34 | 24 | 49 |
| 产业生态保障指数 | 2.24 | 23 | 166 |
| 综合指数 | 14.52 | 24 | 94 |

制度法规保障指数

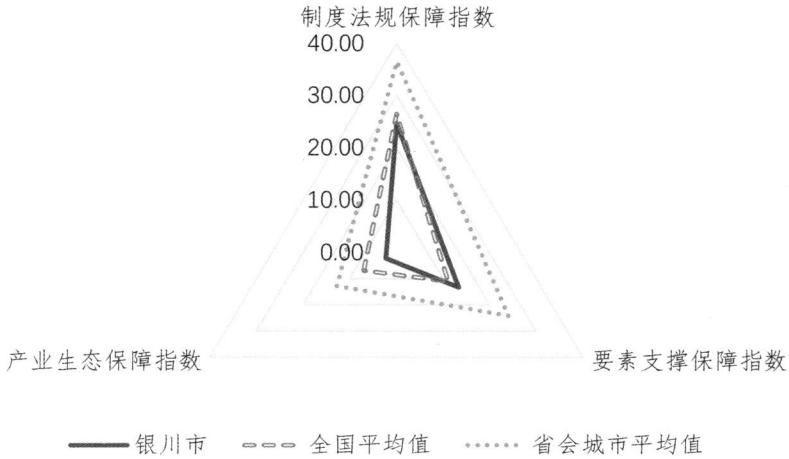

图5-3-93　银川市产业营商环境分项指标雷达图

政务环境标准化值

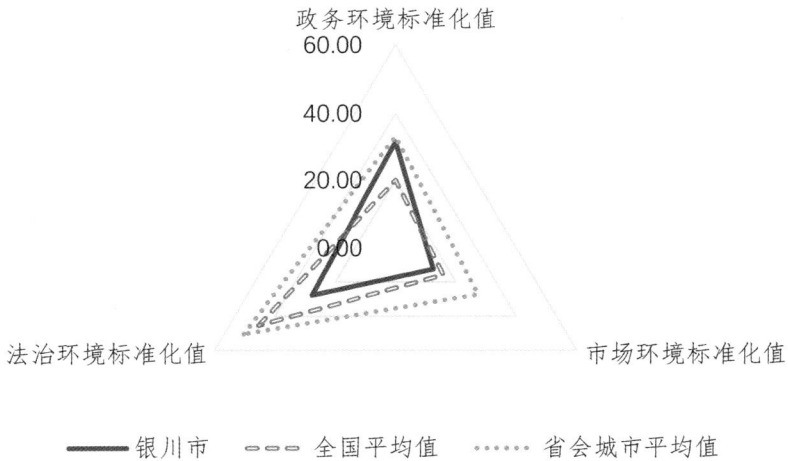

图5-3-94　银川市制度法规保障指数分项雷达图

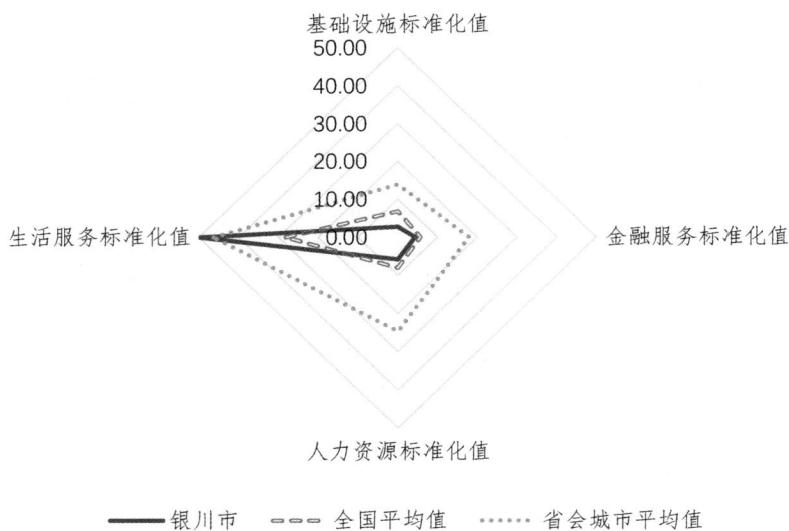

图5-3-95　银川市要素支撑保障指数分项雷达图

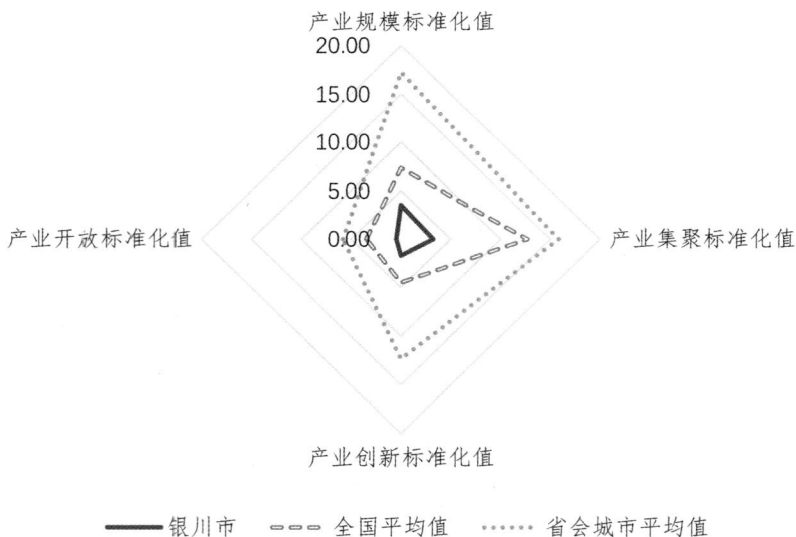

图5-3-96　银川市产业生态保障指数分项雷达图

## 二十五、拉萨市

在本次城市产业营商环境综合指数排名中，拉萨市综合指数排名全国第98。从分项来看，相对于其他指标，产业生态保障方面较差，是拉萨市未来想要进一步优化产业营商环境，需要关注的重点方向。见表5-3-25、图5-3-97 ~ 图5-3-100。

表5-3-25　拉萨市产业营商环境分项指数

| 拉萨市 | 标准化值 | 省会城市排名 | 全国排名 |
|---|---|---|---|
| 制度法规保障指数 | 26.39 | 20 | 88 |
| 要素支撑保障指数 | 11.89 | 27 | 63 |
| 产业生态保障指数 | 0.56 | 27 | 250 |
| 综合指数 | 14.29 | 25 | 98 |

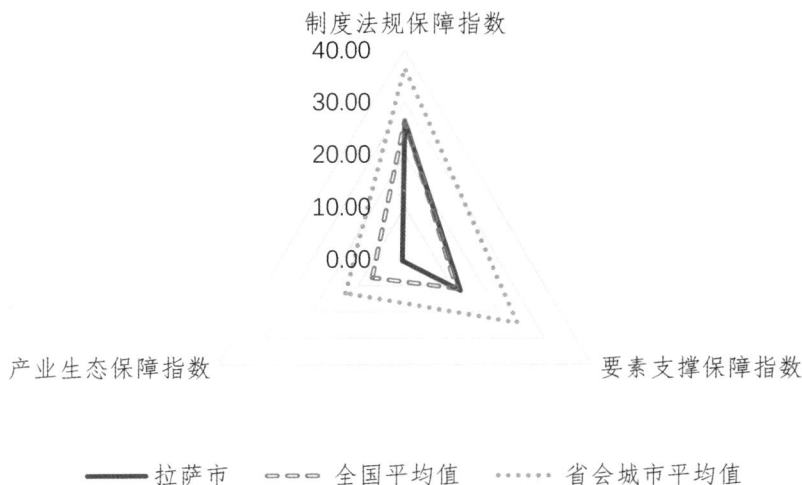

图5-3-97　拉萨市产业营商环境分项指标雷达图

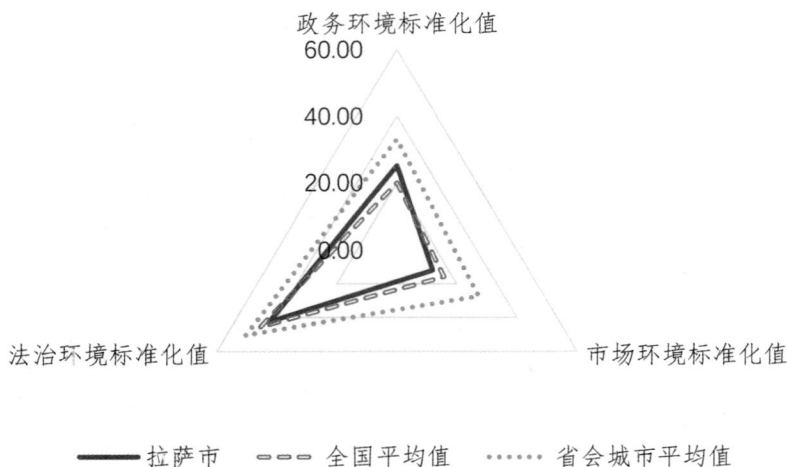

图5-3-98　拉萨市制度法规保障指数分项雷达图

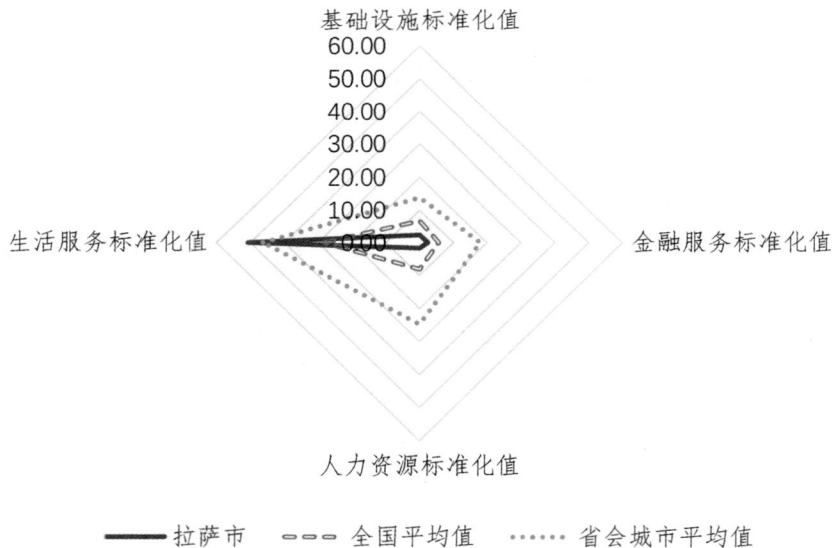

图5-3-99　拉萨市要素支撑保障指数分项雷达图

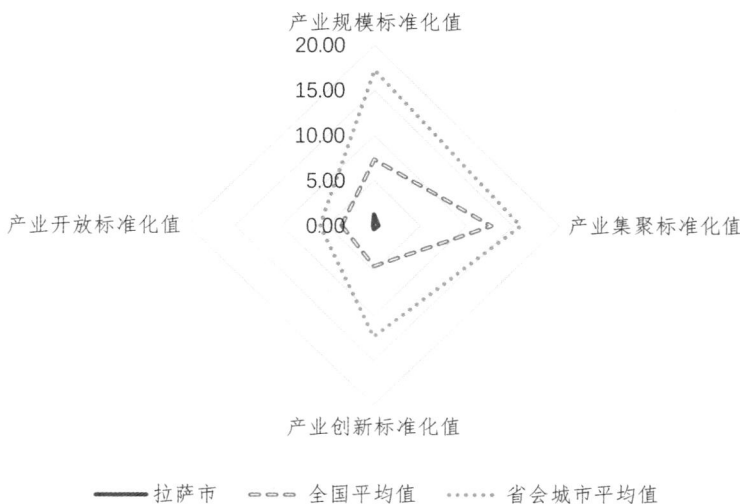

图5-3-100 拉萨市产业生态保障指数分项雷达图

## 二十六、西宁市

在本次城市产业营商环境综合指数排名中，西宁市综合指数排名全国第148。从分项来看，要素支撑保障表现较为良好，制度法规保障和产业生态保障方面都相对较差。今后，应该在产业创新、市场环境、产业集聚等方面持续发力。见表5-3-26、图5-3-101～图5-3-104。

表5-3-26 西宁市产业营商环境分项指数

| 西宁市 | 标准化值 | 省会城市排名 | 全国排名 |
|---|---|---|---|
| 制度法规保障指数 | 20.16 | 26 | 185 |
| 要素支撑保障指数 | 12.94 | 25 | 55 |
| 产业生态保障指数 | 1.31 | 26 | 213 |
| 综合指数 | 12.34 | 26 | 148 |

制度法规保障指数

40.00

30.00

20.00

10.00

0.00

产业生态保障指数                                要素支撑保障指数

—— 西宁市　　--- 全国平均值　　······ 省会城市平均值

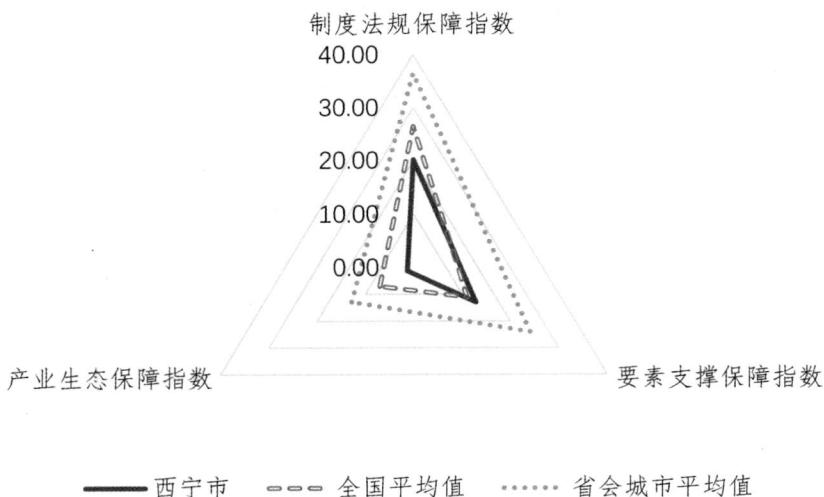

图5-3-101　西宁市产业营商环境分项指标雷达图

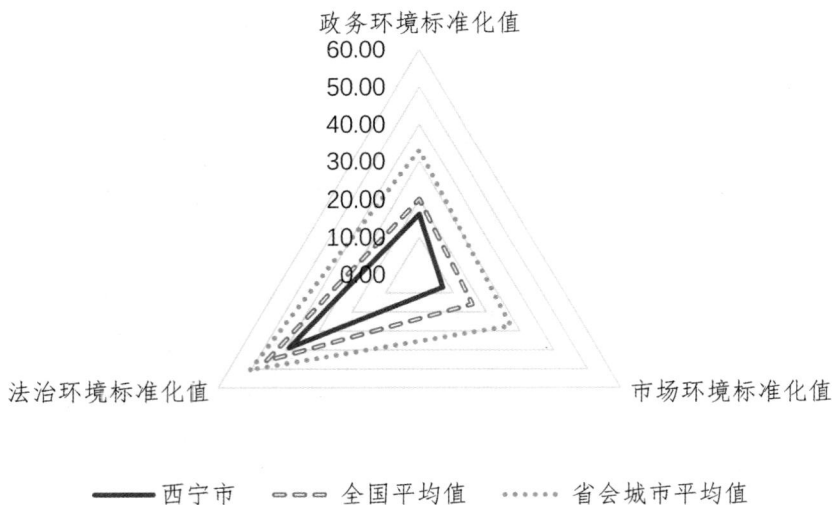

政务环境标准化值

60.00

50.00

40.00

30.00

20.00

10.00

0.00

法治环境标准化值                                市场环境标准化值

—— 西宁市　　--- 全国平均值　　······ 省会城市平均值

图5-3-102　西宁市制度法规保障指数分项雷达图

基础设施标准化值
60.00
50.00
40.00
30.00
20.00
10.00

生活服务标准化值　　　　　　　　　　　　金融服务标准化值
0.00

人力资源标准化值

———— 西宁市　　- - - 全国平均值　　······ 省会城市平均值

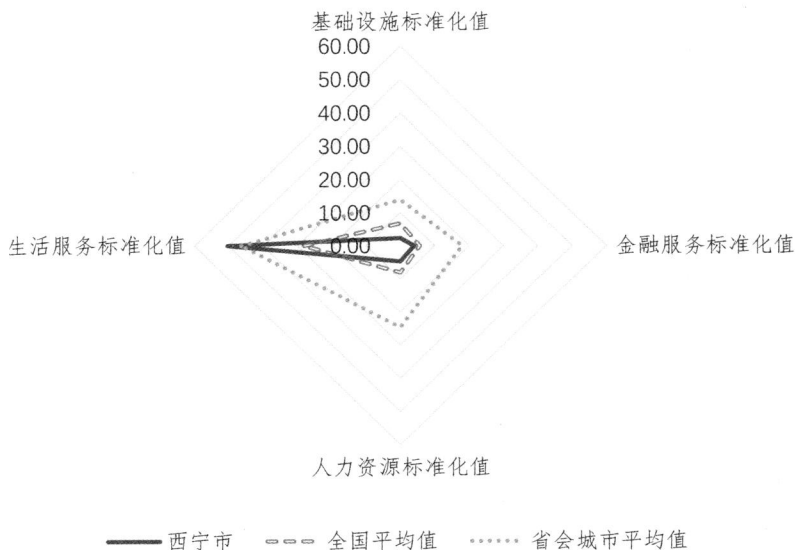

图5-3-103　西宁市要素支撑保障指数分项雷达图

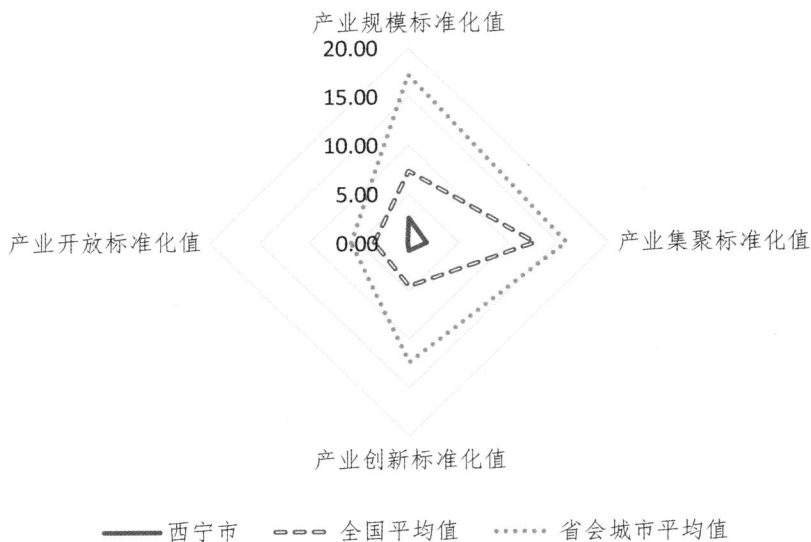

产业规模标准化值
20.00

15.00

10.00

5.00

产业开放标准化值　　　　　　　　　　　　产业集聚标准化值
0.00

产业创新标准化值

———— 西宁市　　- - - 全国平均值　　······ 省会城市平均值

图5-3-104　西宁市产业生态保障指数分项雷达图

## 二十七、乌鲁木齐市

在本次城市产业营商环境综合指数排名中，乌鲁木齐市综合指数排名全国第 154，省会城市中排名最后。从分项来看，要素支撑保障表现较为良好，制度法规保障和产业生态保障方面都相对较差，未来应该在市场环境、产业集聚、产业创新等方向多加关注。见表 5-3-27、图 5-3-105 ~ 图 5-3-108。

表5-3-27 乌鲁木齐市产业营商环境分项指数

| 乌鲁木齐市 | 标准化值 | 省会城市排名 | 全国排名 |
|---|---|---|---|
| 制度法规保障指数 | 19.09 | 27 | 205 |
| 要素支撑保障指数 | 12.12 | 26 | 62 |
| 产业生态保障指数 | 3.25 | 21 | 132 |
| 综合指数 | 12.25 | 27 | 154 |

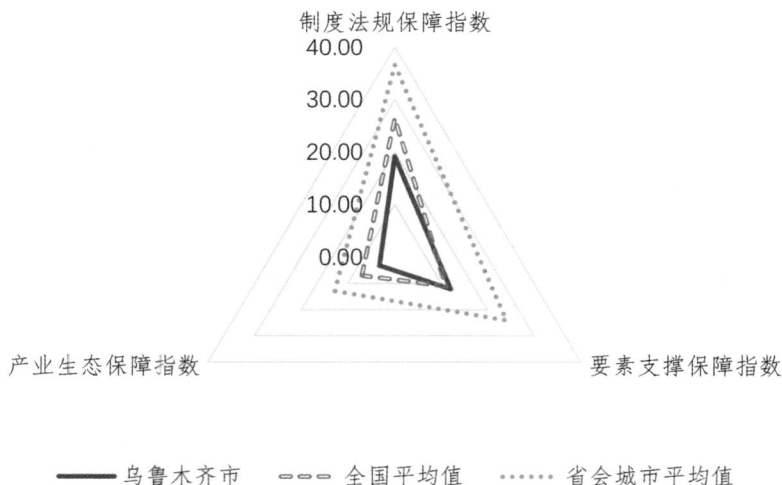

图5-3-105 乌鲁木齐市制度法规保障指数分项雷达图

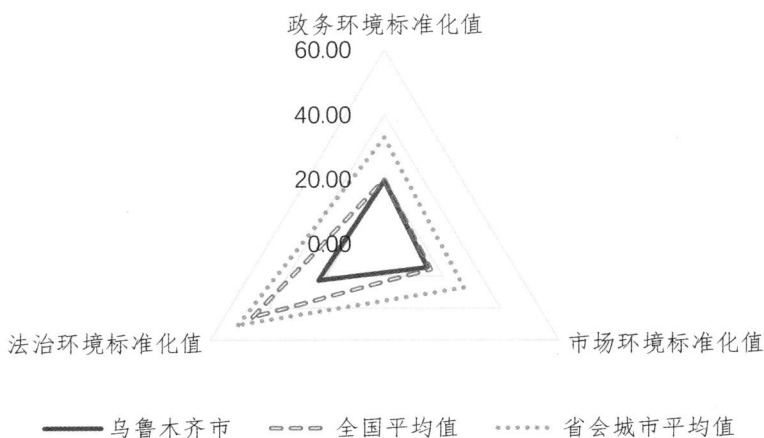

政务环境标准化值
60.00
40.00
20.00
0.00

法治环境标准化值　　　　　　　　　　　市场环境标准化值

——— 乌鲁木齐市　　- - - 全国平均值　　······ 省会城市平均值

图5-3-106　乌鲁木齐市制度法规保障指数分项雷达图

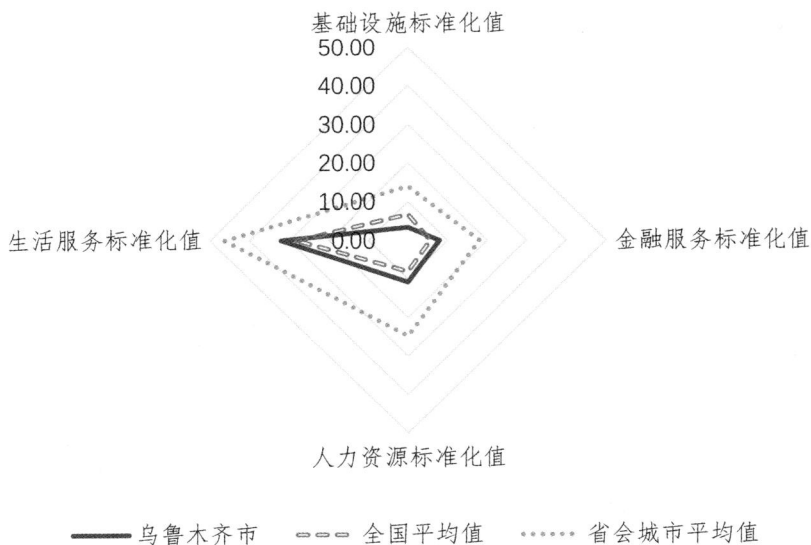

基础设施标准化值
50.00
40.00
30.00
20.00
10.00
0.00

生活服务标准化值　　　　　　　　　　　金融服务标准化值

人力资源标准化值

——— 乌鲁木齐市　　- - - 全国平均值　　······ 省会城市平均值

图5-3-107　乌鲁木齐市要素支撑保障指数分项雷达图

197

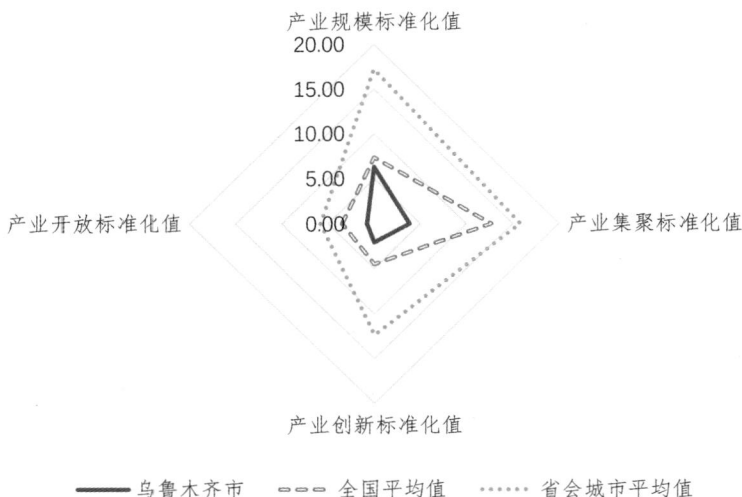

图5-3-108　乌鲁木齐市产业生态保障指数分项雷达图

# 第四节　其他地级市

## 一、苏州市

在本次城市产业营商环境综合指数排名中，苏州市综合指数排名全国第6，地级市排名第1。从分项来看，除了要素支撑保障指数排在第14名，其他分项指标均排在全国前10。产业生态保障指数尤为突出，说明苏州市的产业规模、产业聚集效应、产业创新和开放支持方面表现十分出色。见表5-4-1、图5-4-1～图5-4-4。

表5-4-1　苏州市产业营商环境分项指数

| 苏州市 | 标准化值 | 其他地级市排名 | 全国排名 |
|---|---|---|---|
| 制度法规保障指数 | 58.36 | 1 | 6 |
| 要素支撑保障指数 | 28.44 | 2 | 14 |

续表

| 苏州市 | 标准化值 | 其他地级市排名 | 全国排名 |
|---|---|---|---|
| 产业生态保障指数 | 63.24 | 1 | 3 |
| 综合指数 | 50.85 | 1 | 6 |

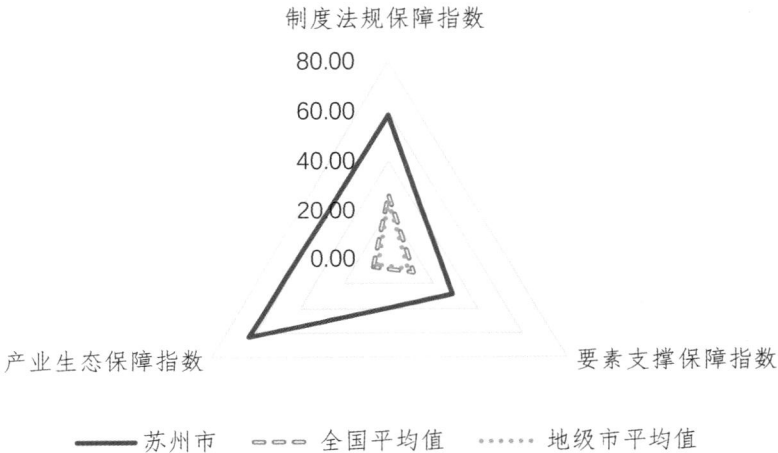

制度法规保障指数

80.00
60.00
40.00
20.00
0.00

产业生态保障指数　　　　　　　　　　　　要素支撑保障指数

—— 苏州市　　 --- 全国平均值　　 ⋯⋯ 地级市平均值

图5-4-1　苏州市产业营商环境分项指标雷达图

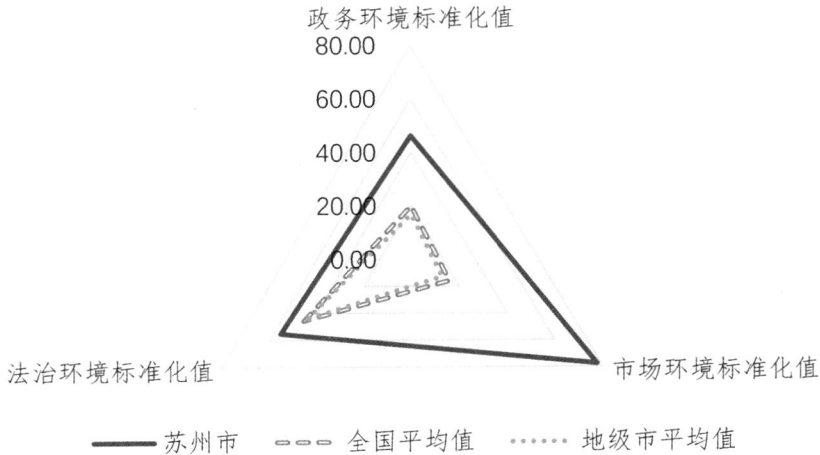

政务环境标准化值

80.00

60.00

40.00

20.00

0.00

法治环境标准化值　　　　　　　　　　　　市场环境标准化值

—— 苏州市　　 --- 全国平均值　　 ⋯⋯ 地级市平均值

图5-4-2　苏州市制度法规保障指数分项雷达图

基础设施标准化值
60.00
50.00
40.00
30.00
20.00
10.00

生活服务标准化值　　　　　　　　　　　　　　　　金融服务标准化值

人力资源标准化值

——— 苏州市　　━ ━ ━ 全国平均值　　•••••• 地级市平均值

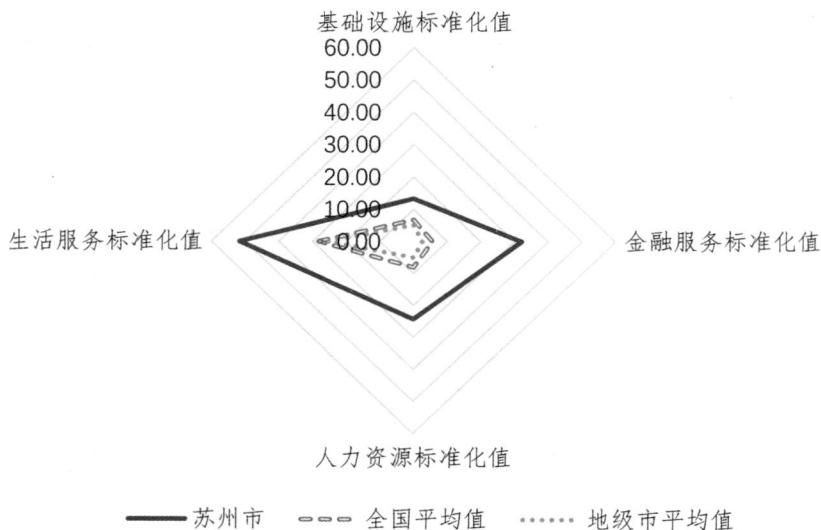

图5-4-3　苏州市要素支撑保障指数分项雷达图

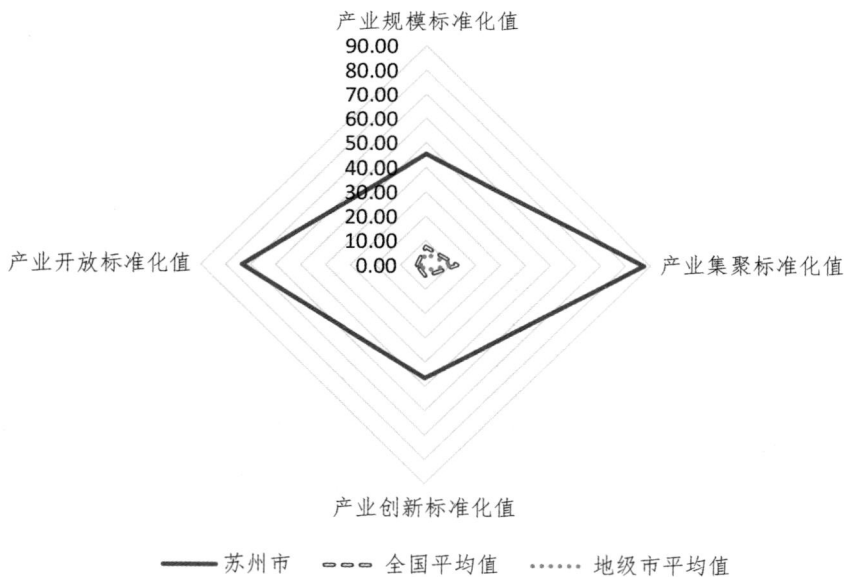

产业规模标准化值
90.00
80.00
70.00
60.00
50.00
40.00
30.00
20.00
10.00
0.00

产业开放标准化值　　　　　　　　　　　　　　　　产业集聚标准化值

产业创新标准化值

——— 苏州市　　━ ━ ━ 全国平均值　　•••••• 地级市平均值

图5-4-4　苏州市产业生态保障指数分项雷达图

## 二、东莞市

在本次城市产业营商环境综合指数排名中，东莞市综合指数排名全国第9，地级市排名第2。从分项来看，产业生态保障方面在全国表现突出，表明东莞市在产业开放、产业集聚、产业创新等方面优势明显。见表5-4-2、图5-4-5 ~ 图5-4-8。

表5-4-2　东莞市产业营商环境分项指数

| 东莞市 | 标准化值 | 地级市排名 | 全国排名 |
|---|---|---|---|
| 制度法规保障指数 | 50.27 | 2 | 14 |
| 要素支撑保障指数 | 29.01 | 1 | 12 |
| 产业生态保障指数 | 42.01 | 2 | 6 |
| 综合指数 | 41.41 | 2 | 9 |

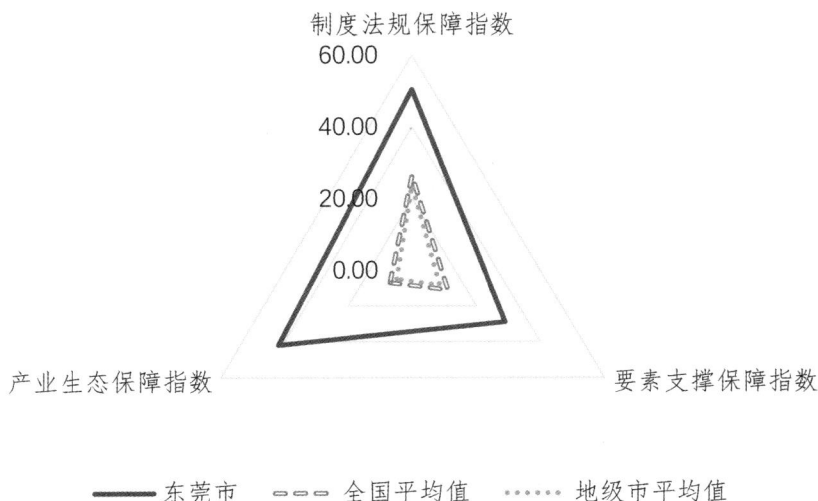

图5-4-5　东莞市产业营商环境分项指标雷达图

政务环境标准化值
80.00
60.00
40.00
20.00
0.00

法治环境标准化值

市场环境标准化值

——— 东莞市    ━ ━ ━ 全国平均值    ‥‥‥ 地级市平均值

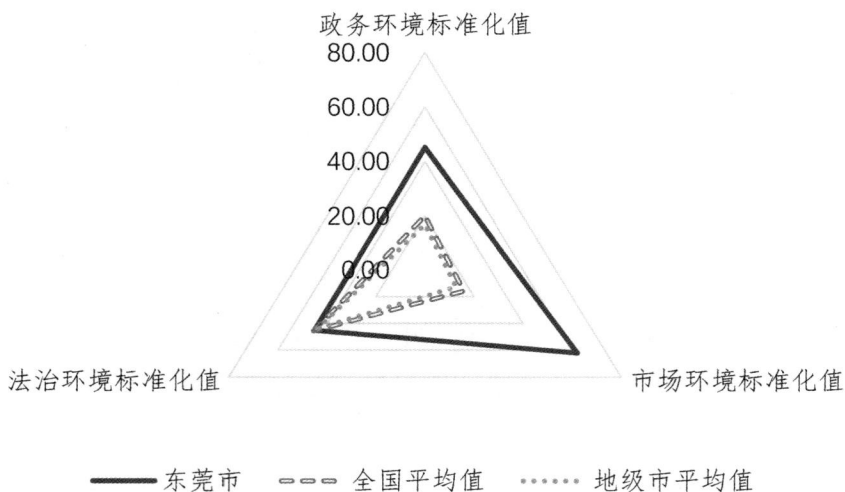

图5-4-6　东莞市制度法规保障指数分项雷达图

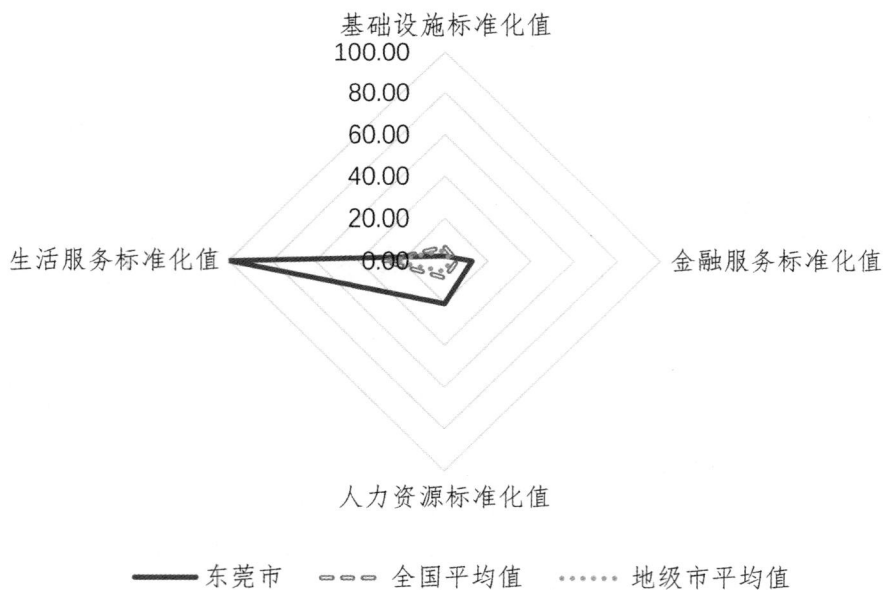

基础设施标准化值
100.00
80.00
60.00
40.00
20.00
0.00

生活服务标准化值

金融服务标准化值

人力资源标准化值

——— 东莞市    ━ ━ ━ 全国平均值    ‥‥‥ 地级市平均值

图5-4-7　东莞市要素支撑保障指数分项雷达图

产业规模标准化值

100.00
80.00
60.00
40.00
20.00
0.00

产业开放标准化值

产业集聚标准化值

产业创新标准化值

——— 东莞市　ㅁㅁㅁ 全国平均值　‥‥‥ 地级市平均值

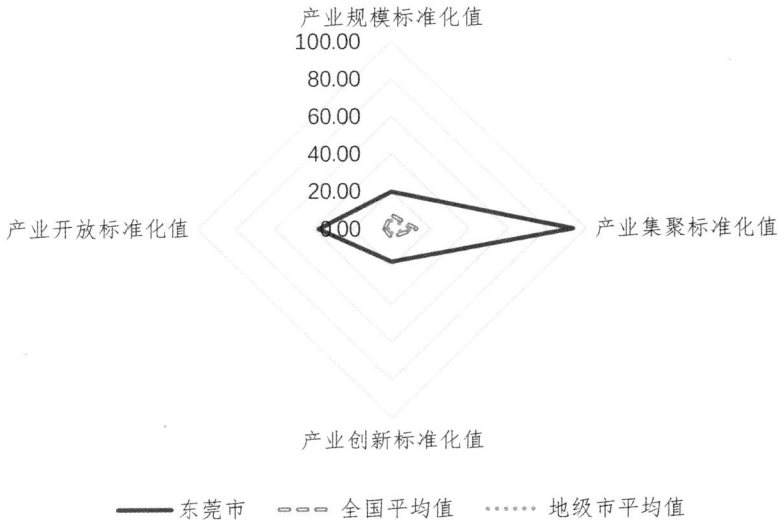

图5-4-8　东莞市产业生态保障指数分项雷达图

## 三、佛山市

在本次城市产业营商环境综合指数排名中，佛山市综合指数排名全国第15，地级市中排名第3。从分项来看，要素支撑保障方面略微薄弱，今后在金融服务、人力资源和基础设施建设方面还需要多加关注。见表5-4-3、图 5-4-9 ~ 图 5-4-12。

表5-4-3　佛山市产业营商环境分项指数

| 佛山市 | 标准化值 | 其他地级市排名 | 全国排名 |
|---|---|---|---|
| 制度法规保障指数 | 48.00 | 3 | 15 |
| 要素支撑保障指数 | 19.79 | 3 | 26 |
| 产业生态保障指数 | 33.17 | 3 | 10 |
| 综合指数 | 35.09 | 3 | 15 |

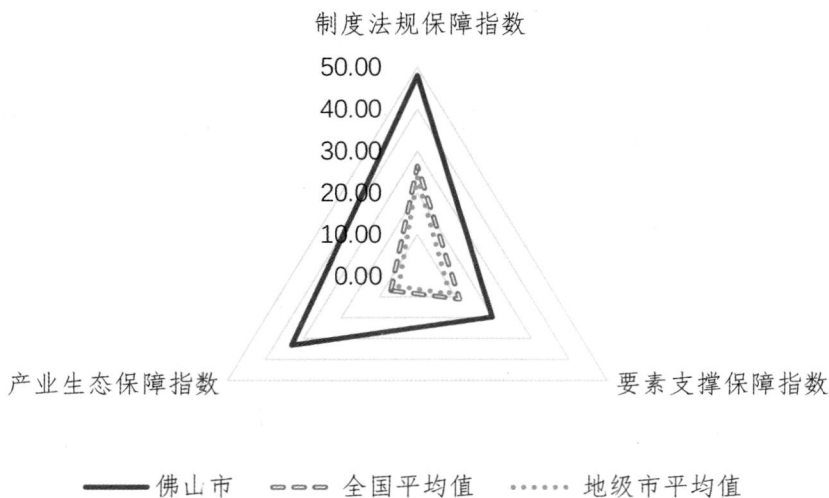

图5-4-9　佛山市产业营商环境分项指标雷达图

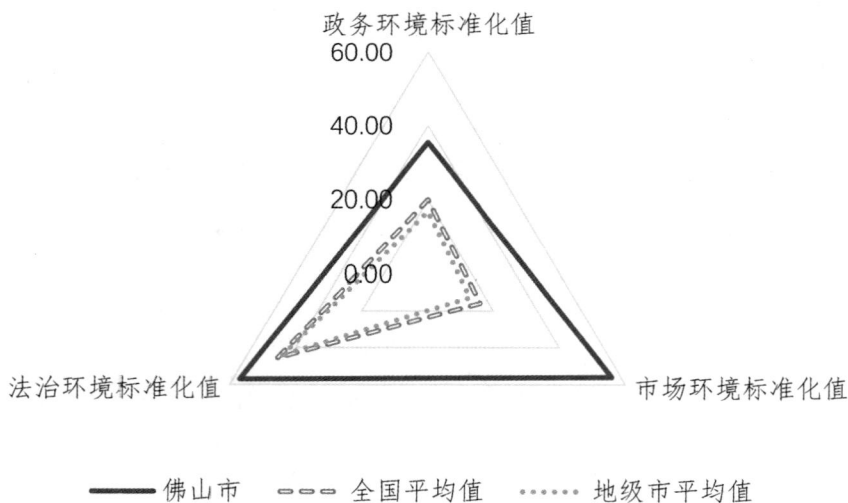

图5-4-10　佛山市制度法规保障指数分项雷达图

基础设施标准化值

60.00
50.00
40.00
30.00
20.00
10.00
0.00

生活服务标准化值　　　　　　　　　　　　　　金融服务标准化值

人力资源标准化值

——— 佛山市　--- 全国平均值　……… 地级市平均值

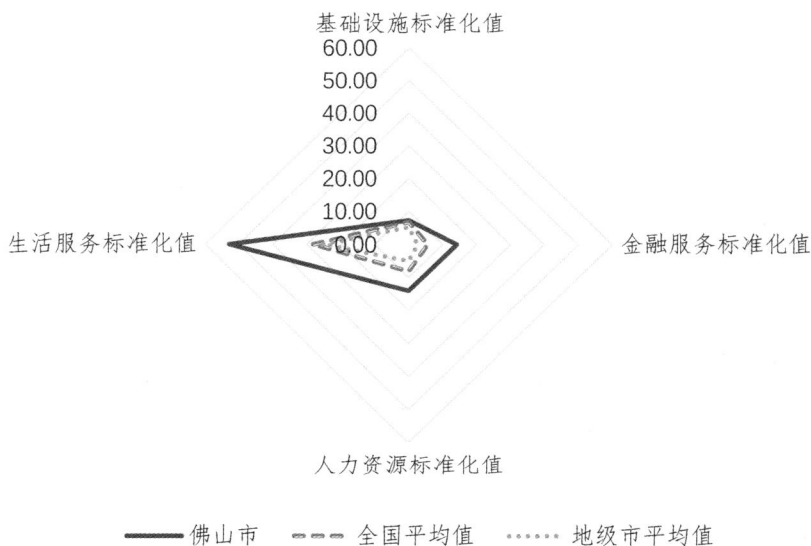

图5-4-11　佛山市要素支撑保障指数分项雷达图

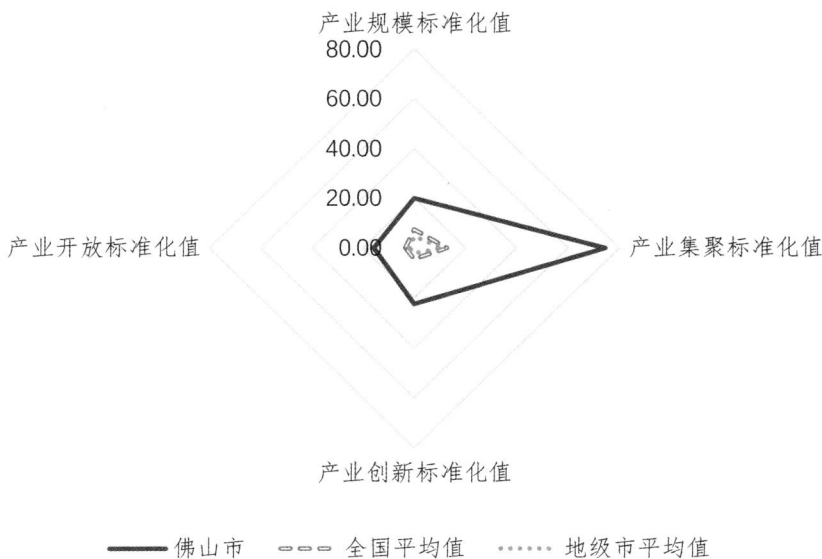

产业规模标准化值

80.00

60.00

40.00

20.00

0.00

产业开放标准化值　　　　　　　　　　　　　　产业集聚标准化值

产业创新标准化值

——— 佛山市　--- 全国平均值　……… 地级市平均值

图5-4-12　佛山市产业生态保障指数分项雷达图

## 四、无锡市

在本次城市产业营商环境综合指数排名中，无锡市综合指数排名全国第18。从分项来看，产业生态保障方面尤为突出，表明无锡市在产业开放、产业集聚、产业创新等方面优势明显。下一步，还需要多关注制度法规保障和要素支撑保障两个方面。见表5-4-4、图5-4-13～图5-4-16。

表5-4-4　无锡市产业营商环境分项指数

| 无锡市 | 标准化值 | 其他地级市排名 | 全国排名 |
|---|---|---|---|
| 制度法规保障指数 | 43.83 | 4 | 21 |
| 要素支撑保障指数 | 18.16 | 4 | 30 |
| 产业生态保障指数 | 29.71 | 4 | 12 |
| 综合指数 | 31.89 | 4 | 18 |

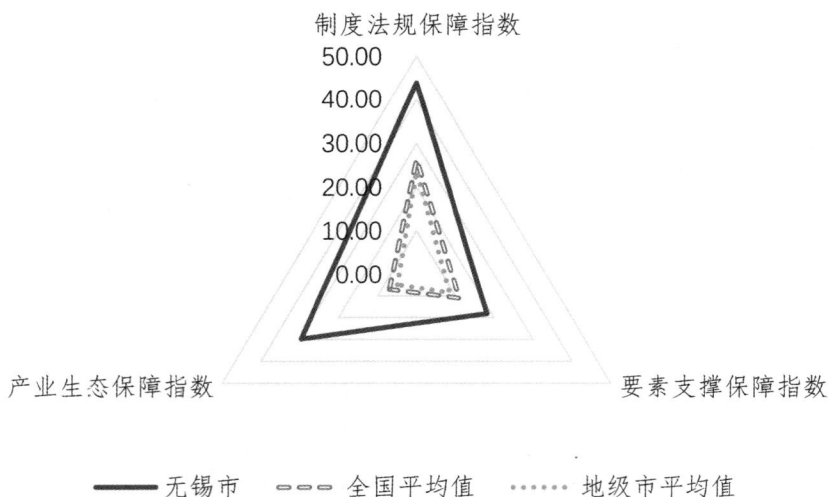

图5-4-13　无锡市产业营商环境分项指标雷达图

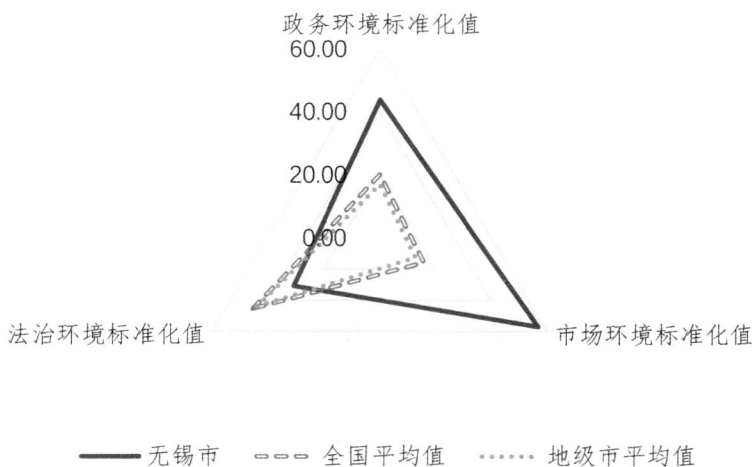

图5-4-14 无锡市制度法规保障指数分项雷达图

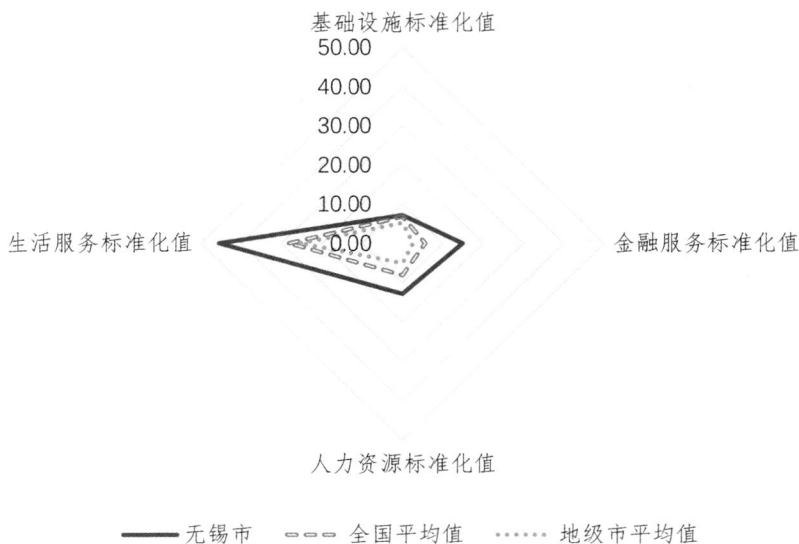

图5-4-15 无锡市要素支撑保障指数分项雷达图

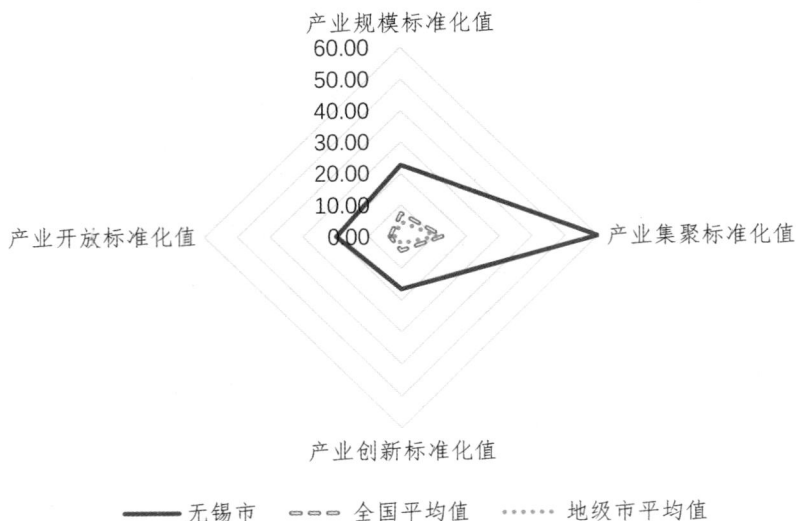

图5-4-16 无锡市产业生态保障指数分项雷达图

## 五、温州市

在本次城市产业营商环境综合指数排名中，温州市综合指数排名全国第22。从分项来看，产业生态保障方面较为突出，但在制度法规保障、要素支撑保障两个方面排名相对滞后，还有较大进步空间。见表5-4-5、图5-4-17 ~ 图5-4-20。

表5-4-5 温州市产业营商环境分项指数

| 温州市 | 标准化值 | 其他地级市排名 | 全国排名 |
|---|---|---|---|
| 制度法规保障指数 | 39.39 | 9 | 26 |
| 要素支撑保障指数 | 15.02 | 8 | 40 |
| 产业生态保障指数 | 24.45 | 5 | 17 |
| 综合指数 | 27.60 | 5 | 22 |

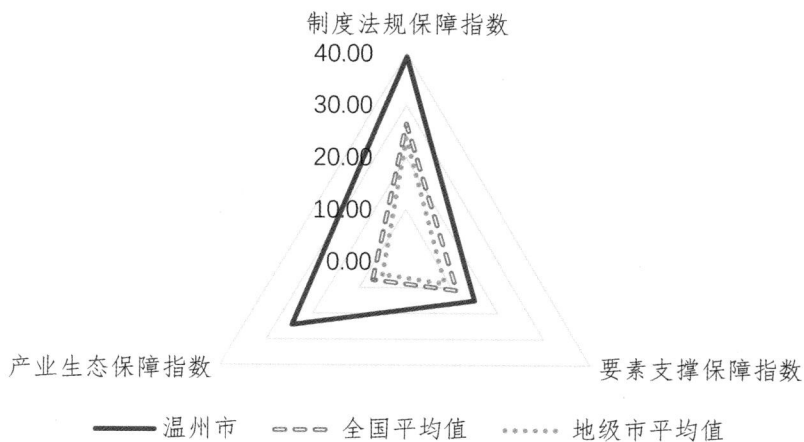

图5-4-17 温州市产业营商环境分项指标雷达图

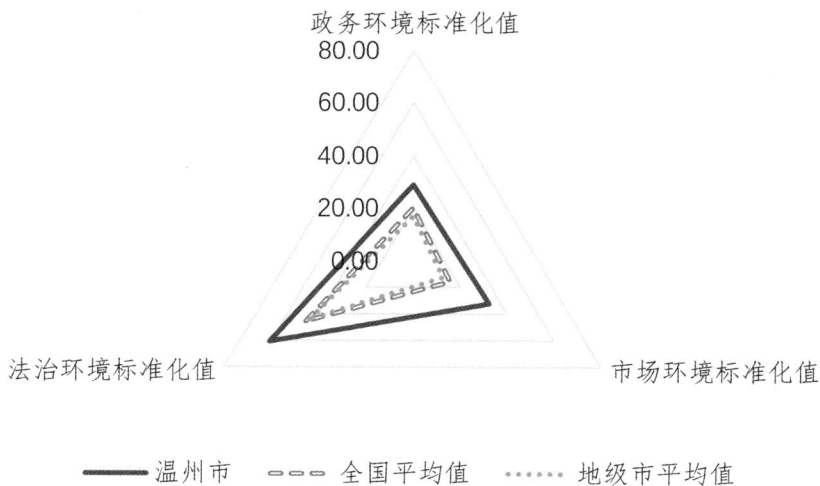

图5-4-18 温州市制度法规保障指数分项雷达图

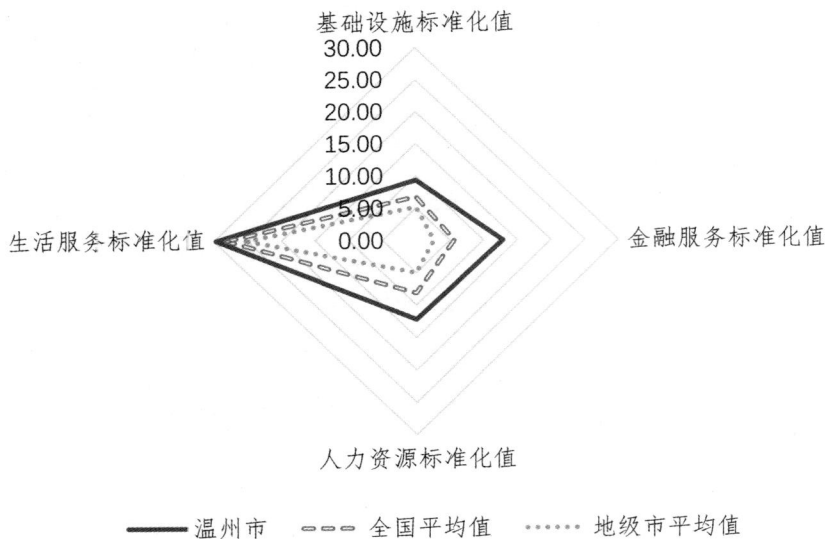

图5-4-19 温州市要素支撑保障指数分项雷达图

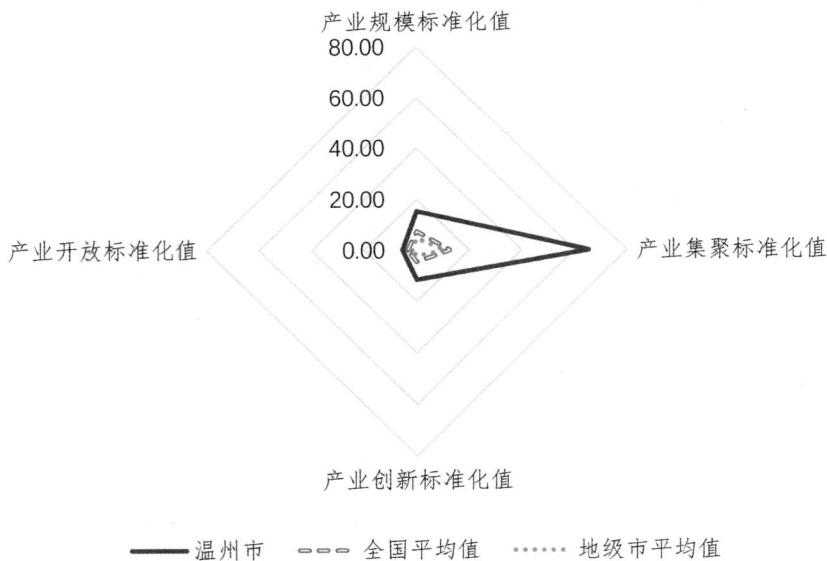

图5-4-20 温州市产业生态保障指数分项雷达图

## 六、嘉兴市

在本次城市产业营商环境综合指数排名中，嘉兴市综合指数排名全国第 24。从分项来看，要素支撑保障方面相对薄弱，未来，金融服务、基础设施建设、生活服务等方面都是嘉兴市需要关注的重点。见表 5-4-6、图 5-4-21 ~ 图 5-4-24。

表5-4-6　嘉兴市产业营商环境分项指数

| 嘉兴市 | 标准化值 | 其他地级市排名 | 全国排名 |
|---|---|---|---|
| 制度法规保障指数 | 42.21 | 6 | 23 |
| 要素支撑保障指数 | 13.29 | 17 | 50 |
| 产业生态保障指数 | 21.92 | 7 | 19 |
| 综合指数 | 27.45 | 6 | 24 |

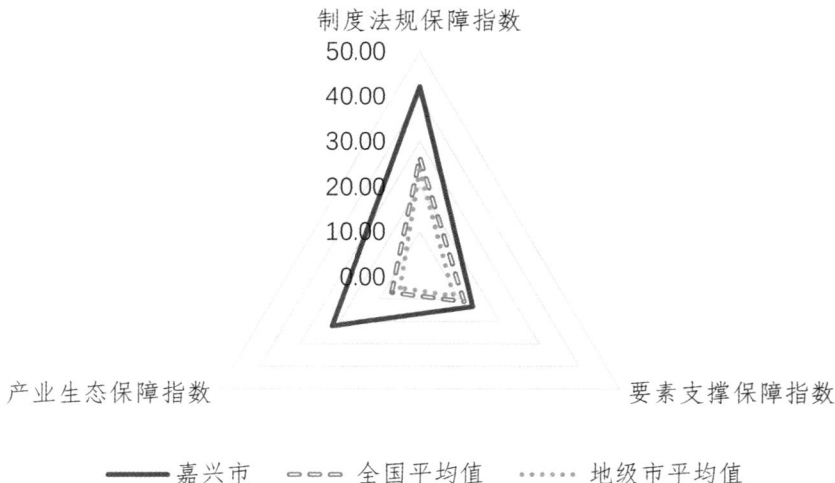

图5-4-21　嘉兴市产业营商环境分项指标雷达图

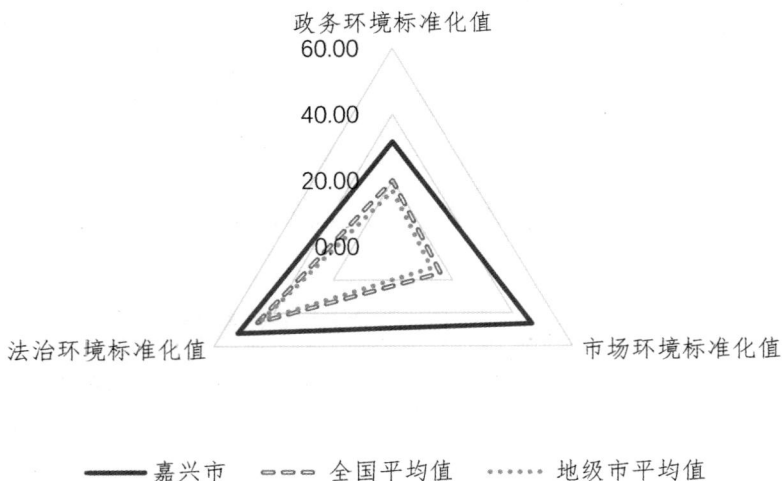

图5-4-22　嘉兴市制度法规保障指数分项雷达图

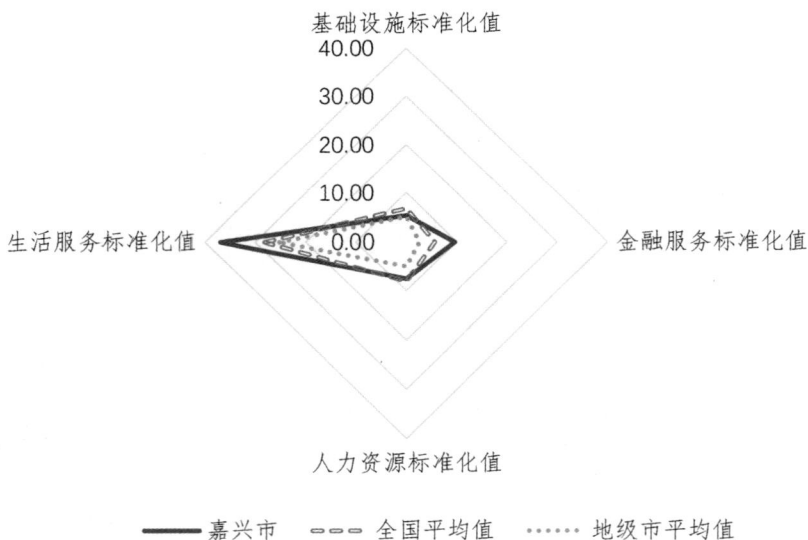

图5-4-23　嘉兴市要素支撑保障指数分项雷达图

产业规模标准化值

60.00

40.00

20.00

产业开放标准化值　　　　　　0.00　　　　　　　产业集聚标准化值

产业创新标准化值

——— 嘉兴市　－－－ 全国平均值　······ 地级市平均值

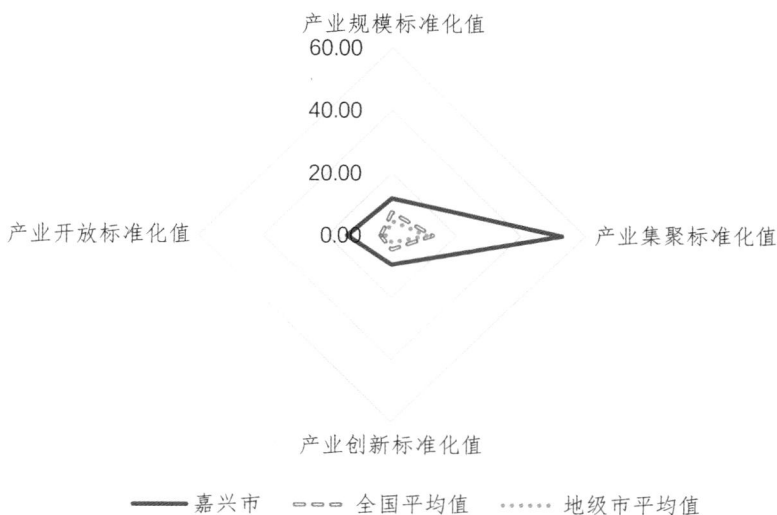

图5-4-24　嘉兴市产业生态保障指数分项雷达图

## 七、金华市

在本次城市产业营商环境综合指数排名中，金华市综合指数排名全国第25。从分项来看，要素支撑保障方面相对薄弱。今后，金华市想要进一步优化产业营商环境，应从金融服务、基础设施建设、生活服务方面多加努力。见表5-4-7、图5-4-25～图5-4-28。

表5-4-7　金华市产业营商环境分项指数

| 金华市 | 标准化值 | 其他地级市排名 | 全国排名 |
| --- | --- | --- | --- |
| 制度法规保障指数 | 42.10 | 7 | 24 |
| 要素支撑保障指数 | 13.42 | 16 | 48 |
| 产业生态保障指数 | 19.12 | 10 | 22 |
| 综合指数 | 26.61 | 7 | 25 |

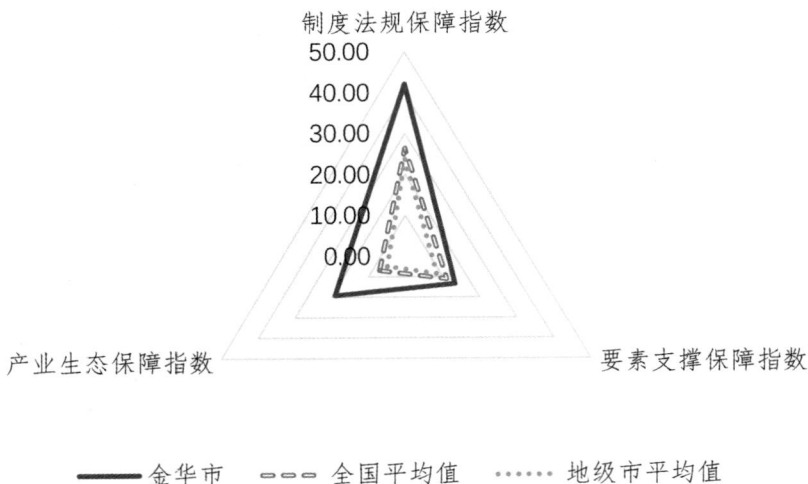

图5-4-25　金华市产业营商环境分项指标雷达图

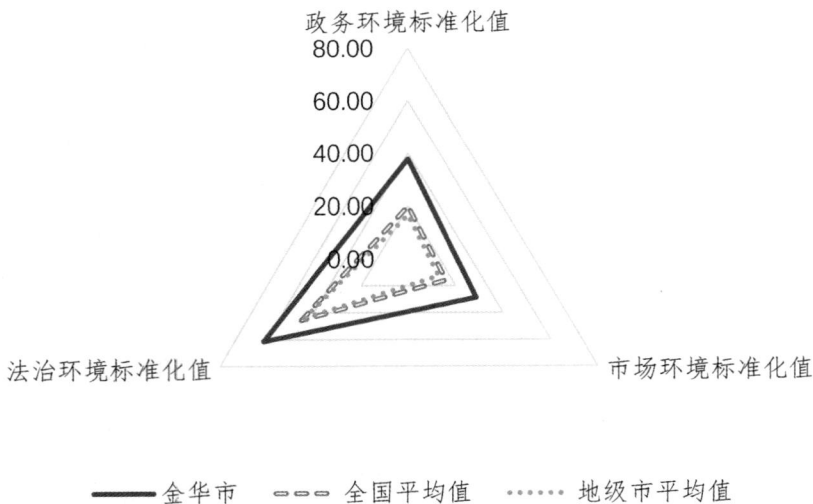

图5-4-26　金华市制度法规保障指数分项雷达图

基础设施标准化值

40.00

30.00

20.00

10.00

生活服务标准化值 0.00 金融服务标准化值

人力资源标准化值

——金华市 ━━━ 全国平均值 ⋯⋯⋯ 地级市平均值

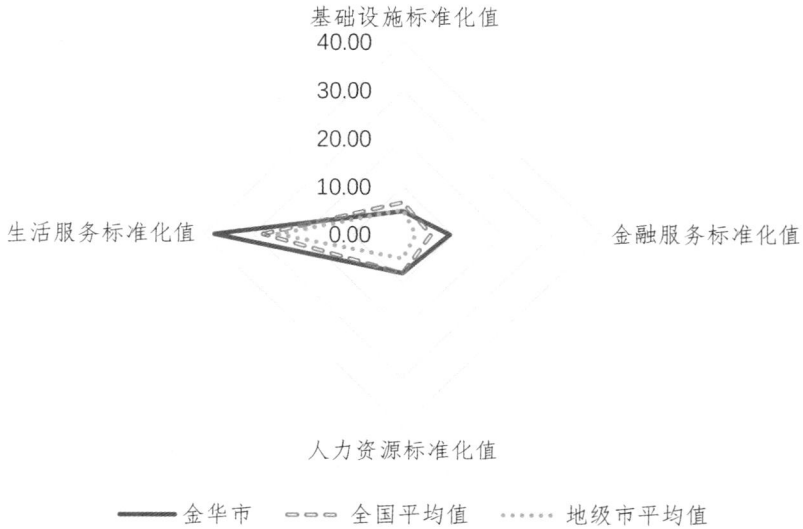

图5-4-27 金华市要素支撑保障指数分项雷达图

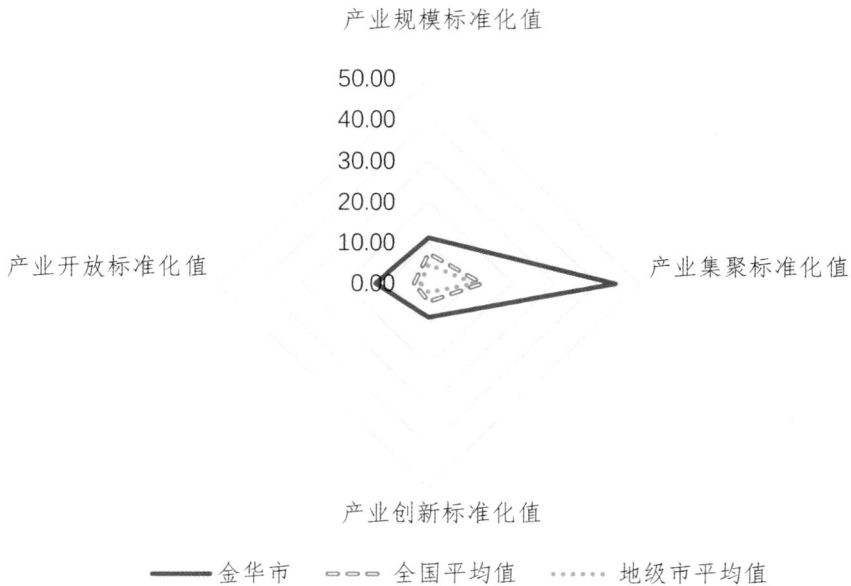

产业规模标准化值

50.00

40.00

30.00

20.00

10.00

产业开放标准化值 0.00 产业集聚标准化值

产业创新标准化值

——金华市 ━━━ 全国平均值 ⋯⋯⋯ 地级市平均值

图5-4-28 金华市产业生态保障指数分项雷达图

## 八、绍兴市

在本次城市产业营商环境综合指数排名中，绍兴市综合指数排名全国第26。从分项全国排名来看，要素支撑保障方面相对薄弱。今后，绍兴市进一步优化产业营商环境，应从金融服务、人力资源、生活服务方面持续发力。见表5-4-8、图5-4-29～图5-4-32。

表5-4-8　绍兴市产业营商环境分项指数

| 绍兴市 | 标准化值 | 其他地级市排名 | 全国排名 |
|---|---|---|---|
| 制度法规保障指数 | 40.27 | 8 | 25 |
| 要素支撑保障指数 | 14.75 | 9 | 41 |
| 产业生态保障指数 | 17.20 | 11 | 26 |
| 综合指数 | 25.69 | 8 | 26 |

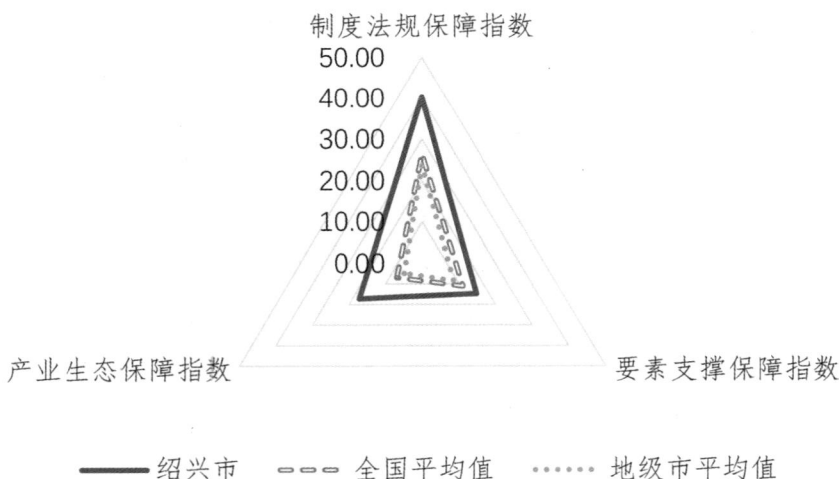

图5-4-29　绍兴市产业营商环境分项指标雷达图

政务环境标准化值

80.00

60.00

40.00

20.00

0.00

法治环境标准化值　　　　　　　　　　　市场环境标准化值

———— 绍兴市　　━ ━ ━ 全国平均值　　······ 地级市平均值

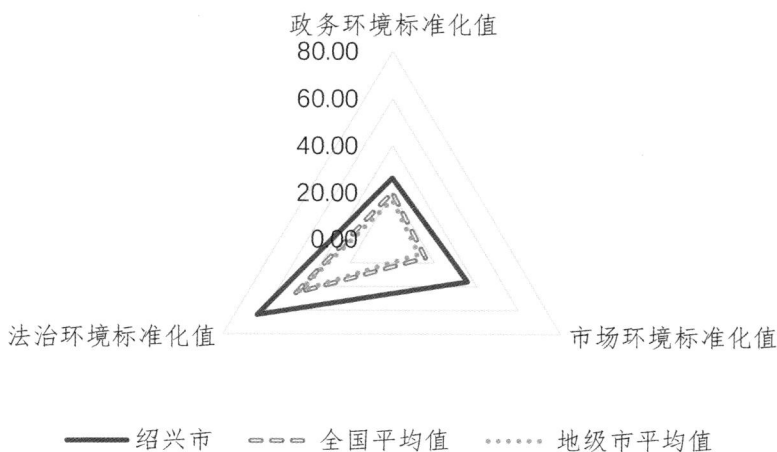

图5-4-30　绍兴市制度法规保障指数分项雷达图

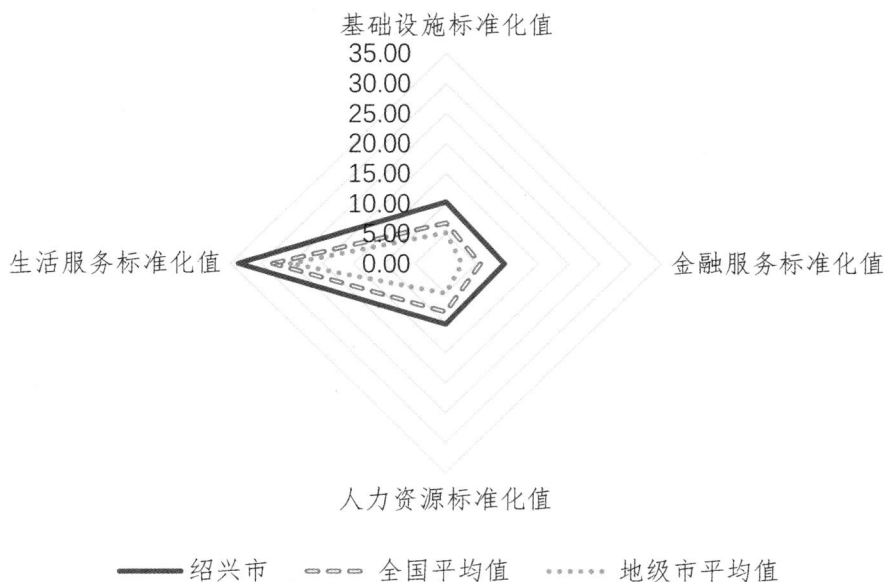

基础设施标准化值

35.00
30.00
25.00
20.00
15.00
10.00
5.00
0.00

生活服务标准化值　　　　　　　　　　　金融服务标准化值

人力资源标准化值

———— 绍兴市　　━ ━ ━ 全国平均值　　······ 地级市平均值

图5-4-31　绍兴市要素支撑保障指数分项雷达图

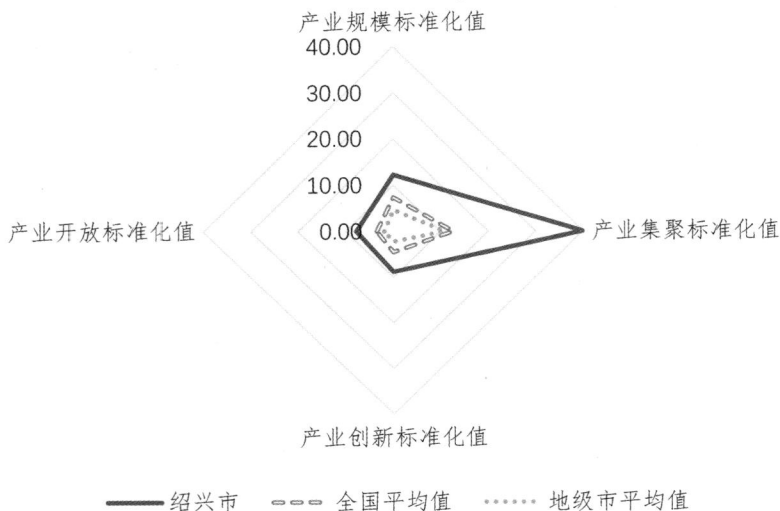

图5-4-32　绍兴市产业生态保障指数分项雷达图

## 九、珠海市

在本次城市产业营商环境综合指数排名中，珠海市综合指数排名全国第28。从分项来看，产业生态保障相对落后，未来应该在产业集聚、产业创新等方向持续发力。见表5-4-9、图5-4-33 ~ 图5-4-36。

表5-4-9　珠海市产业营商环境分项指数

| 珠海市 | 标准化值 | 其他地级市排名 | 全国排名 |
|---|---|---|---|
| 制度法规保障指数 | 43.44 | 5 | 22 |
| 要素支撑保障指数 | 17.19 | 6 | 35 |
| 产业生态保障指数 | 8.79 | 27 | 50 |
| 综合指数 | 25.17 | 9 | 28 |

制度法规保障指数

50.00
40.00
30.00
20.00
10.00
0.00

产业生态保障指数                                              要素支撑保障指数

———— 珠海市    ━ ━ ━ 全国平均值    ……… 地级市平均值

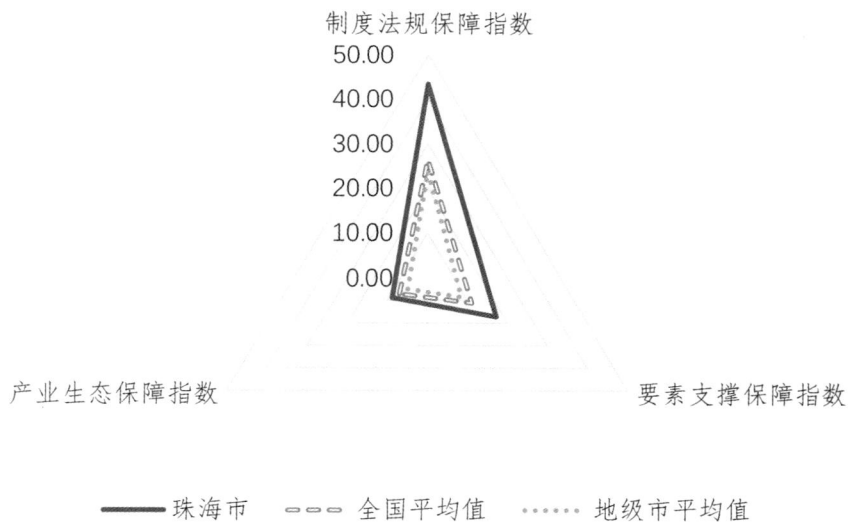

图5-4-33  珠海市产业营商环境分项指标雷达图

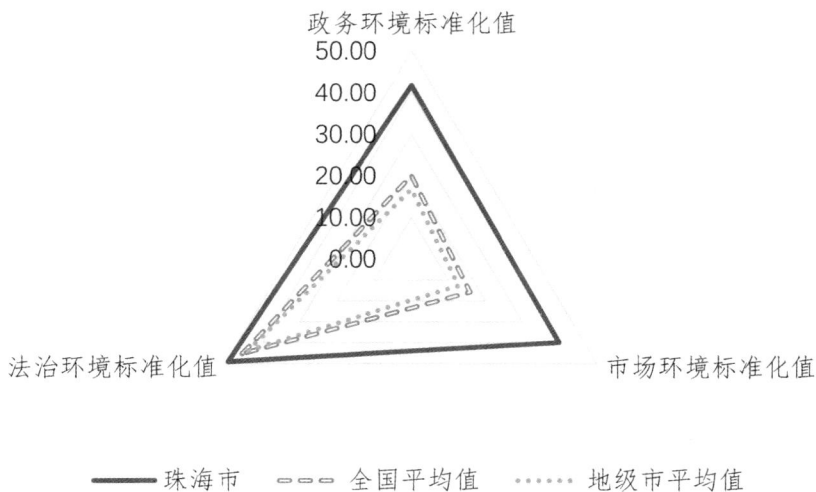

政务环境标准化值

50.00
40.00
30.00
20.00
10.00
0.00

法治环境标准化值                                              市场环境标准化值

———— 珠海市    ━ ━ ━ 全国平均值    ……… 地级市平均值

图5-4-34  珠海市制度法规保障指数分项雷达图

基础设施标准化值
60.00
50.00
40.00
30.00
20.00
10.00
0.00

生活服务标准化值

金融服务标准化值

人力资源标准化值

———— 珠海市　　- - - 全国平均值　　‥‥‥‥ 地级市平均值

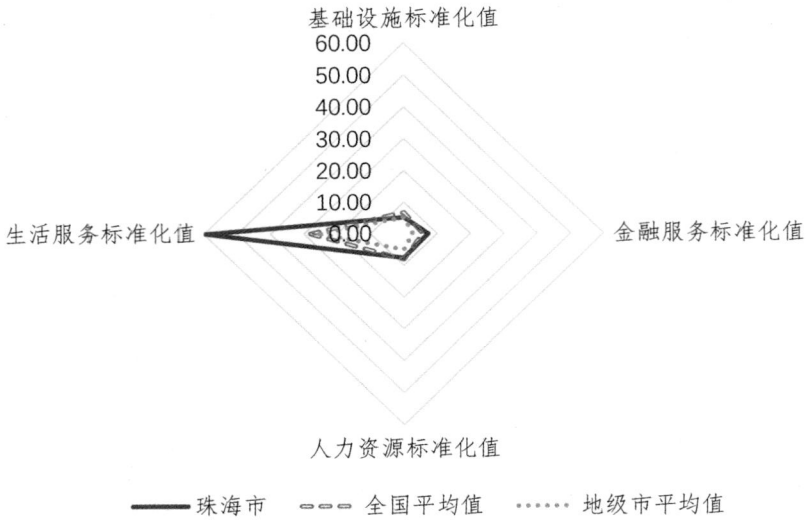

图5-4-35　珠海市要素支撑保障指数分项雷达图

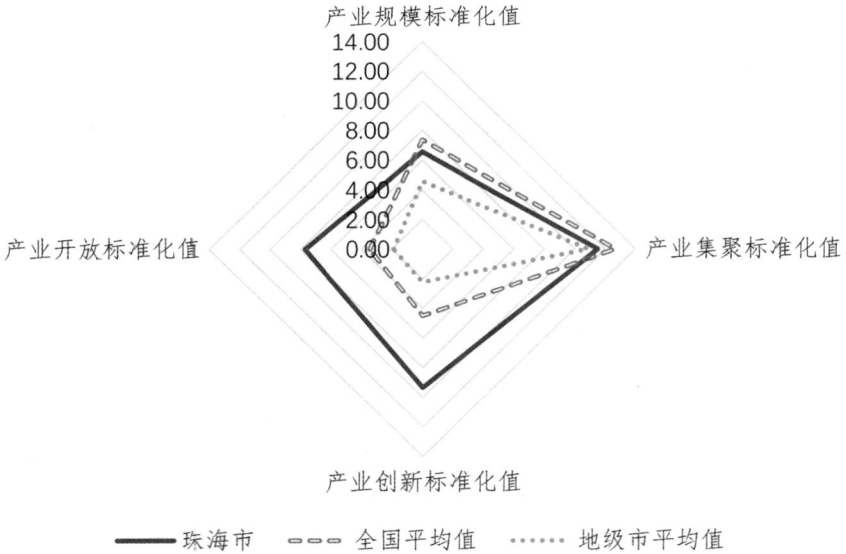

产业规模标准化值
14.00
12.00
10.00
8.00
6.00
4.00
2.00
0.00

产业开放标准化值

产业集聚标准化值

产业创新标准化值

———— 珠海市　　- - - 全国平均值　　‥‥‥‥ 地级市平均值

图5-4-36　珠海市产业生态保障指数分项雷达图

## 十、泉州市

在本次城市产业营商环境综合指数排名中，泉州市综合指数排名全国第 29。从分项来看，要素支撑保障方面相对薄弱，人力资源、金融服务和基础设施建设方面是泉州未来需要关注的重点。见表 5-4-10、图 5-4-37 ～ 图 5-4-40。

表5-4-10　泉州市产业营商环境分项指数

| 泉州市 | 标准化值 | 其他地级市排名 | 全国排名 |
|---|---|---|---|
| 制度法规保障指数 | 38.12 | 10 | 28 |
| 要素支撑保障指数 | 11.89 | 28 | 64 |
| 产业生态保障指数 | 20.59 | 8 | 20 |
| 综合指数 | 24.99 | 10 | 29 |

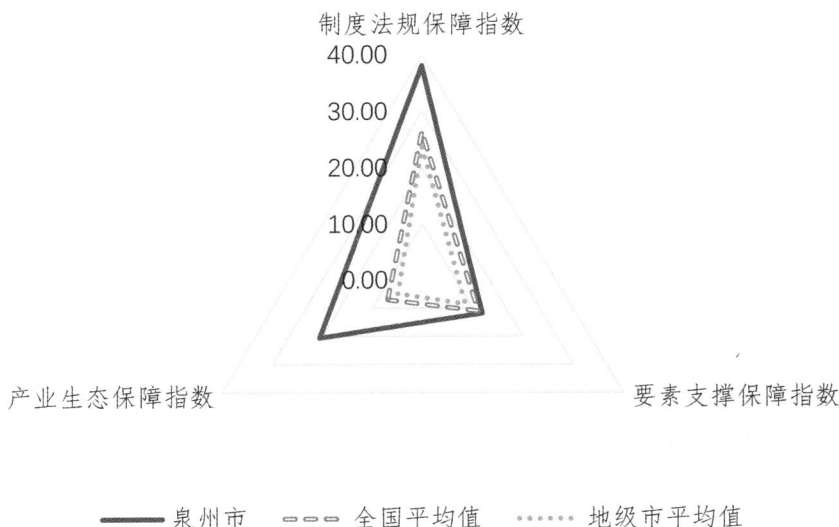

图5-4-37　泉州市产业营商环境分项指标雷达图

政务环境标准化值

60.00

40.00

20.00

0.00

法治环境标准化值

市场环境标准化值

———— 泉州市　　--- 全国平均值　　······ 地级市平均值

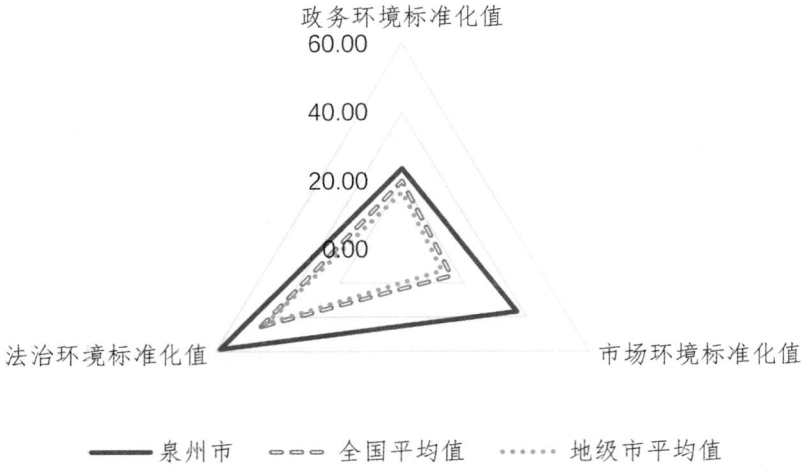

图5-4-38　泉州市制度法规保障指数分项雷达图

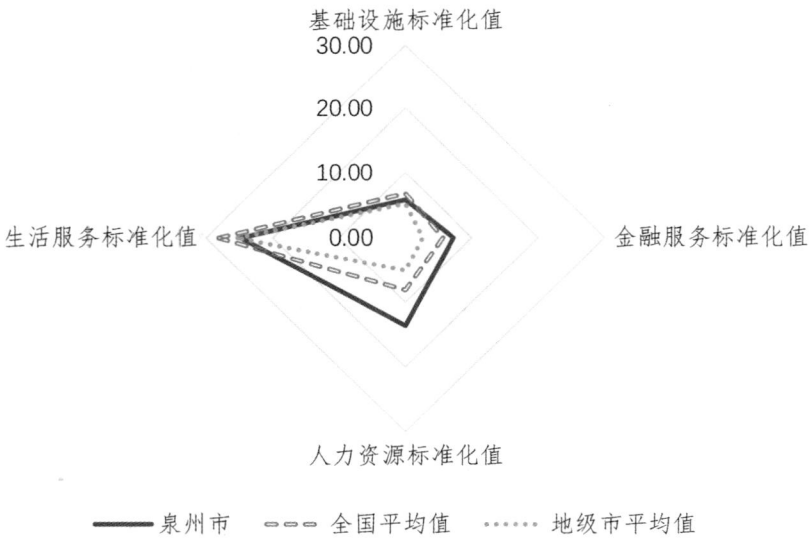

基础设施标准化值

30.00

20.00

10.00

生活服务标准化值　　0.00　　金融服务标准化值

人力资源标准化值

———— 泉州市　　--- 全国平均值　　······ 地级市平均值

图5-4-39　泉州市要素支撑保障指数分项雷达图

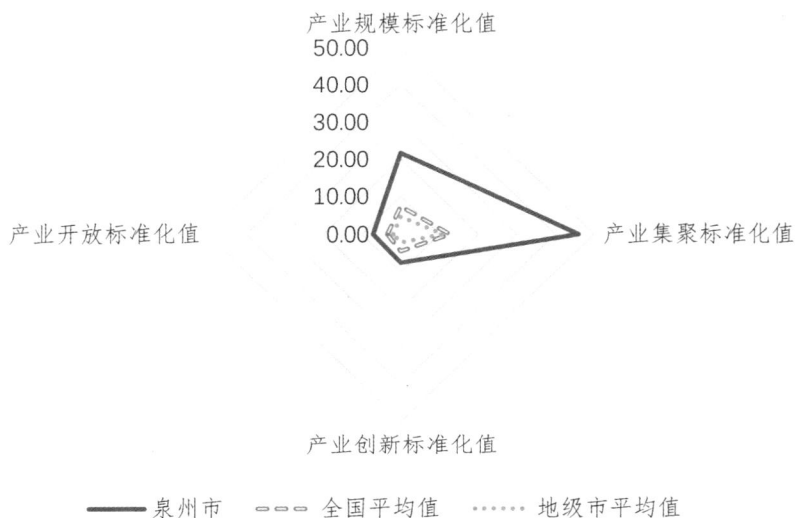

产业规模标准化值

50.00
40.00
30.00
20.00
10.00
0.00

产业开放标准化值　　　　　　　　　　　　产业集聚标准化值

产业创新标准化值

——— 泉州市　--- 全国平均值　······ 地级市平均值

图5-4-40　泉州市产业生态保障指数分项雷达图

## 十一、常州市

在本次城市产业营商环境综合指数排名中，常州市综合指数排名全国第30。从分项来看，要素支撑保障方面相对薄弱，还需要在金融服务和基础设施等方面持续发力。见表5-4-11、图5-4-41～图5-4-44。

表5-4-11　常州市产业营商环境分项指数

| 常州市 | 标准化值 | 其他地级市排名 | 全国排名 |
|---|---|---|---|
| 制度法规保障指数 | 36.04 | 14 | 35 |
| 要素支撑保障指数 | 13.43 | 15 | 47 |
| 产业生态保障指数 | 20.20 | 9 | 21 |
| 综合指数 | 24.50 | 11 | 30 |

制度法规保障指数

40.00
30.00
20.00
10.00
0.00

产业生态保障指数　　　　　　　　　　要素支撑保障指数

———— 常州市　　- - - 全国平均值　　‥‥‥ 地级市平均值

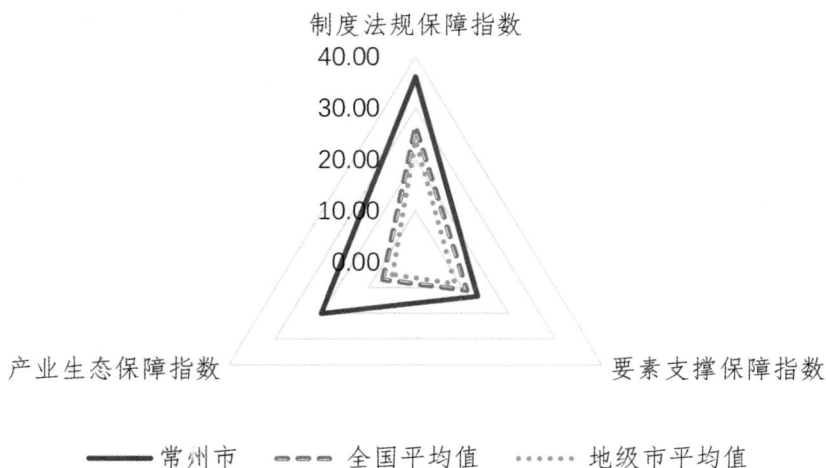

图5-4-41　常州市产业营商环境分项指标雷达图

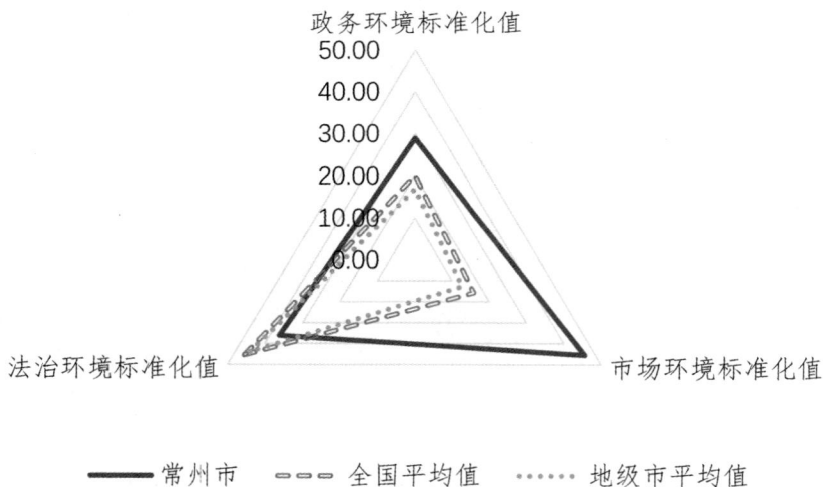

政务环境标准化值

50.00
40.00
30.00
20.00
10.00
0.00

法治环境标准化值　　　　　　　　　　市场环境标准化值

———— 常州市　　- - - 全国平均值　　‥‥‥ 地级市平均值

图5-4-42　常州市制度法规保障指数分项雷达图

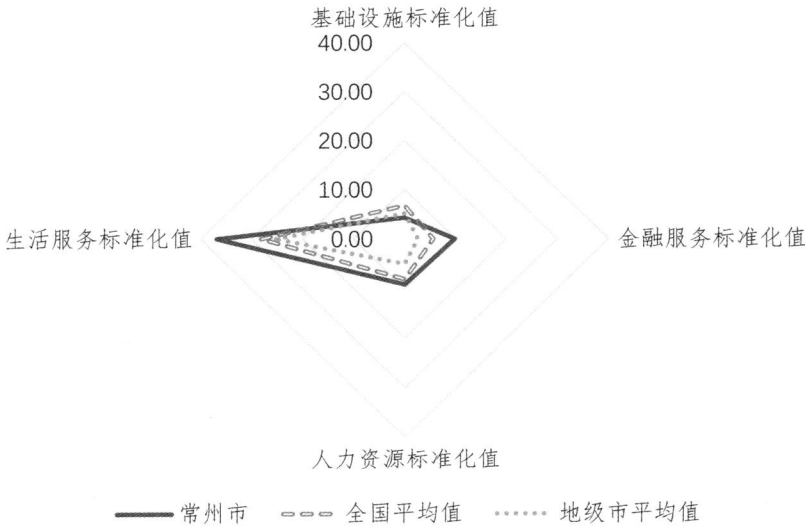

图5-4-43 常州市要素支撑保障指数分项雷达图

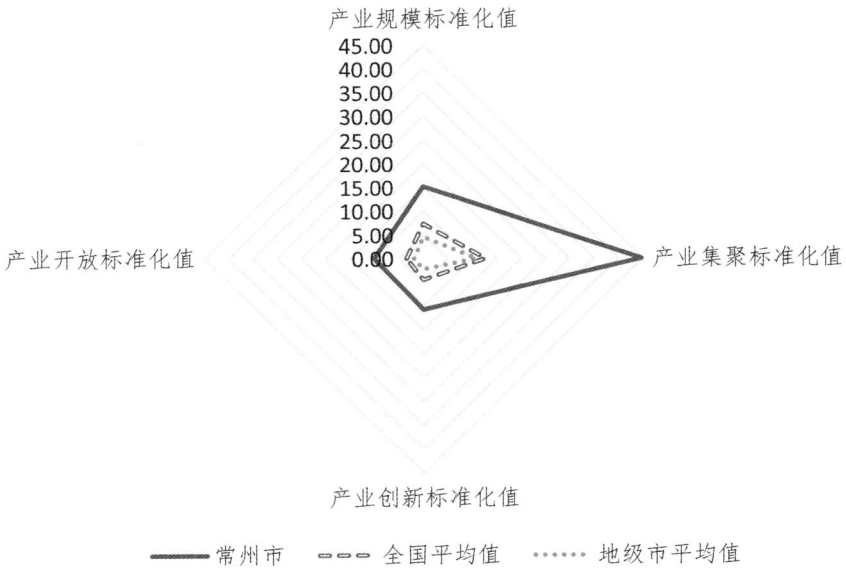

图5-4-44 常州市产业生态保障指数分项雷达图

## 十二、台州市

在本次城市产业营商环境综合指数排名中，台州市综合指数排名全国第33。从分项来看，要素支撑保障方面相对薄弱，生活服务、基础设施等方面是未来需要补足的方向。见表5-4-12、图5-4-45～图5-4-48。

表5-4-12　台州市产业营商环境分项指数

| 台州市 | 标准化值 | 其他地级市排名 | 全国排名 |
|---|---|---|---|
| 制度法规保障指数 | 36.62 | 13 | 32 |
| 要素支撑保障指数 | 11.30 | 32 | 68 |
| 产业生态保障指数 | 17.16 | 12 | 27 |
| 综合指数 | 23.19 | 12 | 33 |

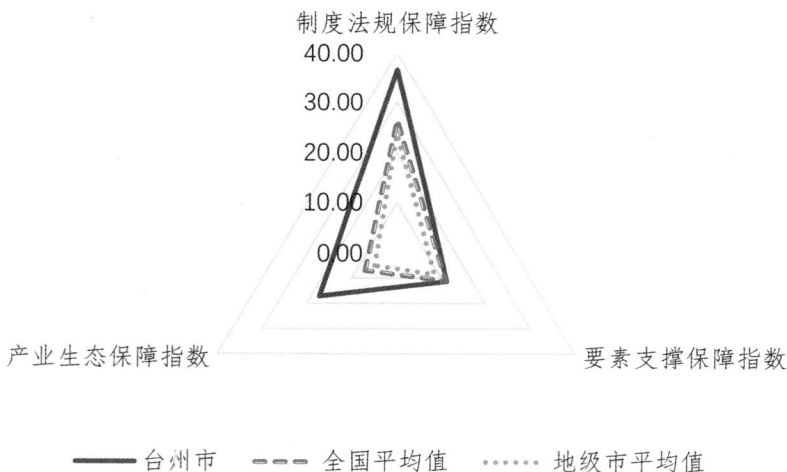

图5-4-45　台州市产业营商环境分项指标雷达图

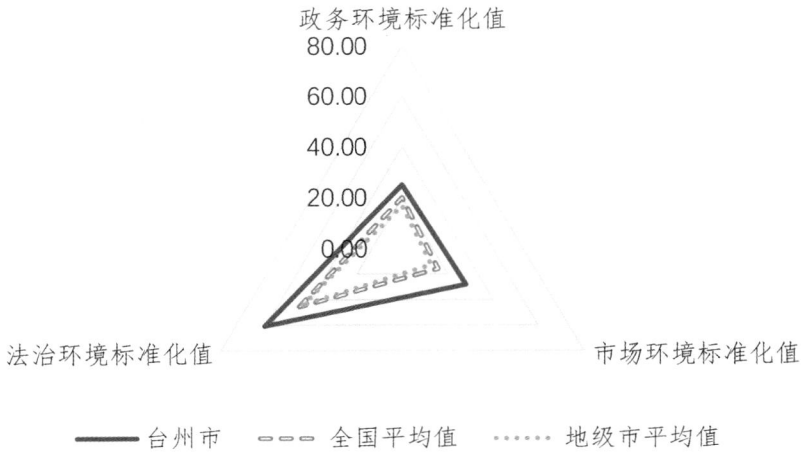

图5-4-46　台州市制度法规保障指数分项雷达图

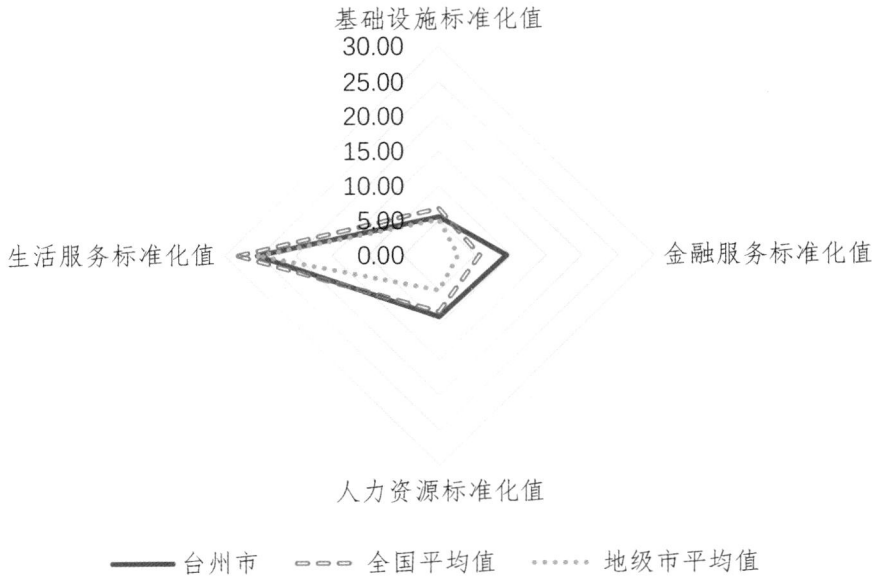

图5-4-47　台州市要素支撑保障指数分项雷达图

产业规模标准化值

50.00
40.00
30.00
20.00
10.00
0.00

产业开放标准化值

产业集聚标准化值

产业创新标准化值

—— 台州市　－－－ 全国平均值　······ 地级市平均值

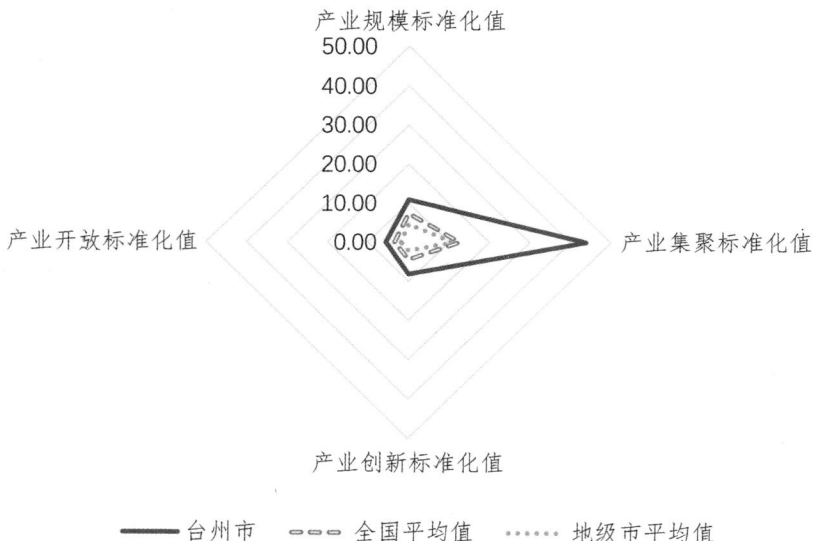

图5-4-48　台州市产业生态保障指数分项雷达图

## 十三、南通市

在本次城市产业营商环境综合指数排名中，南通市综合指数排名全国第34。从分项来看，相对于其他指标，产业生态方面有突出优势。今后，还应保持并借助优势，继续优化产业营商环境。见表5-4-13、图5-4-49～图5-4-52。

表5-4-13　南通市产业营商环境分项指数

| 南通市 | 标准化值 | 其他地级市排名 | 全国排名 |
|---|---|---|---|
| 制度法规保障指数 | 30.71 | 26 | 53 |
| 要素支撑保障指数 | 13.16 | 20 | 53 |
| 产业生态保障指数 | 22.54 | 6 | 18 |
| 综合指数 | 23.00 | 13 | 34 |

制度法规保障指数

40.00
30.00
20.00
10.00
0.00

产业生态保障指数　　　　　　　　　　　　　　要素支撑保障指数

———— 南通市　　– – – 全国平均值　　‥‥‥ 地级市平均值

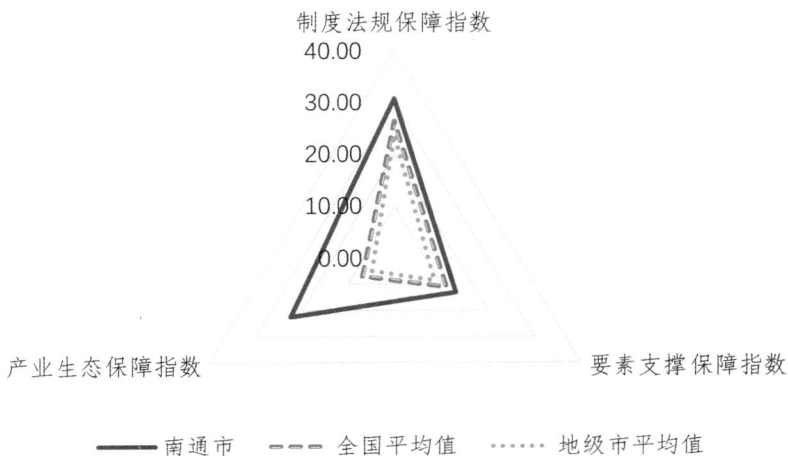

图5-4-49　南通市产业营商环境分项指标雷达图

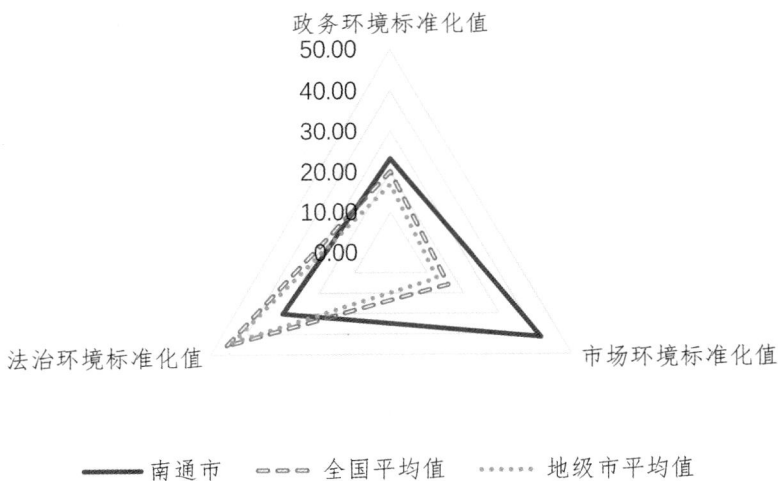

政务环境标准化值

50.00
40.00
30.00
20.00
10.00
0.00

法治环境标准化值　　　　　　　　　　　　　市场环境标准化值

———— 南通市　　◦◦◦ 全国平均值　　‥‥‥ 地级市平均值

图5-4-50　南通市制度法规保障指数分项雷达图

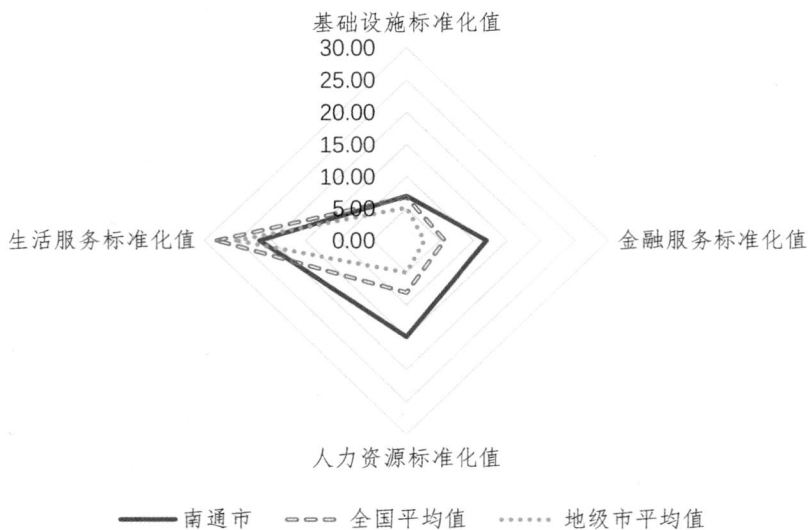

图5-4-51　南通市要素支撑保障指数分项雷达图

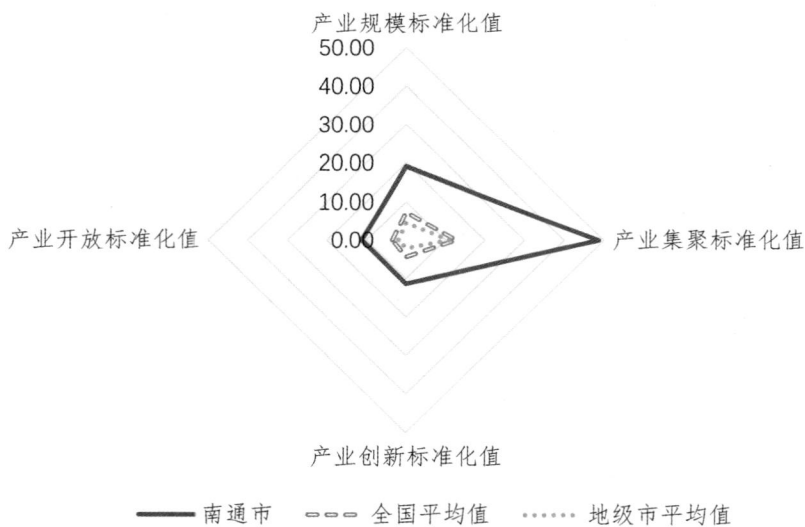

图5-4-52　南通市产业生态保障指数分项雷达图

## 十四、潍坊市

在本次城市产业营商环境综合指数排名中，潍坊市综合指数排名全国第36。从分项来看，相对均衡，潍坊市优化产业营商环境，要继续在制度法规保障、要素支撑保障和产业生态保障三方面协同发力。见表5-4-14、图 5-4-53 ~ 图 5-4-56。

表5-4-14　潍坊市产业营商环境分项指数

| 潍坊市 | 标准化值 | 其他地级市排名 | 全国排名 |
|---|---|---|---|
| 制度法规保障指数 | 35.13 | 16 | 37 |
| 要素支撑保障指数 | 14.70 | 10 | 42 |
| 产业生态保障指数 | 14.37 | 13 | 32 |
| 综合指数 | 22.77 | 14 | 36 |

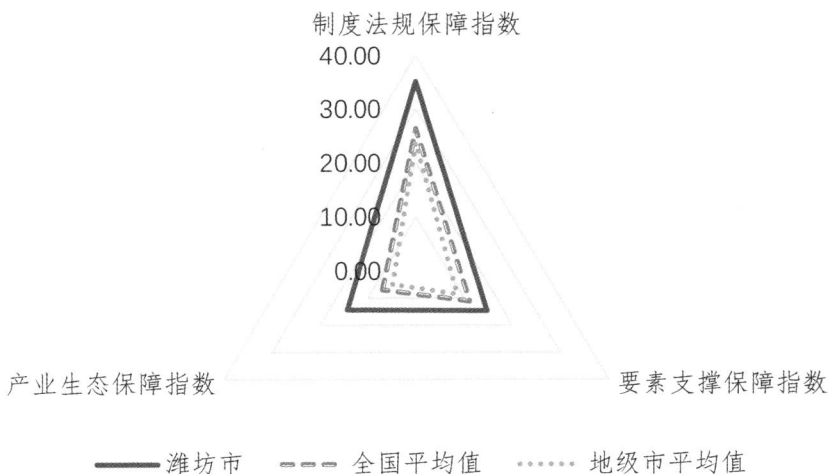

图5-4-53　潍坊市产业营商环境分项指标雷达图

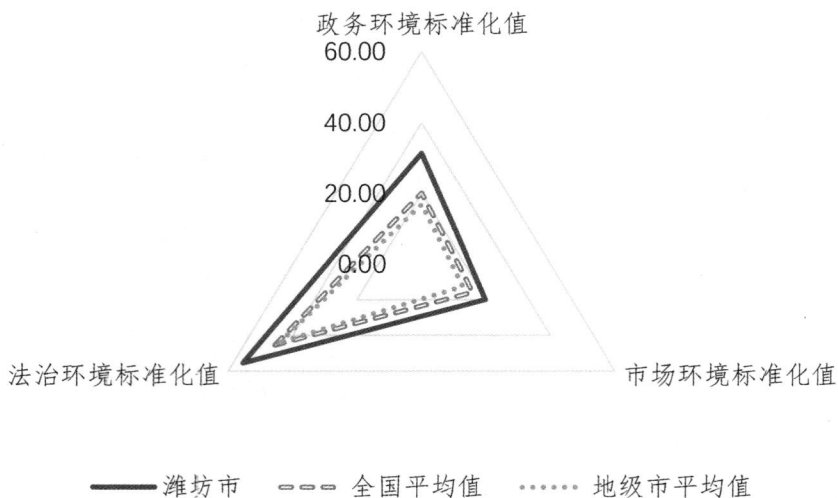

图5-4-54　潍坊市制度法规保障指数分项雷达图

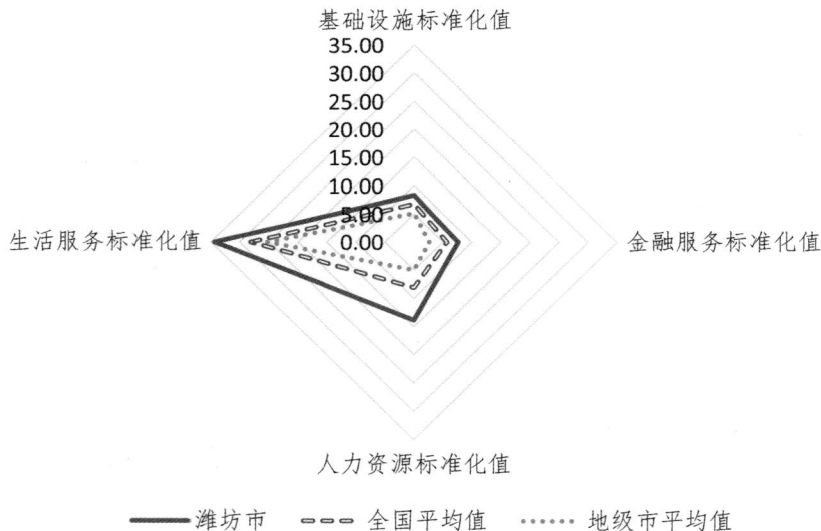

图5-4-55　潍坊市要素支撑保障指数分项雷达图

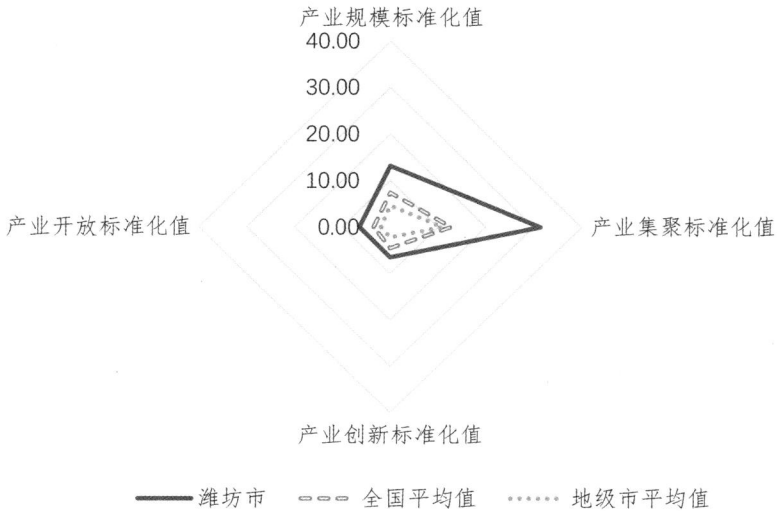

图5-4-56　潍坊市产业生态保障指数分项雷达图

## 十五、烟台市

在本次城市产业营商环境综合指数排名中，烟台市综合指数排名全国第37。从分项来看，三项指标较为均衡，未来进一步优化产业营商环境，需要在要素支撑保障方面加大推进力度。见表5-4-15、图5-4-57～图5-4-60。

表5-4-15　烟台市产业营商环境分项指数

| 烟台市 | 标准化值 | 其他地级市排名 | 全国排名 |
|---|---|---|---|
| 制度法规保障指数 | 36.82 | 12 | 31 |
| 要素支撑保障指数 | 14.04 | 11 | 43 |
| 产业生态保障指数 | 12.62 | 16 | 35 |
| 综合指数 | 22.73 | 15 | 37 |

制度法规保障指数

40.00

30.00

20.00

10.00

0.00

产业生态保障指数

要素支撑保障指数

———— 烟台市　　－－－ 全国平均值　　‥‥‥ 地级市平均值

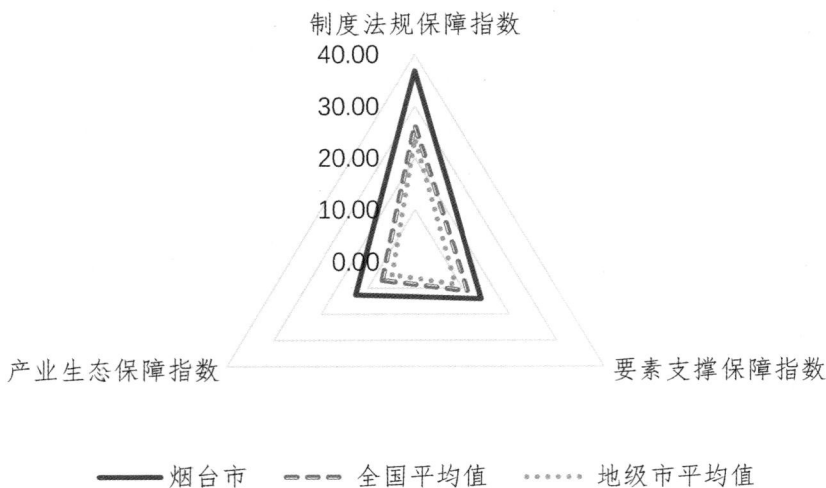

图5-4-57　烟台市产业营商环境分项指标雷达图

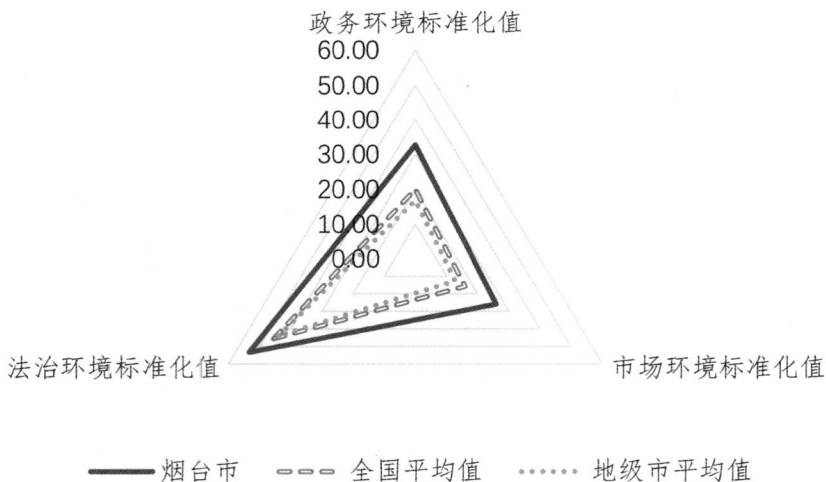

政务环境标准化值

60.00

50.00

40.00

30.00

20.00

10.00

0.00

法治环境标准化值

市场环境标准化值

———— 烟台市　　－－－ 全国平均值　　‥‥‥ 地级市平均值

图5-4-58　烟台市制度法规保障指数分项雷达图

基础设施标准化值
40.00

30.00

20.00

10.00

0.00

生活服务标准化值　　　　　　　　　　　　　金融服务标准化值

人力资源标准化值

——烟台市　－－－全国平均值　……地级市平均值

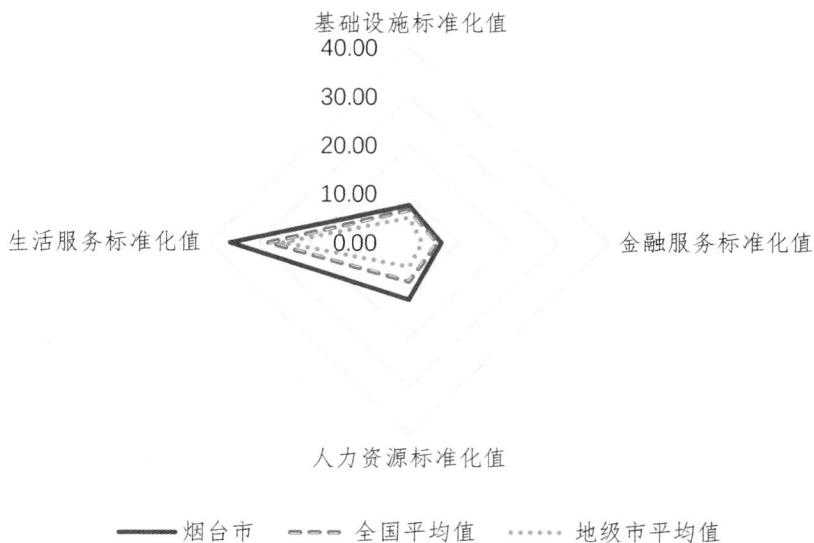

图5-4-59　烟台市要素支撑保障指数分项雷达图

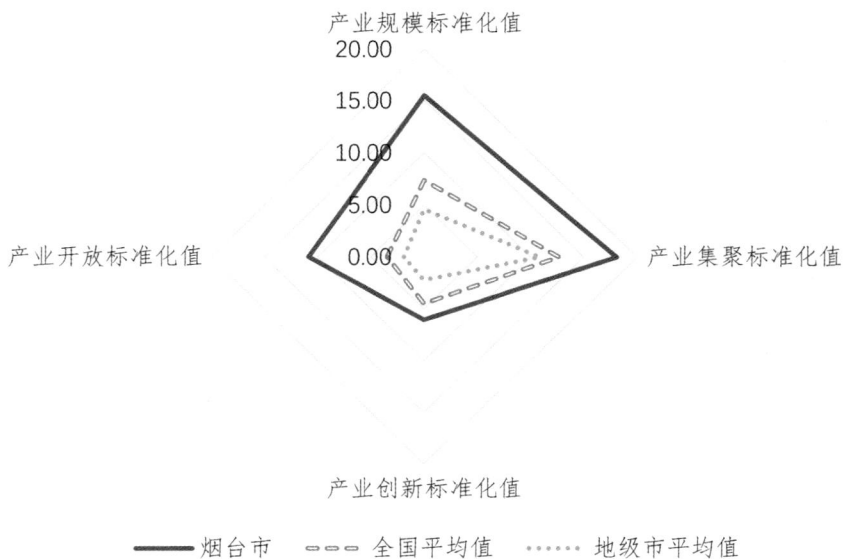

产业规模标准化值
20.00

15.00

10.00

5.00

0.00

产业开放标准化值　　　　　　　　　　　　产业集聚标准化值

产业创新标准化值

——烟台市　－－－全国平均值　……地级市平均值

图5-4-60　烟台市产业生态保障指数分项雷达图

## 十六、中山市

在本次城市产业营商环境综合指数排名中，中山市综合指数排名全国第41。从分项来看，制度法规保障方面相对薄弱，说明法治环境、政务环境和市场环境建设方面是中山未来需要关注的重点。见表5-4-16、图5-4-61～图5-4-64。

表5-4-16　中山市产业营商环境分项指数

| 中山市 | 标准化值 | 其他地级市排名 | 全国排名 |
|---|---|---|---|
| 制度法规保障指数 | 29.88 | 32 | 59 |
| 要素支撑保障指数 | 15.05 | 7 | 38 |
| 产业生态保障指数 | 14.37 | 14 | 33 |
| 综合指数 | 20.78 | 16 | 41 |

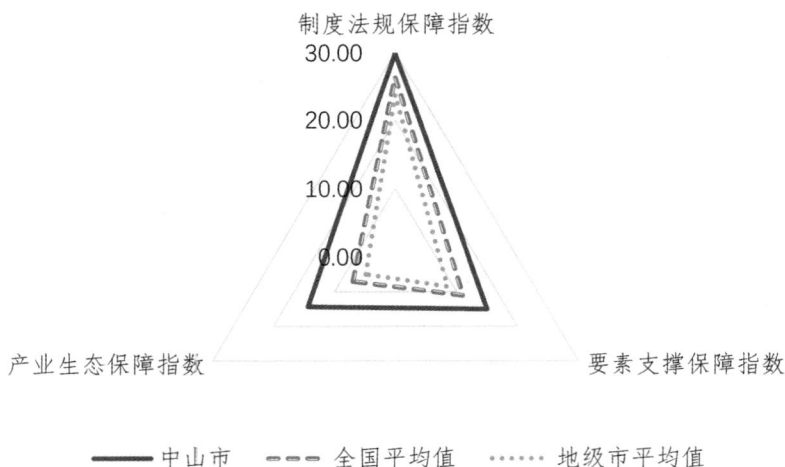

图5-4-61　中山市产业营商环境分项指标雷达图

政务环境标准化值

50.00
40.00
30.00
20.00
10.00
0.00

法治环境标准化值

市场环境标准化值

—— 中山市　 ◦◦◦ 全国平均值　 ······ 地级市平均值

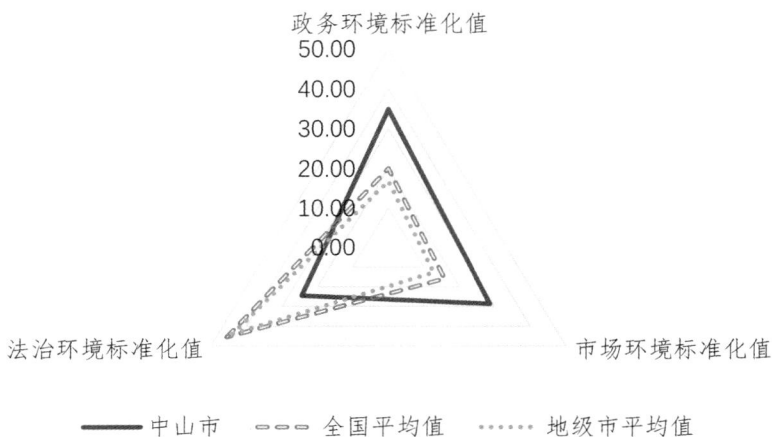

图5-4-62　中山市制度法规保障指数分项雷达图

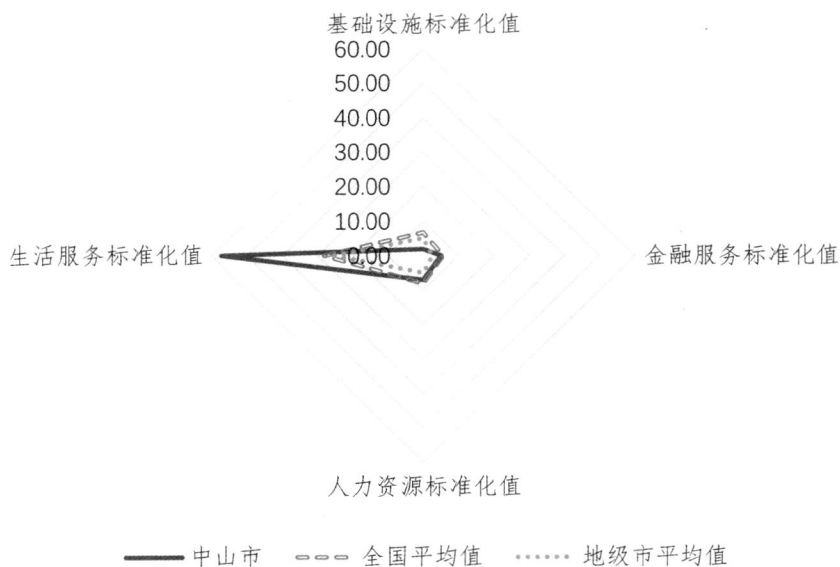

基础设施标准化值

60.00
50.00
40.00
30.00
20.00
10.00
0.00

生活服务标准化值

金融服务标准化值

人力资源标准化值

—— 中山市　 ◦◦◦ 全国平均值　 ······ 地级市平均值

图5-4-63　中山市要素支撑保障指数分项雷达图

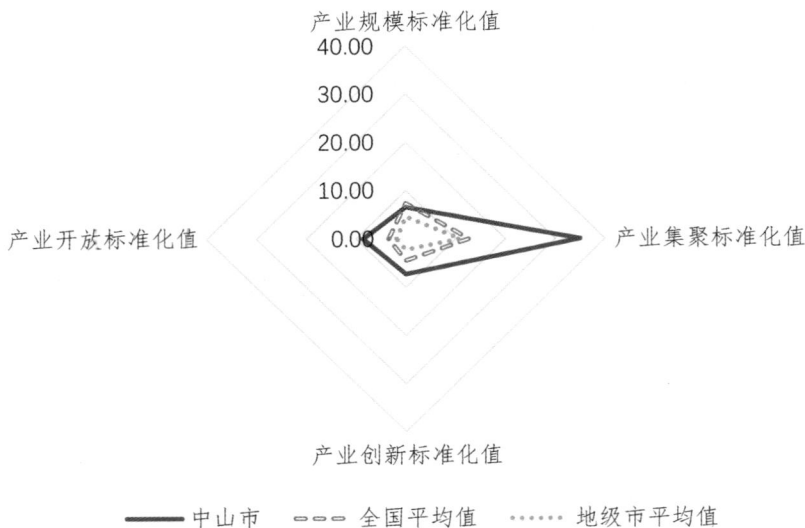

图5-4-64　中山市产业生态保障指数分项雷达图

## 十七、徐州市

在本次城市产业营商环境综合指数排名中，徐州市综合指数排名全国第42。从分项来看，要素支撑保障方面相对薄弱，未来还需要在人力资源和基础设施建设等方面持续发力。见表5-4-17、图5-4-65～图5-4-68。

表5-4-17　徐州市产业营商环境分项指数

| 徐州市 | 标准化值 | 其他地级市排名 | 全国排名 |
|---|---|---|---|
| 制度法规保障指数 | 33.65 | 21 | 45 |
| 要素支撑保障指数 | 12.28 | 27 | 61 |
| 产业生态保障指数 | 12.08 | 20 | 39 |
| 综合指数 | 20.77 | 17 | 42 |

制度法规保障指数

40.00

30.00

20.00

10.00

0.00

产业生态保障指数　　　　　　　　　　　　要素支撑保障指数

——— 徐州市　　⚬⚬⚬ 全国平均值　　•••••• 地级市平均值

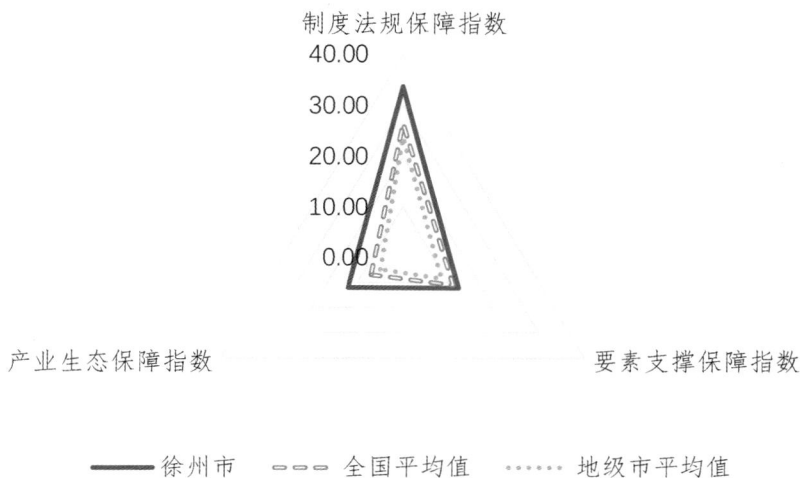

图5-4-65　徐州市产业营商环境分项指标雷达图

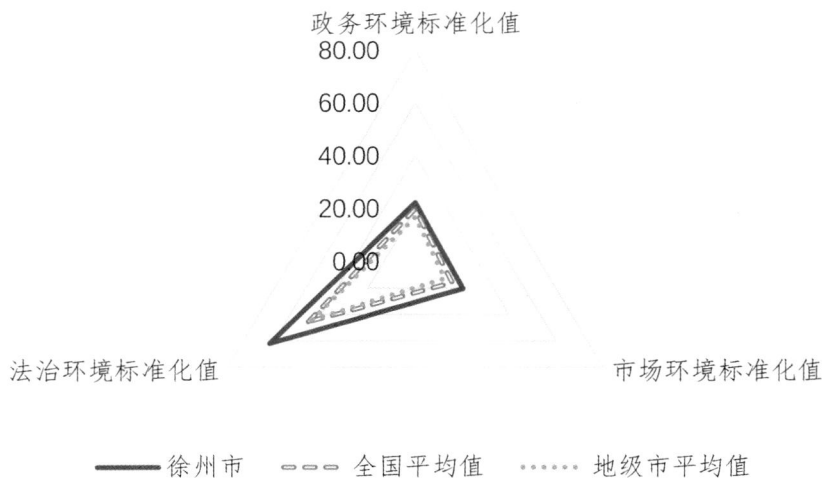

政务环境标准化值

80.00

60.00

40.00

20.00

0.00

法治环境标准化值　　　　　　　　　　　　市场环境标准化值

——— 徐州市　　⚬⚬⚬ 全国平均值　　•••••• 地级市平均值

图5-4-66　徐州市制度法规保障指数分项雷达图

基础设施标准化值

30.00
25.00
20.00
15.00
10.00
5.00
0.00

生活服务标准化值

金融服务标准化值

人力资源标准化值

———— 徐州市　－－－ 全国平均值　······ 地级市平均值

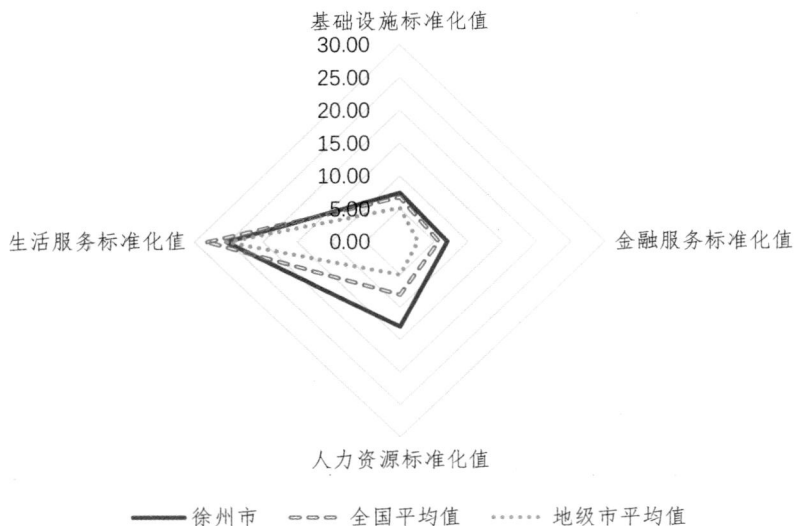

图5-4-67　徐州市要素支撑保障指数分项雷达图

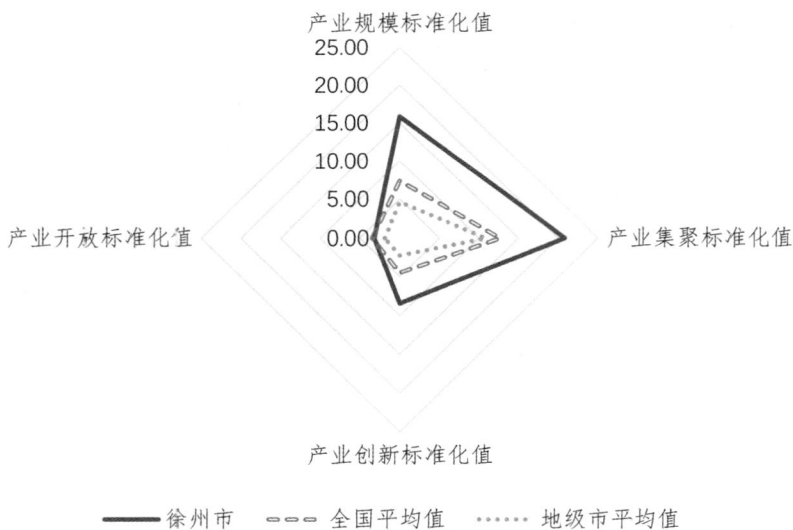

产业规模标准化值

25.00
20.00
15.00
10.00
5.00
0.00

产业开放标准化值

产业集聚标准化值

产业创新标准化值

———— 徐州市　－－－ 全国平均值　······ 地级市平均值

图5-4-68　徐州市产业生态保障指数分项雷达图

## 十八、东营市

在本次城市产业营商环境综合指数排名中，东营市综合指数排名全国第 46。从分项来看，相对于其他指标，产业生态保障方面相对较差，未来应该在市场环境、产业集聚、产业创新等方向持续努力。见表 5-4-18、图5-4-69 ~ 图 5-4-71。

表5-4-18　东营市产业营商环境分项指数

| 东营市 | 标准化值 | 其他地级市排名 | 全国排名 |
|---|---|---|---|
| 制度法规保障指数 | 37.23 | 11 | 30 |
| 要素支撑保障指数 | 12.50 | 24 | 58 |
| 产业生态保障指数 | 4.32 | 79 | 108 |
| 综合指数 | 19.94 | 18 | 46 |

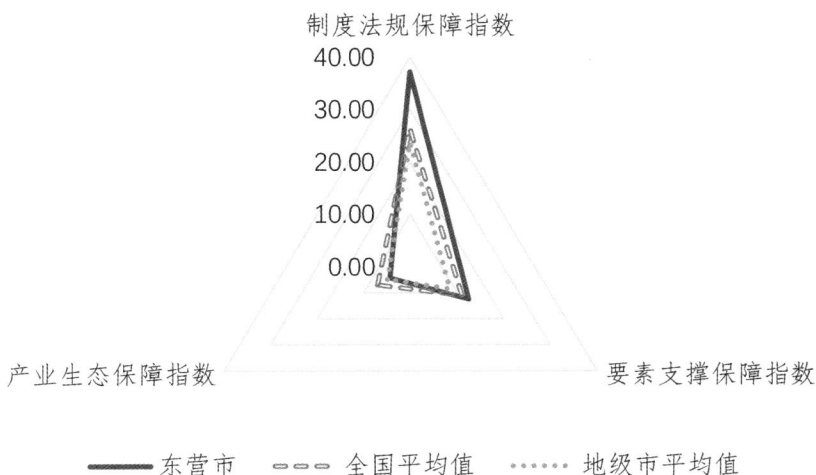

图5-4-69　东营市产业营商环境分项指标雷达图

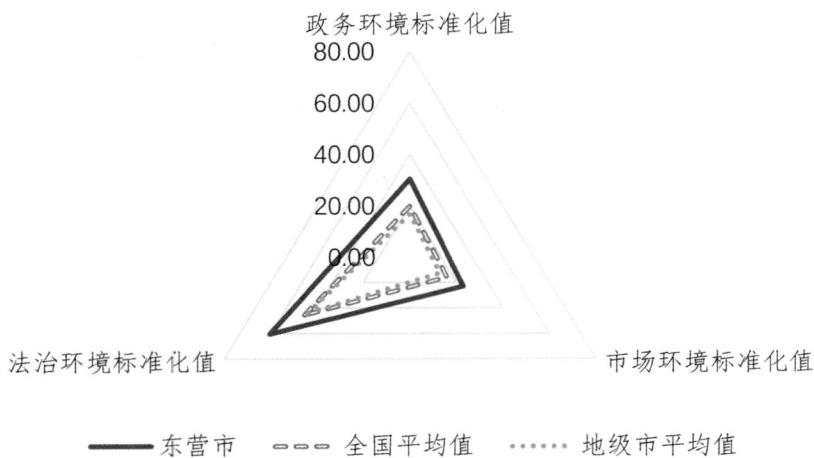

图5-4-70　东营市制度法规保障指数分项雷达图

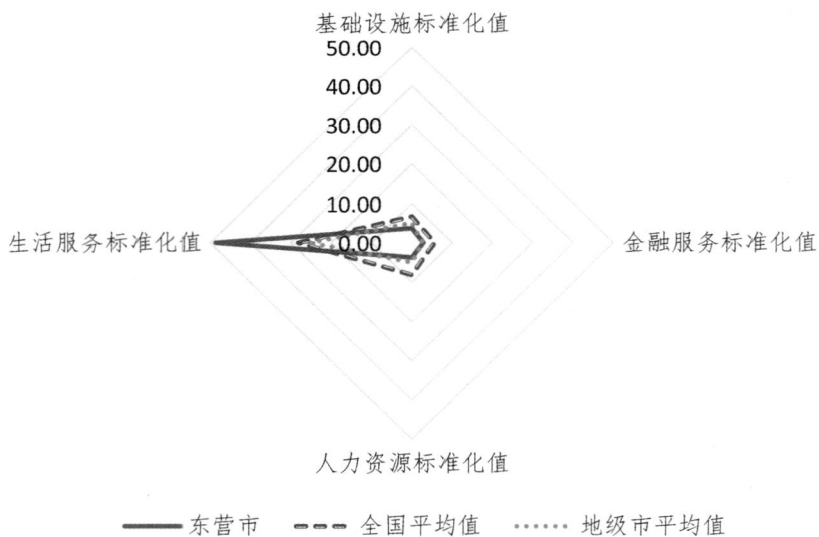

图5-4-71　东营市要素支撑保障指数分项雷达图

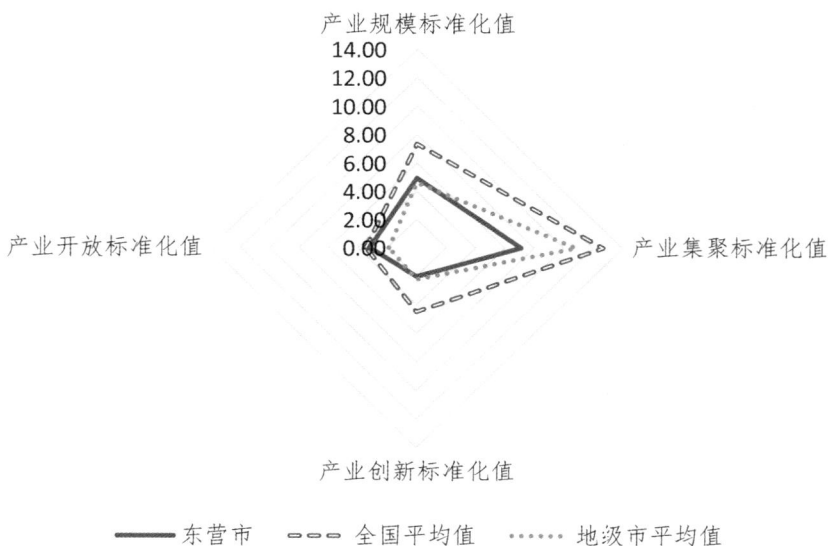

图5-4-72　东营市产业生态保障指数分项雷达图

## 十九、淄博市

在本次城市产业营商环境综合指数排名中，淄博市综合指数排名全国第47。从分项来看，制度法规保障相对占优势，要借助优势，进一步补足在要素支撑保障和产业生态保障方面的不足。见表5-4-19、图5-4-73～图5-4-76。

表5-4-19　淄博市产业营商环境分项指数

| 淄博市 | 标准化值 | 其他地级市排名 | 全国排名 |
| --- | --- | --- | --- |
| 制度法规保障指数 | 34.14 | 17 | 40 |
| 要素支撑保障指数 | 12.82 | 23 | 57 |
| 产业生态保障指数 | 7.18 | 35 | 60 |
| 综合指数 | 19.66 | 19 | 47 |

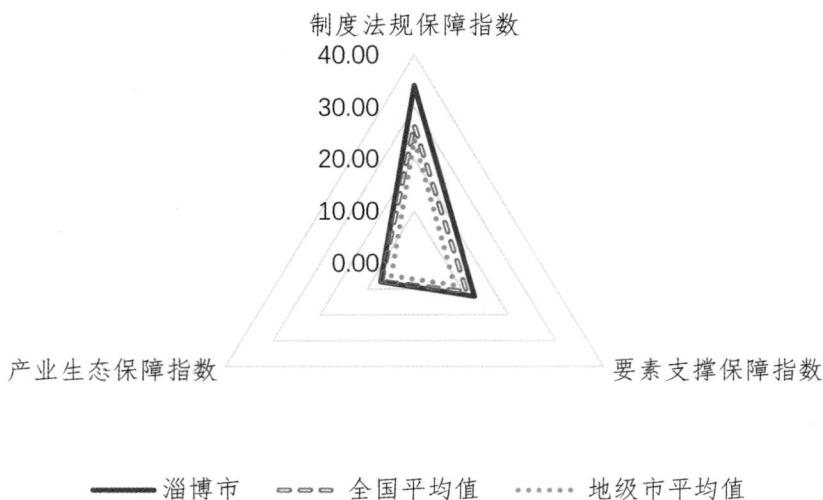

图5-4-73　淄博市产业营商环境分项指标雷达图

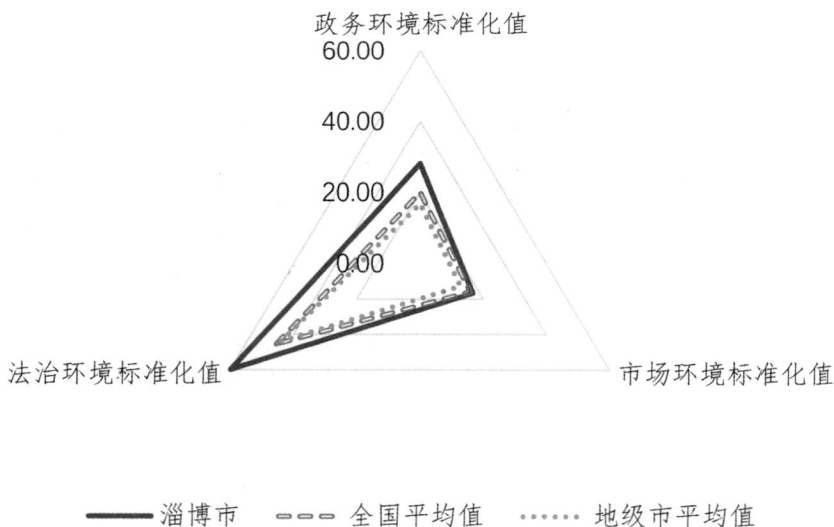

图5-4-74　淄博市制度法规保障指数分项雷达图

基础设施标准化值

50.00

40.00

30.00

20.00

10.00

生活服务标准化值　　　　　　　　0.00　　　　　　　金融服务标准化值

人力资源标准化值

——— 淄博市　 ◦-◦-◦ 全国平均值　 ⋯⋯⋯ 地级市平均值

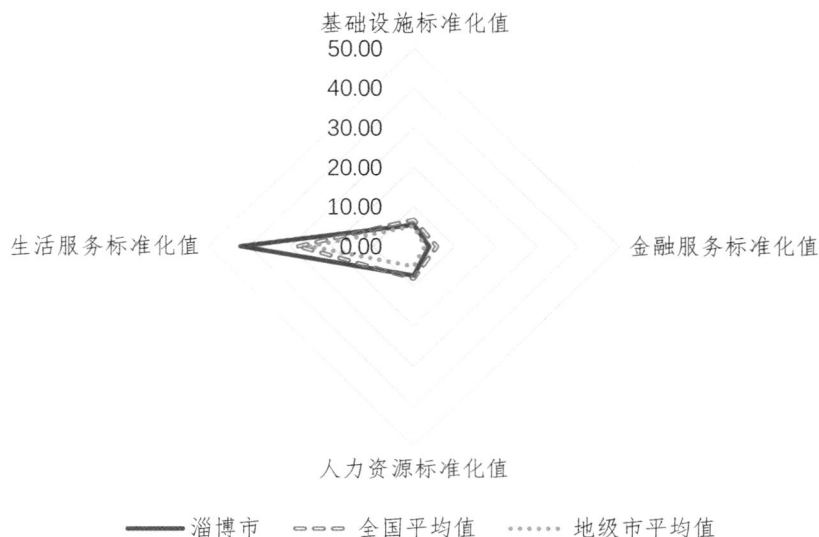

图5-4-75　淄博市要素支撑保障指数分项雷达图

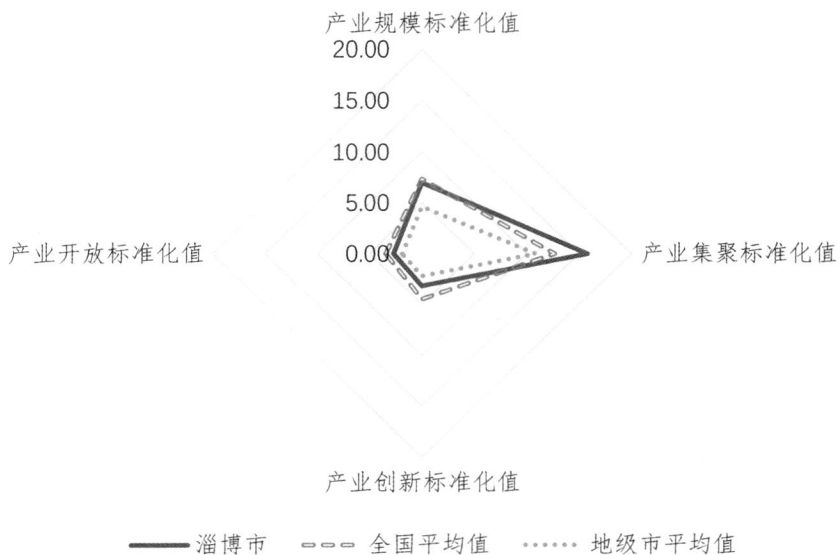

产业规模标准化值

20.00

15.00

10.00

5.00

产业开放标准化值　　　　　0.00　　　　　　产业集聚标准化值

产业创新标准化值

——— 淄博市　 ◦-◦-◦ 全国平均值　 ⋯⋯⋯ 地级市平均值

图5-4-76　淄博市产业生态保障指数分项雷达图

## 二十、惠州市

在本次城市产业营商环境综合指数排名中，惠州市综合指数排名全国第48。从分项来看，制度法规保障方面相对薄弱，说明法治环境方面是惠州未来需要关注的重点。见表5-4-20、图5-4-77～图5-4-80。

表5-4-20　惠州市产业营商环境分项指数

| 惠州市 | 标准化值 | 其他地级市排名 | 全国排名 |
| --- | --- | --- | --- |
| 制度法规保障指数 | 28.00 | 46 | 73 |
| 要素支撑保障指数 | 13.84 | 12 | 44 |
| 产业生态保障指数 | 12.80 | 15 | 34 |
| 综合指数 | 19.19 | 20 | 48 |

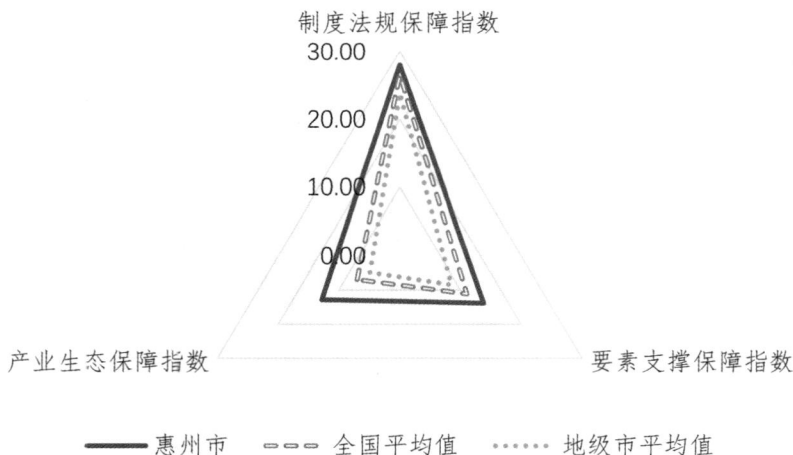

图5-4-77　惠州市产业营商环境分项指标雷达图

政务环境标准化值

50.00
40.00
30.00
20.00
10.00
0.00

法治环境标准化值

市场环境标准化值

———— 惠州市 ━ ━ ━ 全国平均值 ⋯⋯⋯ 地级市平均值

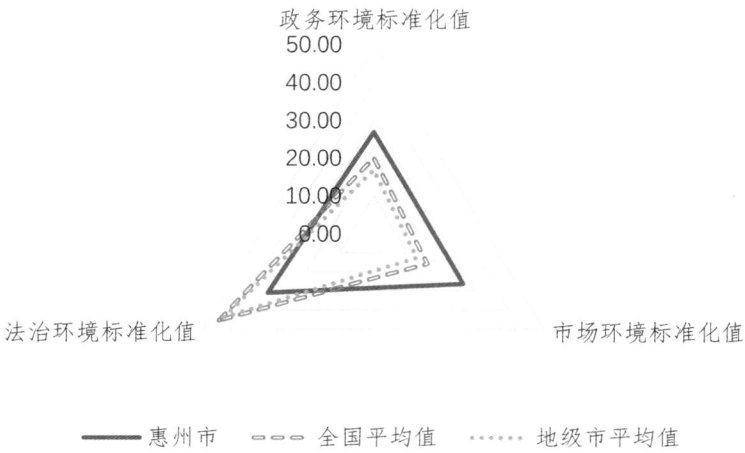

图5-4-78 惠州市制度法规保障指数分项雷达图

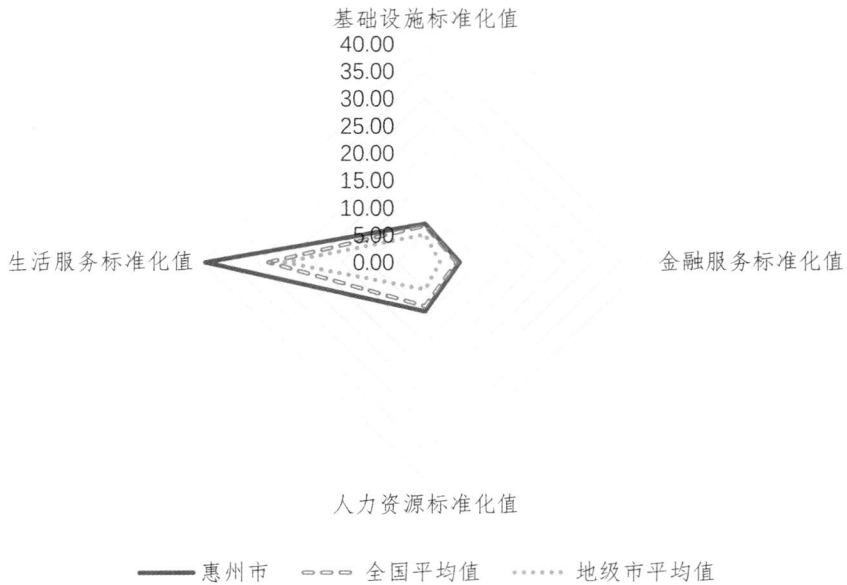

基础设施标准化值

40.00
35.00
30.00
25.00
20.00
15.00
10.00
5.00
0.00

生活服务标准化值

金融服务标准化值

人力资源标准化值

———— 惠州市 ━ ━ ━ 全国平均值 ⋯⋯⋯ 地级市平均值

图5-4-79 惠州市要素支撑保障指数分项雷达图

产业规模标准化值

30.00

20.00

10.00

0.00

产业开放标准化值

产业集聚标准化值

产业创新标准化值

—— 惠州市　　∘─∘─ 全国平均值　　······ 地级市平均值

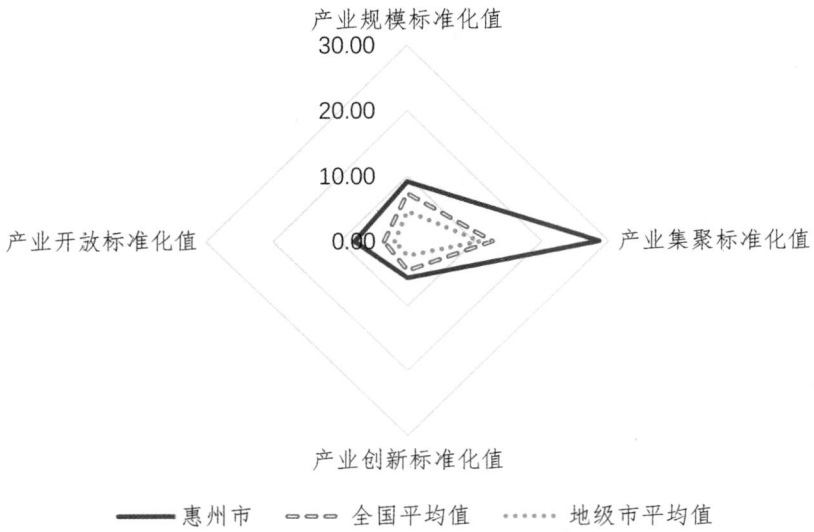

图5-4-80　惠州市产业生态保障指数分项雷达图

# 第六章　重点城市群产业营商环境评价分析

本章对京津冀、长三角、粤港澳大湾区、东北地区、长江经济带和黄河流域这6个重点区域的城市群内城市营商环境评价结果进行比较，探讨这6个城市群内城市产业营商环境的现状，并对比分析各城市群内城市的3个一级指标的全国排名情况。

## 第一节　长三角城市群

长江三角洲城市群（以下简称"长三角城市群"）位于长江入海之前的冲积平原，是"一带一路"与长江经济带的重要交汇带，是中国经济最发达、城镇化基础最好的地区之一。长三角城市群以中国2.1%的区域面积，集中了我国约1/4的经济总量和1/4以上的工业增加值，被视为中国经济发展的重要引擎。长三角城市群包括上海，江苏省的南京、无锡、常州、苏州、南通、盐城、扬州、镇江、泰州，浙江省的杭州、宁波、嘉兴、湖州、绍兴、金华、舟山、台州，安徽省的合肥、芜湖、马鞍山、铜陵、安庆、滁州、池州、宣城，共26个城市。本报告将对这26个城市的产业营商环境综合指数进行分析。

2021年全国城市产业营商环境综合指数排名中，长三角城市群群内的城市表现优异，见表6-1-1、图6-1-1。其中，上海市产业营商环境表现最为优异，排在首位，综合指数得分为77.89，苏州市、杭州市、宁波市、南京市、无锡市排在全国前 20 名。有 21 个城市排在全国前 100 名，其中有 14 个城市排在全国前 50 名，有 3 个城市排在全国第 100—150 名，仅池州市排在 200 名之外。这表明长三角城市群内城市的产业营商环境整体处于较高水平。

表6-1-1　长三角城市群各城市产业营商环境综合指数排名

| 城市 | 标准化值 | 群内排名 | 全国排名 |
|---|---|---|---|
| 上海市 | 77.89 | 1 | 1 |
| 苏州市 | 50.85 | 2 | 6 |
| 杭州市 | 44.33 | 3 | 7 |
| 宁波市 | 38.50 | 4 | 8 |
| 南京市 | 37.98 | 5 | 13 |
| 无锡市 | 31.89 | 6 | 18 |
| 合肥市 | 27.61 | 7 | 21 |
| 嘉兴市 | 27.45 | 8 | 24 |
| 金华市 | 26.61 | 9 | 25 |
| 绍兴市 | 25.69 | 10 | 26 |
| 常州市 | 24.50 | 11 | 30 |
| 台州市 | 23.19 | 12 | 33 |
| 南通市 | 23.00 | 13 | 34 |
| 湖州市 | 18.96 | 14 | 50 |
| 镇江市 | 18.69 | 15 | 52 |
| 芜湖市 | 18.58 | 16 | 54 |
| 扬州市 | 17.37 | 17 | 58 |
| 舟山市 | 16.66 | 18 | 62 |
| 盐城市 | 16.36 | 19 | 69 |
| 泰州市 | 16.22 | 20 | 71 |
| 安庆市 | 14.56 | 21 | 92 |

续表

| 城市 | 标准化值 | 群内排名 | 全国排名 |
|------|---------|---------|---------|
| 马鞍山市 | 13.90 | 22 | 103 |
| 宣城市 | 13.68 | 23 | 108 |
| 滁州市 | 12.99 | 24 | 127 |
| 铜陵市 | 11.62 | 25 | 180 |
| 池州市 | 9.48 | 26 | 226 |

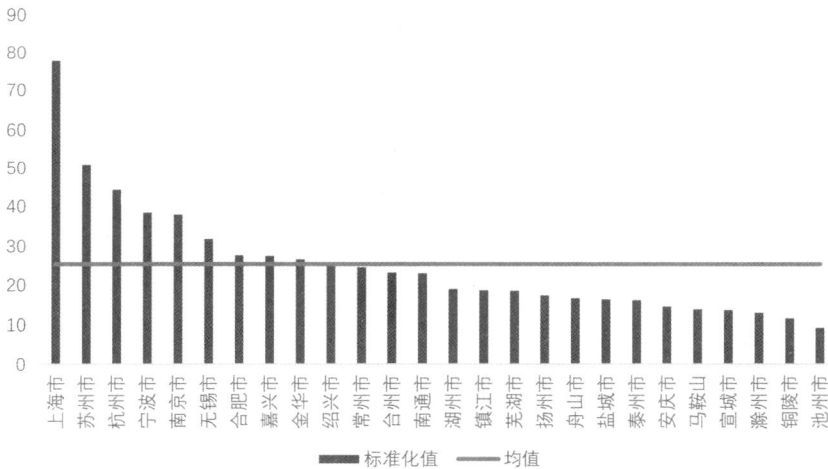

图6-1-1　长三角城市群各城市产业营商环境综合指数

　　从长三角城市群的三个分项指标来看，表现均较为优异。制度法规保障、要素支撑保障、产业生态保障指数分别在六大城市群内排名第2、第4以及第2，整体三大分项指数仅要素支撑保障指数低于六大城市群均值，这表明长三角城市群在各分项能力上存在不均衡的情况。见表6-1-2、图6-1-2。

表6-1-2　长三角城市群分项指数

| 长三角城市群 | 标准化均值 | 排名 |
|---|---|---|
| 制度法规保障指数 | 37.34 | 2 |
| 要素支撑保障指数 | 15.24 | 4 |
| 产业生态保障指数 | 18.73 | 2 |

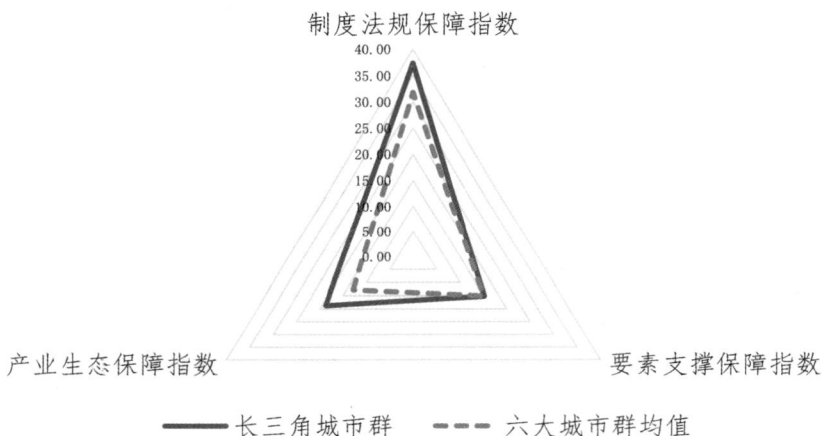

图6-1-2　长三角城市群分项指数雷达图

从长三角城市群内各分项指标的城市排名来看，上海市的三个分项指数均高居榜首。在制度法规保障指数的排名中，上海市、苏州市、杭州市、宁波市、南京市排在前5名，宣城市、盐城市、铜陵市、滁州市、池州市排在后5名。对比全国样本城市均值，长三角城市群内26个城市中有25个城市高于全国城市制度法规保障指数均值19.97，这表示长三角城市群群内城市在制度法规保障方面整体表现极佳，相对于长三角的要素支撑保障指数和产业生态保障指数表现，制度法规保障的城市整体力表现更均衡。见表6-1-3、图6-1-3。

表6-1-3　长三角城市群产业营商环境分项指标评价（一）

| 城市 | 制度法规保障指数 | 全国排名 | 群内排名 |
| --- | --- | --- | --- |
| 上海市 | 95.11 | 1 | 1 |
| 苏州市 | 58.36 | 6 | 2 |
| 杭州市 | 53.67 | 9 | 3 |
| 宁波市 | 51.07 | 11 | 4 |
| 南京市 | 50.46 | 13 | 5 |
| 无锡市 | 43.83 | 21 | 6 |
| 嘉兴市 | 42.21 | 23 | 7 |
| 金华市 | 42.10 | 24 | 8 |
| 绍兴市 | 40.27 | 25 | 9 |
| 合肥市 | 37.67 | 29 | 10 |
| 台州市 | 36.62 | 32 | 11 |
| 常州市 | 36.04 | 34 | 12 |
| 舟山市 | 34.40 | 41 | 13 |
| 镇江市 | 34.12 | 42 | 14 |
| 芜湖市 | 32.92 | 46 | 15 |
| 南通市 | 30.71 | 53 | 16 |
| 湖州市 | 30.02 | 58 | 17 |
| 扬州市 | 28.03 | 77 | 18 |
| 安庆市 | 27.14 | 79 | 19 |
| 马鞍山市 | 26.47 | 87 | 20 |
| 泰州市 | 26.13 | 91 | 21 |
| 宣城市 | 25.84 | 97 | 22 |
| 盐城市 | 24.05 | 125 | 23 |
| 铜陵市 | 23.36 | 136 | 24 |
| 滁州市 | 21.67 | 166 | 25 |
| 池州市 | 18.46 | 213 | 26 |

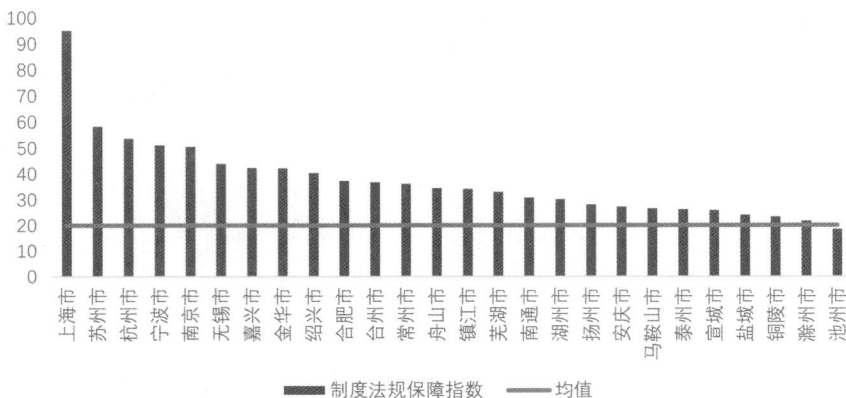

图6-1-3　长三角城市群产业营商环境分项指标评价（一）

　　从城市群内城市具体的要素支撑保障指数的排名来看，长三角城市群排名前5的城市有上海市、杭州市、南京市、苏州市、合肥市，而安庆市、马鞍山、宣城市、铜陵市、池州市则是排名后5的城市。进一步对比全国均值，长三角城市群中的26个样本城市，仅12个城市的指数高于全国平均指数，表明长三角城市群的城市在要素支撑保障方面存在城市能力分化的情况。见表6-1-4、图6-1-4。

表6-1-4　长三角城市群产业营商环境分项指标评价（二）

| 城市 | 要素支撑保障指数 | 全国排名 | 群内排名 |
| --- | --- | --- | --- |
| 上海市 | 52.75 | 2 | 1 |
| 杭州市 | 40.13 | 7 | 2 |
| 南京市 | 32.25 | 10 | 3 |
| 苏州市 | 28.44 | 14 | 4 |
| 合肥市 | 23.56 | 18 | 5 |
| 宁波市 | 21.41 | 22 | 6 |
| 无锡市 | 18.16 | 30 | 7 |
| 绍兴市 | 14.75 | 41 | 8 |
| 常州市 | 13.43 | 47 | 9 |
| 金华市 | 13.42 | 48 | 10 |

续表

| 城市 | 要素支撑保障指数 | 全国排名 | 群内排名 |
|---|---|---|---|
| 嘉兴市 | 13.29 | 50 | 11 |
| 南通市 | 13.16 | 53 | 12 |
| 台州市 | 11.30 | 68 | 13 |
| 湖州市 | 10.75 | 71 | 14 |
| 盐城市 | 9.94 | 88 | 15 |
| 扬州市 | 9.05 | 107 | 16 |
| 芜湖市 | 8.97 | 111 | 17 |
| 镇江市 | 8.59 | 122 | 18 |
| 泰州市 | 8.19 | 138 | 19 |
| 滁州市 | 7.40 | 166 | 20 |
| 舟山市 | 7.28 | 169 | 21 |
| 安庆市 | 6.93 | 191 | 22 |
| 马鞍山 | 6.58 | 202 | 23 |
| 宣城市 | 5.80 | 228 | 24 |
| 铜陵市 | 5.45 | 234 | 25 |
| 池州市 | 5.18 | 244 | 26 |

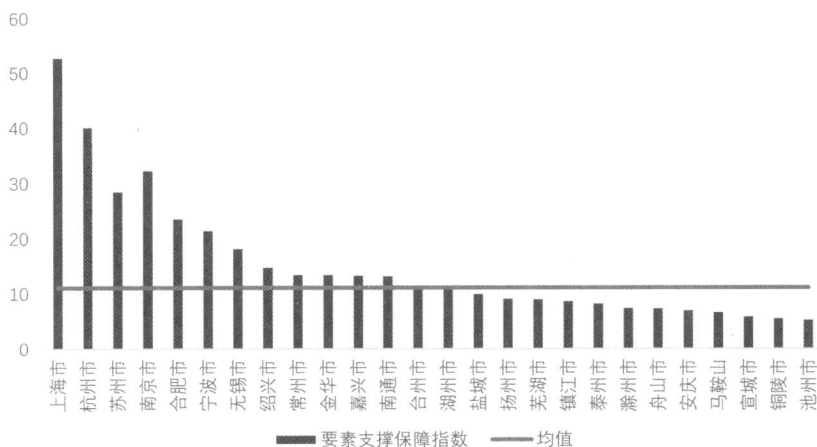

图6-1-4　长三角城市群产业营商环境分项指标评价（二）

从城市群内城市具体的产业生态保障指数的排名来看，长三角城市群排名前 5 的城市有上海市、杭州市、南京市、苏州市、合肥市，而安庆市、马鞍山、宣城市、铜陵市、池州市则是排名后 5 的城市。通过对比全国均值和群内城市均值发现，长三角的要素支撑保障整体指数得分水平很大一部分是依靠上海、杭州、苏州以及很多省会城市来带动的，26 个样本城市中有 19 个城市的指数高于全国平均指数。见表 6-1-5、图 6-1-5。

表6-1-5　长三角城市群产业营商环境分项指标评价（三）

| 城市 | 产业生态保障指数 | 全国排名 | 群内排名 |
|------|------------------|----------|----------|
| 上海市 | 80.09 | 1 | 1 |
| 苏州市 | 45.42 | 5 | 2 |
| 宁波市 | 38.81 | 7 | 3 |
| 杭州市 | 36.08 | 9 | 4 |
| 无锡市 | 29.27 | 12 | 5 |
| 南京市 | 27.06 | 14 | 6 |
| 南通市 | 22.54 | 18 | 7 |
| 嘉兴市 | 21.92 | 19 | 8 |
| 常州市 | 20.20 | 21 | 9 |
| 金华市 | 19.12 | 22 | 10 |
| 合肥市 | 18.25 | 24 | 11 |
| 绍兴市 | 17.20 | 26 | 12 |
| 台州市 | 17.16 | 27 | 13 |
| 盐城市 | 12.51 | 36 | 14 |
| 湖州市 | 12.41 | 38 | 15 |
| 扬州市 | 11.50 | 40 | 16 |
| 泰州市 | 11.02 | 41 | 17 |
| 芜湖市 | 9.09 | 48 | 18 |
| 镇江市 | 8.32 | 51 | 19 |
| 滁州市 | 7.01 | 62 | 20 |

| 城市 | 产业生态保障指数 | 全国排名 | 群内排名 |
|---|---|---|---|
| 安庆市 | 5.41 | 89 | 21 |
| 宣城市 | 5.35 | 90 | 22 |
| 马鞍山市 | 4.47 | 102 | 23 |
| 舟山市 | 2.77 | 150 | 24 |
| 铜陵市 | 2.13 | 172 | 25 |
| 池州市 | 1.81 | 189 | 26 |

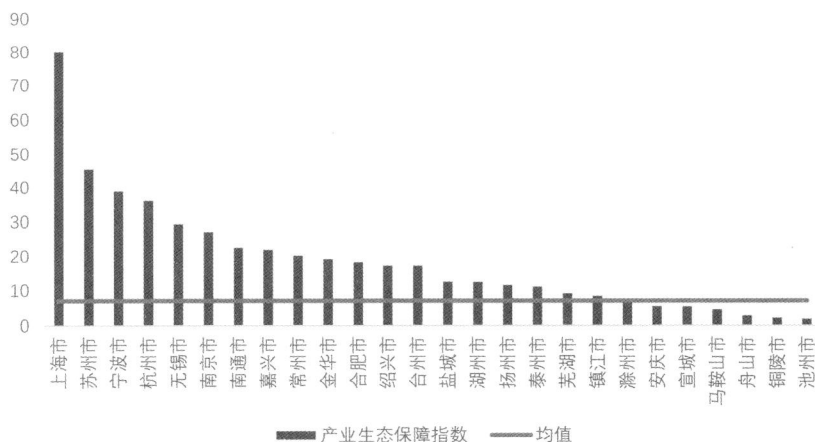

图6-1-5　长三角城市群产业营商环境分项指标评价（三）

通过以上对长三角城市群中三项分项指标的排名前 5 和排名后 5 的城市分析可以看出，各分项排在前列的城市多位于江浙两省，属于经济发展水平相对较好的地区，而排名后 5 的城市大多是安徽省内的，表明在长三角城市群中，江苏省和浙江省的城市营商环境表现相对较好，安徽省的城市营商环境需要进一步加强。此外，对于城市群内分项指数表现不一，存在城市内指数能力分化明显的问题，下一步的工作重点要着眼于群内城市之间，均衡发展各项指标要素，多方联动协同，促进群内城市协调发展。

# 第二节　京津冀城市群

　　京津冀地区是中国的"首都经济圈"，位于环渤海心脏地带，是我国北方经济规模最大、最具活力的地区。京津冀城市群包括北京、天津两大直辖市，更囊括了河北省石家庄市、保定市、唐山市、廊坊市、秦皇岛市、张家口市、衡水市、承德市、沧州市、邢台市、邯郸市，以及河南省的安阳市。本报告将对以上 14 个城市的产业营商环境进行分析。

　　在 2021 年全国城市产业营商环境综合指数排名中，北京市产业营商环境表现最为优异，排在群内首位，综合指数得分为 74.59，全国排名第 2。群内排名第 2 的天津市各个指标表现均衡，在全国城市中排在第 11 位，但与群内排名第 1 的北京指数得分差距巨大。石家庄市、廊坊市、唐山市表现较好，位于群内前 5；张家口市、承德市、安阳市、衡水市、秦皇岛市则排在群内后 5 名。排在全国前 20 名的城市有北京市、天津市两个城市，14 个样本城市中排在全国前 100 名的有 7 个，排在全国前 50 名的有 3 个，排在全国第 100—150 名的有 3 个，排在 200 名之外的仅秦皇岛一个城市。对比全国产业营商环境综合排名，在研究的 14 个群内样本城市中有 6 个城市的综合指数高于全国平均水平。见表6-2-1、图6-2-1。

表6-2-1　京津冀城市群产业营商环境综合指数排名

| 城市 | 标准化值 | 全国排名 | 群内排名 |
| --- | --- | --- | --- |
| 北京市 | 74.59 | 2 | 1 |
| 天津市 | 39.33 | 11 | 2 |
| 石家庄市 | 23.49 | 32 | 3 |

续表

| 城市 | 标准化值 | 全国排名 | 群内排名 |
|---|---|---|---|
| 廊坊市 | 16.53 | 65 | 4 |
| 唐山市 | 16.52 | 66 | 5 |
| 沧州市 | 16.23 | 70 | 6 |
| 保定市 | 15.36 | 79 | 7 |
| 邢台市 | 13.12 | 121 | 8 |
| 邯郸市 | 12.58 | 139 | 9 |
| 张家口市 | 12.34 | 147 | 10 |
| 承德市 | 11.87 | 166 | 11 |
| 安阳市 | 11.49 | 184 | 12 |
| 衡水市 | 11.49 | 185 | 13 |
| 秦皇岛市 | 9.80 | 219 | 14 |

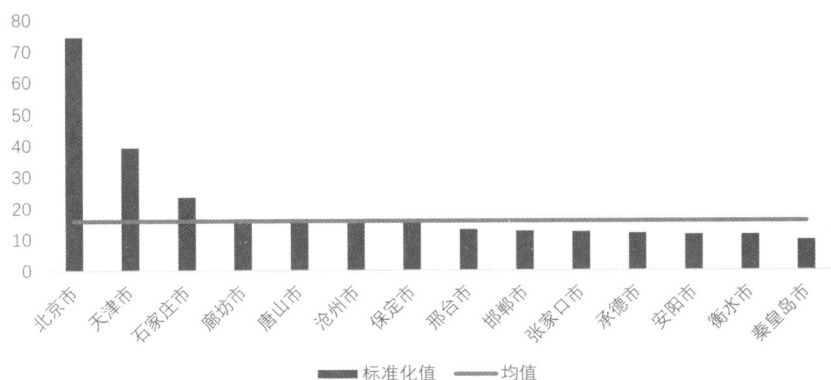

图6-2-1　京津冀城市群产业营商环境分项指标评价（一）

从京津冀城市群的三个分项指标来看，表现均较为优异。制度法规保障、要素支撑保障、产业生态保障指数分别在六大城市群内排名第4、第2以及第4，表明相对于其他城市群，京津冀城市群在要素支撑保障方面有比较突出的表现，在基础建设、人力资源等方面有较大优势。见表6-2-2、图6-2-2。

表6-2-2 京津冀城市群分项指数

| 京津冀城市群 | 标准化均值 | 排名 |
|---|---|---|
| 制度法规保障指数 | 30.34 | 4 |
| 要素支撑保障指数 | 16.42 | 2 |
| 产业生态保障指数 | 10.92 | 4 |

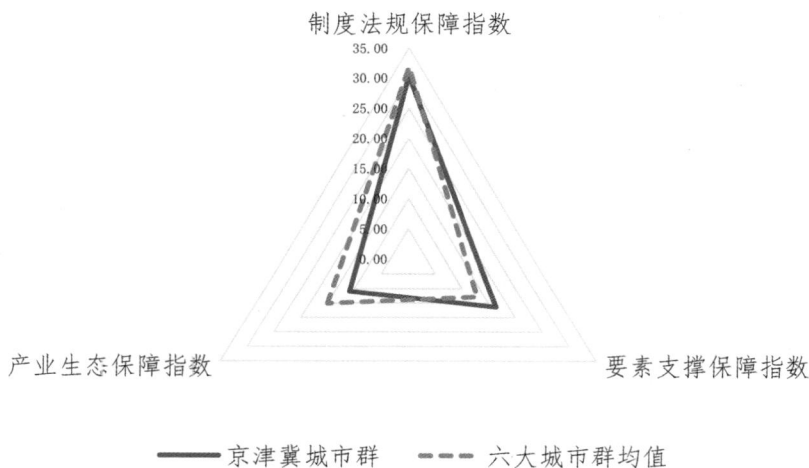

图6-2-2 京津冀城市群分项指数雷达图

从京津冀城市群的各分项指标在群内的排名来看，北京市的三个分项指数均高居榜首，其次是天津，三项指数均排在城市群内第2位，仅次于北京市。石家庄市排在群内制度法规保障指数的第3位，唐山市的制度法规保障指数、要素支撑保障指数、产业生态保障指数在城市群内分别排在第6位、第5位、第4位；保定市的要素支撑保障指数、产业生态保障指数较好，在群内排在第4位、第5位，制度法规保障指数表现较弱，在群内排在第7位；廊坊市的制度法规保障指数、要素支撑保障指数表现不错，分别排在第4位、第6位，但产业生态保障指数排名表现较差，排在第8位；沧州市的三项指数排名表现较好，分别排在第5位、第7位、第6位；

邢台市的各项排名表现较为均衡，三项指数排名分别是第 9 位、第 11 位、第 9 位；邯郸市的要素支撑保障指数、产业生态保障指数排名相比较其他指数表现好，分别排在群内第 8 位、第 7 位，但制度法规保障指数表现较差，排在第 12 位；承德市的制度法规保障指数排名较其他指数表现好，排在第 10 位；张家口市的制度法规保障指数和要素支撑保障指数排在第 8 位、第 10 位；安阳市的制度法规保障指数和产业生态保障指数排名均为第 11 位，但要素支撑保障指数排名表现相对较差，排在第 14 名；衡水市的产业生态保障指数和要素支撑保障指数分别排在第 10 位和第 9 位，但制度法规保障水平较差，排第 13 位。见表 6-2-3 ～ 表 6-2-5。

表6-2-3　京津冀城市群产业营商环境分项指标评价（一）

| 城市 | 制度法规保障指数 | 群内排名 | 全国排名 |
| --- | --- | --- | --- |
| 北京市 | 86.67 | 1 | 2 |
| 天津市 | 55.11 | 2 | 8 |
| 石家庄市 | 36.17 | 3 | 34 |
| 廊坊市 | 29.55 | 4 | 62 |
| 沧州市 | 27.57 | 5 | 77 |
| 唐山市 | 24.78 | 6 | 113 |
| 保定市 | 22.95 | 7 | 143 |
| 张家口市 | 22.42 | 8 | 154 |
| 邢台市 | 22.15 | 9 | 158 |
| 承德市 | 21.95 | 10 | 162 |
| 安阳市 | 20.30 | 11 | 184 |
| 邯郸市 | 19.68 | 12 | 192 |
| 衡水市 | 19.07 | 13 | 206 |
| 秦皇岛市 | 16.33 | 14 | 233 |

表6-2-4　京津冀城市群产业营商环境分项指标评价（二）

| 城市 | 要素支撑保障指数 | 群内排名 | 全国排名 |
|------|-----------------|---------|---------|
| 北京市 | 71.47 | 1 | 1 |
| 天津市 | 28.35 | 2 | 15 |
| 石家庄市 | 20.08 | 3 | 25 |
| 保定市 | 13.24 | 4 | 51 |
| 唐山市 | 13.19 | 5 | 52 |
| 廊坊市 | 10.16 | 6 | 80 |
| 沧州市 | 10.02 | 7 | 83 |
| 邯郸市 | 10.00 | 8 | 85 |
| 衡水市 | 9.54 | 9 | 97 |
| 张家口市 | 9.28 | 10 | 100 |
| 邢台市 | 9.06 | 11 | 105 |
| 秦皇岛市 | 8.74 | 12 | 117 |
| 承德市 | 8.68 | 13 | 120 |
| 安阳市 | 8.11 | 14 | 142 |

表6-2-5　京津冀城市群产业营商环境分项指标评价（三）

| 城市 | 产业生态保障指数 | 群内排名 | 全国排名 |
|------|-----------------|---------|---------|
| 北京市 | 61.61 | 1 | 4 |
| 天津市 | 29.27 | 2 | 13 |
| 石家庄市 | 9.98 | 3 | 43 |
| 唐山市 | 8.82 | 4 | 49 |
| 保定市 | 7.33 | 5 | 58 |
| 沧州市 | 7.32 | 6 | 59 |
| 邯郸市 | 5.68 | 7 | 79 |
| 廊坊市 | 5.54 | 8 | 85 |
| 邢台市 | 5.14 | 9 | 92 |
| 衡水市 | 3.33 | 10 | 130 |

续表

| 城市 | 产业生态保障指数 | 群内排名 | 全国排名 |
|---|---|---|---|
| 安阳市 | 3.12 | 11 | 136 |
| 秦皇岛市 | 2.14 | 12 | 171 |
| 张家口市 | 1.96 | 13 | 183 |
| 承德市 | 1.62 | 14 | 200 |

# 第三节 粤港澳大湾区城市群

粤港澳大湾区地理条件优越，"三面环山，三江汇聚"，具有漫长海岸线、良好港口群和广阔海域面，经济腹地广阔，泛珠三角区域拥有全国约 1/5 的国土面积、1/3 的人口和 1/3 的经济总量，是中国开放程度最高、经济活力最强的区域之一，在国家发展战略中具有重要地位。粤港澳大湾区城市群包括香港特别行政区、澳门特别行政区和广东省广州市、深圳市、珠海市、佛山市、惠州市、东莞市、中山市、江门市、肇庆市。考虑到数据的可获取性等因素，本报告仅对广州、深圳等 9 个城市产业营商环境进行分析。

2021 年全国城市产业营商环境综合指数排名中，粤港澳大湾区城市群内的城市营商环境综合指数排名表现优异。本次所研究的 9 个样本城市均排在全国前 100 名，其中有 4 个城市排在全国前 20 名，分别是深圳市、广州市、东莞市、佛山市；有 7 个城市进入全国排名前 50，分别是深圳市、广州市、东莞市、佛山市、珠海市、中山市、惠州市。整体来看，粤港澳大湾区的产业营商环境相比较其他重点城市群表现优越，群内城市的产业营商环境均处于我国领先水平。见表 6-3-1、图 6-3-1。

表6-3-1　粤港澳大湾区城市群产业营商环境综合指数排名

| 城市 | 标准化值 | 全国排名 | 群内排名 |
|---|---|---|---|
| 深圳市 | 70.00 | 3 | 1 |
| 广州市 | 53.72 | 4 | 2 |
| 东莞市 | 41.41 | 9 | 3 |
| 佛山市 | 35.09 | 15 | 4 |
| 珠海市 | 25.17 | 28 | 5 |
| 中山市 | 20.78 | 41 | 6 |
| 惠州市 | 19.19 | 48 | 7 |
| 江门市 | 15.72 | 74 | 8 |
| 肇庆市 | 14.71 | 89 | 9 |

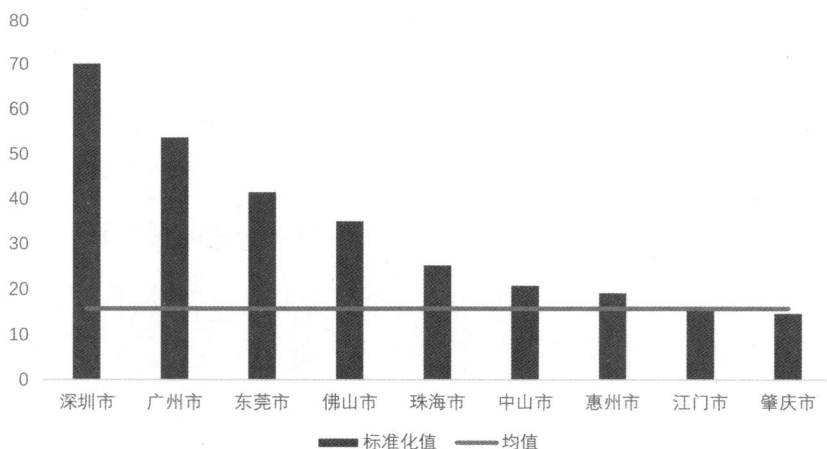

图6-3-1　粤港澳大湾区城市群产业营商环境综合指数排名

　　从大湾区城市群的三个分项指标的全国排名来看，三个分项指标排名表现十分优异，在六大样本城市群中均排名第1。且整体三大指数均远高于六大城市群均值，这也表明在六大城市群中表现十分卓越且各分项指数表现均衡。见表 6-3-2、图 6-3-2。

表6-3-2　粤港澳大湾区城市群分项指数

| 粤港澳大湾区城市群 | 标准化均值 | 排名 |
|---|---|---|
| 制度法规保障指数 | 44.55 | 1 |
| 要素支撑保障指数 | 22.89 | 1 |
| 产业生态保障指数 | 27.24 | 1 |

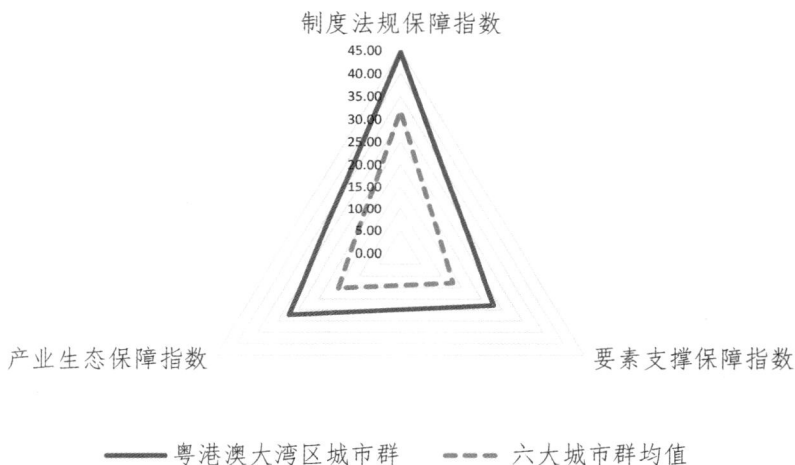

图6-3-2　粤港澳大湾区城市群分项指数雷达图

从粤港澳大湾区城市群的群内城市排名来看，在制度法规保障指数方面大湾区群内城市表现较好，仅江门市排在全国前100名之外。此外，城市群内所有城市均高于全国制度法规保障指数均值，指数排序依次为深圳市、广州市、东莞市、佛山市、珠海市、中山市、惠州市、肇庆市、江门市。其中，深圳市在制度法规保障方面表现优异，得分82.89，在全国排名中位于第3位，在群内位于第1位。见表6-3-3、图6-3-3。

表6-3-3　粤港澳大湾区城市群产业营商环境分项指标评价（一）

| 城市 | 制度法规保障指数 | 全国排名 | 群内排名 |
|---|---|---|---|
| 深圳市 | 82.89 | 3 | 1 |
| 广州市 | 64.88 | 4 | 2 |

续表

| 城市 | 制度法规保障指数 | 全国排名 | 群内排名 |
|---|---|---|---|
| 东莞市 | 50.27 | 14 | 3 |
| 佛山市 | 48.00 | 15 | 4 |
| 珠海市 | 43.44 | 22 | 5 |
| 中山市 | 29.88 | 59 | 6 |
| 惠州市 | 28.00 | 73 | 7 |
| 肇庆市 | 28.00 | 74 | 8 |
| 江门市 | 25.58 | 102 | 9 |

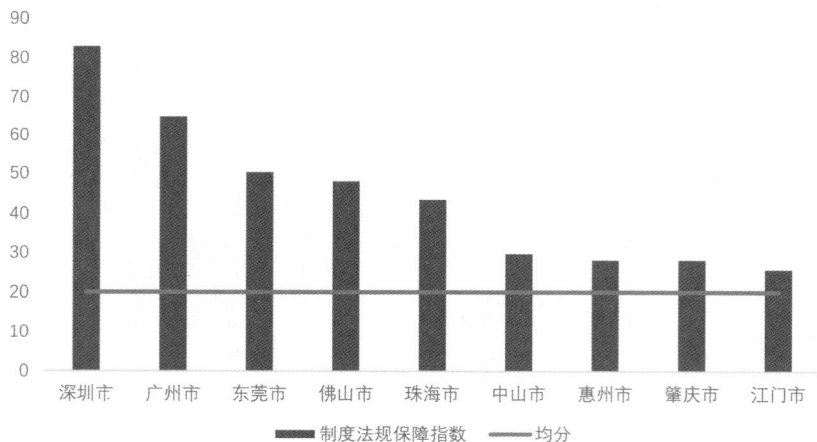

图6-3-3　粤港澳大湾区城市群产业营商环境分项指数（一）

从要素支撑保障的排名来看，粤港澳大湾区仅江门市和肇庆市排在全国前100名之外，分别在全国要素支撑保障指数排名的第103位和第188位。其他城市均为全国城市要素支撑保障指数排名的前50，分别是广州市、深圳市、东莞市、佛山市、珠海市、中山市、惠州市，均高于全国城市制度法规保障指数均值。其中，广州市在要素支撑保障方面表现优异，在群内位于排名第1，在全国排名也较为靠前。见表6-3-4、图6-3-4。

表6-3-4　粤港澳大湾区城市群产业营商环境分项指标评价（二）

| 城市 | 要素支撑保障指数 | 全国排名 | 群内排名 |
|---|---|---|---|
| 广州市 | 49.11 | 4 | 1 |
| 深圳市 | 45.97 | 5 | 2 |
| 东莞市 | 29.01 | 12 | 3 |
| 佛山市 | 19.79 | 26 | 4 |
| 珠海市 | 17.19 | 35 | 5 |
| 中山市 | 15.05 | 38 | 6 |
| 惠州市 | 13.84 | 44 | 7 |
| 江门市 | 9.12 | 103 | 8 |
| 肇庆市 | 6.97 | 188 | 9 |

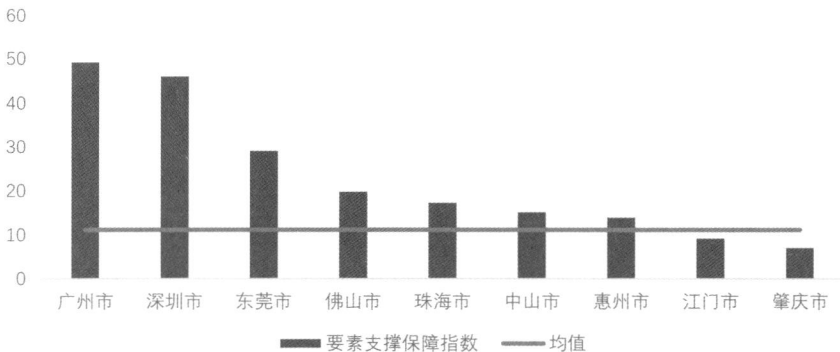

图6-3-4　粤港澳大湾区城市群产业营商环境分项指数（二）

从产业生态保障指数排名来看，粤港澳大湾区城市群群内的9个城市均在全国前100名之内，这表明粤港澳大湾区在产业生态保障方面表现极佳。依次排名为深圳市、广州市、东莞市、佛山市、中山市、惠州市、江门市、珠海市、肇庆市。其中，有8个城市进入全国城市产业生态保障指数排名前50，分别是深圳市、广州市、东莞市、佛山市、中山市、惠州市、江门市，群内所有城市的产业生态保障指数得分均高于全国城市产业生态保障指数均值。见表6-3-5、图6-3-5。

表6-3-5　粤港澳大湾区城市群产业营商环境分项指标评价（三）

| 城市 | 产业生态保障指数 | 全国排名 | 群内排名 |
|---|---|---|---|
| 深圳市 | 76.73 | 2 | 1 |
| 广州市 | 43.45 | 5 | 2 |
| 东莞市 | 42.01 | 6 | 3 |
| 佛山市 | 33.17 | 15 | 4 |
| 中山市 | 14.37 | 33 | 5 |
| 惠州市 | 12.80 | 34 | 6 |
| 江门市 | 9.16 | 46 | 7 |
| 珠海市 | 8.79 | 50 | 8 |
| 肇庆市 | 4.72 | 97 | 9 |

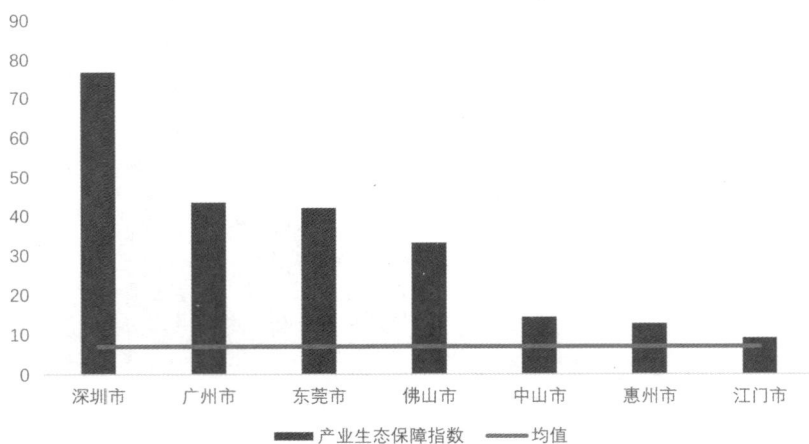

图6-3-5　粤港澳大湾区城市群产业营商环境分项指数（三）

总的来说，粤港澳大湾区范围内的城市具有较高的营商环境发展水平，不仅在其他城市区水平之上，而且高于全国乃至六大城市群的平均水平，是城市群发展的标杆。但现阶段该城市群还存在局部城市产业营商环境表现较弱，在全国排名表现不佳的情况，下一步粤港澳大湾区要在保持自身发展优势的同时以强带弱，协同协作，促进城市群内城市之间的均衡发展。

# 第四节　东北地区城市群

东北地区具备强大的工业基础和工业生产能力，是国家重要的工业基地，也是我国最重要的商品粮供应基地之一，同时拥有种类最丰富、储量最高的矿产资源。本报告将对东北三省的沈阳市、大连市、长春市、哈尔滨市、大庆市、吉林市、葫芦岛市、佳木斯市、丹东市、齐齐哈尔市、白山市、盘锦市、营口市、松原市、伊春市、辽阳市、白城市、鞍山市、本溪市、牡丹江市、锦州市、阜新市、朝阳市、抚顺市、铁岭市、辽源市、四平市、通化市、鸡西市 29 个城市进行分析。

在 2021 年全国城市产业营商环境综合指数排名中，东北地区城市群的城市营商环境综合指数排名较其他城市群表现差。在综合指数排名中，仅有 3 个城市进入全国排名前 50，分别是沈阳市、大连市、长春市；有 5 个城市排在全国前 150 名，分别是沈阳市、大连市、长春市、哈尔滨市、大庆市；排在 150—200 名的有葫芦岛市、佳木斯市、丹东市、齐齐哈尔市、白山市、盘锦市，其余 16 个城市均排在全国 200 名之外，由此可见东北地区城市群内的城市产业营商环境水平相对偏低。见表 6-4-1、图 6-4-1。

表6-4-1　东北地区城市群产业营商环境综合指数排名

| 城市 | 标准化值 | 群内排名 | 全国排名 |
|---|---|---|---|
| 沈阳市 | 22.99 | 1 | 35 |
| 大连市 | 21.53 | 2 | 39 |
| 长春市 | 20.54 | 3 | 43 |
| 哈尔滨市 | 18.39 | 4 | 56 |
| 大庆市 | 13.29 | 5 | 116 |
| 吉林市 | 12.29 | 6 | 152 |
| 葫芦岛市 | 11.85 | 7 | 169 |
| 佳木斯市 | 11.72 | 8 | 176 |
| 丹东市 | 11.71 | 9 | 179 |
| 齐齐哈尔市 | 11.51 | 10 | 183 |
| 白山市 | 11.41 | 11 | 186 |
| 盘锦市 | 10.94 | 12 | 195 |
| 营口市 | 10.38 | 13 | 206 |
| 松原市 | 10.23 | 14 | 208 |
| 伊春市 | 10.17 | 15 | 210 |
| 辽阳市 | 9.66 | 16 | 223 |
| 白城市 | 9.25 | 17 | 233 |
| 鞍山市 | 9.02 | 18 | 236 |
| 本溪市 | 8.95 | 19 | 239 |
| 牡丹江市 | 8.78 | 20 | 241 |
| 锦州市 | 8.77 | 21 | 242 |
| 阜新市 | 8.20 | 22 | 247 |
| 朝阳市 | 8.17 | 23 | 248 |
| 抚顺市 | 7.96 | 24 | 250 |
| 铁岭市 | 7.77 | 25 | 251 |

续表

| 城市 | 标准化值 | 群内排名 | 全国排名 |
|------|---------|---------|---------|
| 辽源市 | 7.54 | 26 | 253 |
| 四平市 | 7.49 | 27 | 254 |
| 通化市 | 7.32 | 28 | 255 |
| 鸡西市 | 7.05 | 29 | 258 |

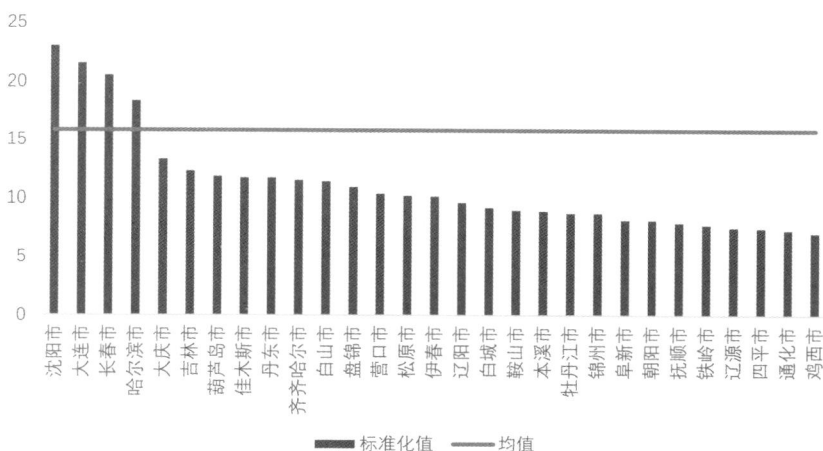

图6-4-1　东北地区城市群产业营商环境综合指数排名

从东北地区城市群的三个分项指标来看，各分项指标得分偏低，均排在六大城市群中的最后一位，各分项整体表现较为落后。此外，东北地区城市群的三大指数也均低于六大城市群均值。见表 6-4-2、图 6-4-2。

表6-4-2　东北地区城市群分项指数

| 东北地区城市群 | 标准化均值 | 排名 |
|---------------|-----------|------|
| 制度法规保障指数 | 19.82 | 6 |
| 要素支撑保障指数 | 8.79 | 6 |
| 产业生态保障指数 | 2.13 | 6 |

制度法规保障指数

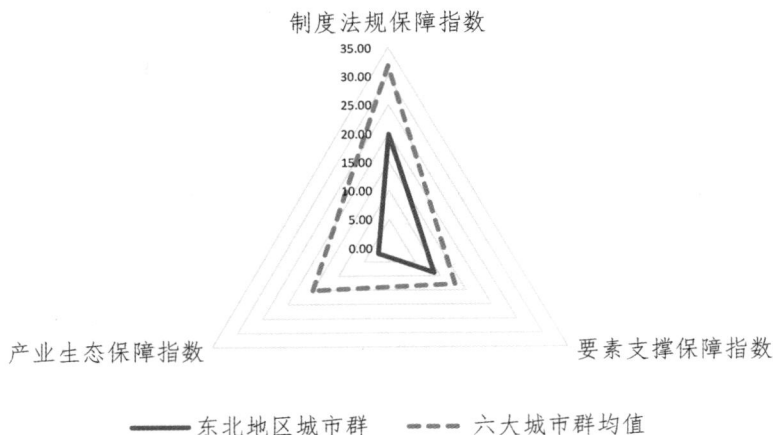

产业生态保障指数                                           要素支撑保障指数

——— 东北地区城市群    - - - 六大城市群均值

图6-4-2　东北地区城市群分项指数雷达图

从东北地区城市群各分项指标的城市排名来看，3个省会城市以及大连市的排名领先，优势相对明显。在制度法规保障指数的排名中，沈阳市、大连市、长春市、哈尔滨市、葫芦岛市排在前5名，朝阳市、抚顺市、通化市、四平市、鸡西市排在后5名。对比全国样本城市均值，东北地区城市群29个城市中仅有3个城市高于全国样本城市制度法规保障指数均值。见表6-4-3、图6-4-3。

表6-4-3　东北地区城市群产业营商环境分项指数（一）

| 城市 | 制度法规保障指数 | 全国排名 | 群内排名 |
|---|---|---|---|
| 沈阳市 | 34.24 | 39 | 1 |
| 大连市 | 33.77 | 44 | 2 |
| 长春市 | 31.40 | 50 | 3 |
| 哈尔滨市 | 26.75 | 81 | 4 |
| 葫芦岛市 | 24.91 | 111 | 5 |
| 大庆市 | 23.93 | 127 | 6 |
| 吉林市 | 23.20 | 138 | 7 |

| 城市 | 制度法规保障指数 | 全国排名 | 群内排名 |
|---|---|---|---|
| 丹东市 | 23.06 | 142 | 8 |
| 齐齐哈尔市 | 22.42 | 155 | 9 |
| 伊春市 | 21.69 | 165 | 10 |
| 松原市 | 20.81 | 181 | 11 |
| 白山市 | 20.65 | 183 | 12 |
| 盘锦市 | 19.94 | 189 | 13 |
| 营口市 | 19.22 | 202 | 14 |
| 白城市 | 18.38 | 215 | 15 |
| 辽阳市 | 17.21 | 228 | 16 |
| 本溪市 | 16.58 | 231 | 17 |
| 锦州市 | 16.52 | 232 | 18 |
| 鞍山市 | 16.03 | 238 | 19 |
| 阜新市 | 15.59 | 240 | 20 |
| 佳木斯市 | 15.55 | 242 | 21 |
| 牡丹江市 | 15.40 | 244 | 22 |
| 铁岭市 | 15.07 | 246 | 23 |
| 辽源市 | 14.54 | 248 | 24 |
| 朝阳市 | 14.50 | 250 | 25 |
| 抚顺市 | 14.46 | 251 | 26 |
| 通化市 | 14.21 | 253 | 27 |
| 四平市 | 13.36 | 255 | 28 |
| 鸡西市 | 11.30 | 258 | 29 |

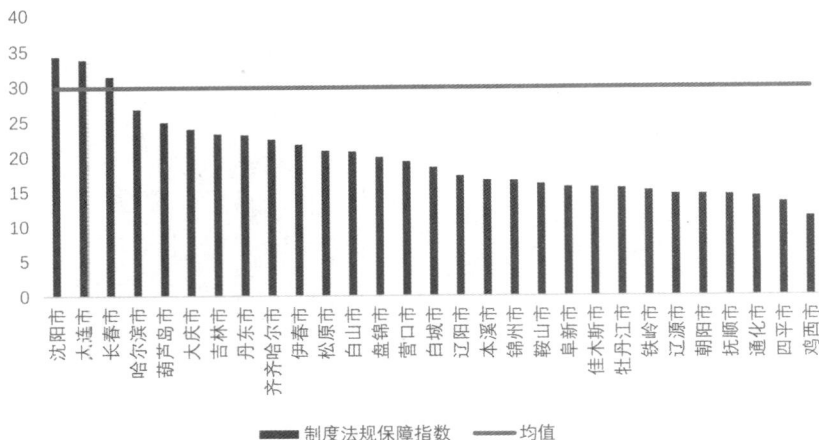

图6-4-3　东北地区城市群产业营商环境分项指数（一）

从要素支撑保障指数的排名来看，沈阳市指数得分排在首位，其次依次排列的是长春市、哈尔滨市、佳木斯市、大连市。城市群内城市指数排名后5位的城市依次是辽源市、葫芦岛市、铁岭市、伊春市、通化市。对比前后5名城市得分，可以发现城市群内城市之间分数差距较其他城市群差距小，表明东北地区城市群城市发展较均衡。对比全国样本城市均值，东北地区城市群群内29个城市中仅有5个城市高于全国城市要素支撑保障指数均值，表明东北地区城市群较其他城市群在要素支撑保障方面表现弱。见表6-4-4、图6-4-4。

表6-4-4　东北地区城市群产业营商环境分项指数（二）

| 城市 | 要素支撑保障指数 | 全国排名 | 群内排名 |
| --- | --- | --- | --- |
| 沈阳市 | 21.06 | 24 | 1 |
| 长春市 | 18.80 | 28 | 2 |
| 哈尔滨市 | 18.79 | 29 | 3 |
| 佳木斯市 | 17.29 | 34 | 4 |
| 大连市 | 15.47 | 36 | 5 |

续表

| 城市 | 要素支撑保障指数 | 全国排名 | 群内排名 |
|---|---|---|---|
| 白山市 | 10.13 | 81 | 6 |
| 大庆市 | 9.82 | 90 | 7 |
| 盘锦市 | 8.55 | 125 | 8 |
| 吉林市 | 8.45 | 128 | 9 |
| 辽阳市 | 8.38 | 129 | 10 |
| 鸡西市 | 7.82 | 152 | 11 |
| 牡丹江市 | 7.54 | 159 | 12 |
| 齐齐哈尔市 | 7.10 | 177 | 13 |
| 丹东市 | 7.07 | 180 | 14 |
| 本溪市 | 6.96 | 189 | 15 |
| 朝阳市 | 6.77 | 194 | 16 |
| 营口市 | 6.76 | 197 | 17 |
| 四平市 | 6.70 | 200 | 18 |
| 抚顺市 | 6.40 | 207 | 19 |
| 鞍山市 | 6.06 | 217 | 20 |
| 锦州市 | 5.97 | 220 | 21 |
| 阜新市 | 5.95 | 221 | 22 |
| 白城市 | 5.90 | 224 | 23 |
| 松原市 | 5.69 | 230 | 24 |
| 辽源市 | 5.52 | 233 | 25 |
| 葫芦岛市 | 5.40 | 236 | 26 |
| 铁岭市 | 4.90 | 247 | 27 |
| 伊春市 | 4.89 | 249 | 28 |
| 通化市 | 4.82 | 250 | 29 |

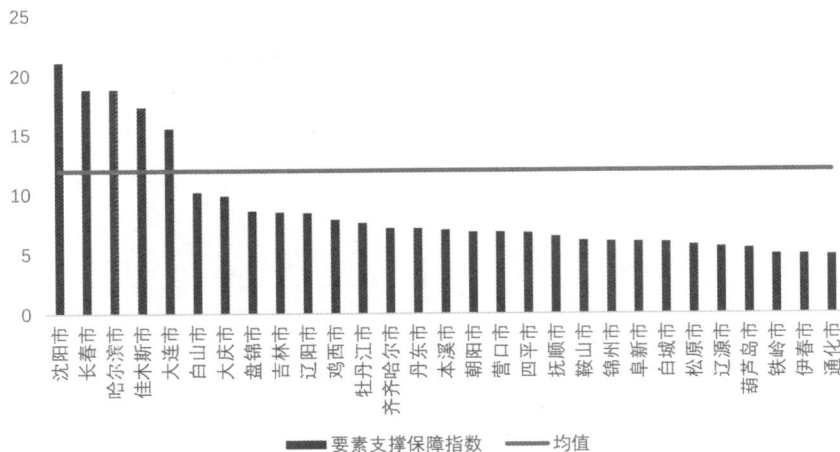

图6-4-4　东北地区城市群产业营商环境分项指数（二）

在产业生态保障指数排名中，东北地区城市群排名前5的城市有大连市、沈阳市、长春市、哈尔滨市、鞍山市，而四平市、白城市、白山市、辽源市、伊春市则是排名后5的城市。通过对比全国样本城市均值发现，29个样本城市中仅3个城市，大连市、沈阳市、长春市，指数高于全国平均指数。横向对比其他两项分项指数，东北地区城市群在产业生态保障指数方面表现较差，有较大提升空间。见表6-4-5、图6-4-5。

表6-4-5　东北地区城市群产业营商环境分项指数（三）

| 城市 | 产业生态保障指数 | 全国排名 | 群内排名 |
|---|---|---|---|
| 大连市 | 11.28 | 41 | 1 |
| 沈阳市 | 9.90 | 44 | 2 |
| 长春市 | 7.81 | 55 | 3 |
| 哈尔滨市 | 6.85 | 63 | 4 |
| 鞍山市 | 2.64 | 152 | 5 |
| 大庆市 | 2.58 | 156 | 6 |
| 营口市 | 2.23 | 167 | 7 |

续表

| 城市 | 产业生态保障指数 | 全国排名 | 群内排名 |
|---|---|---|---|
| 吉林市 | 1.60 | 203 | 8 |
| 齐齐哈尔市 | 1.35 | 210 | 9 |
| 盘锦市 | 1.32 | 212 | 10 |
| 锦州市 | 1.25 | 215 | 11 |
| 丹东市 | 1.21 | 216 | 12 |
| 牡丹江市 | 1.20 | 217 | 13 |
| 朝阳市 | 1.12 | 220 | 14 |
| 佳木斯市 | 1.06 | 221 | 15 |
| 铁岭市 | 0.89 | 232 | 16 |
| 葫芦岛市 | 0.88 | 234 | 17 |
| 辽阳市 | 0.88 | 235 | 18 |
| 抚顺市 | 0.85 | 237 | 19 |
| 本溪市 | 0.76 | 240 | 20 |
| 松原市 | 0.66 | 243 | 21 |
| 通化市 | 0.62 | 245 | 22 |
| 鸡西市 | 0.62 | 246 | 23 |
| 阜新市 | 0.60 | 248 | 24 |
| 四平市 | 0.46 | 254 | 25 |
| 白城市 | 0.42 | 255 | 26 |
| 白山市 | 0.37 | 256 | 27 |
| 辽源市 | 0.23 | 257 | 28 |
| 伊春市 | 0.11 | 260 | 29 |

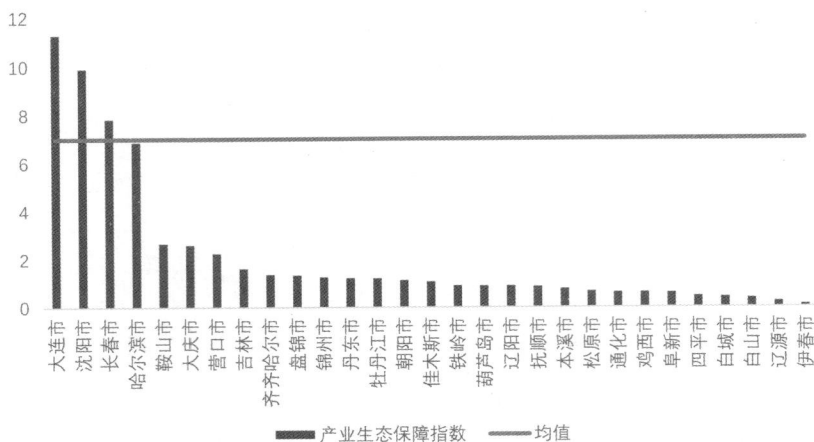

图6-4-5　东北地区城市群产业营商环境分项指数（三）

# 第五节　长江经济带城市群

长江经济带覆盖上海、江苏、浙江、安徽、江西、湖北、湖南、重庆、四川、云南、贵州等11个省市，横贯我国腹心地带，连接东、中、西三大区域的经济带，人口和生产总值均超过全国的40%。本报告选取长江经济带城市群的38个城市，分别是重庆市、苏州市、杭州市、成都市、武汉市、宁波市、南京市、无锡市、长沙市、合肥市、嘉兴市、绍兴市、常州市、南昌市、南通市、湖州市、镇江市、芜湖市、扬州市、宜昌市、舟山市、九江市、泰州市、攀枝花市、岳阳市、泸州市、安庆市、马鞍山市、咸宁市、黄石市、鄂州市、益阳市、常德市、宜宾市、铜陵市、黄冈市、荆州市、池州市，作为样本城市进行分析。

在2021年全国产业营商环境综合指数排名中，长江经济带城市群城市排名表现较好。有 30 个城市排在全国前 150 名，分别是重庆市、苏州市、杭州市、成都市、武汉市、宁波市、南京市、无锡市、长沙市、合肥市、嘉兴市、绍兴市、常州市、南昌市、南通市、湖州市、镇江市、芜湖市、扬州市、宜昌市、舟山市、九江市、泰州市、攀枝花市、岳阳市、泸州市、安庆市、马鞍山市、咸宁市、黄石市。在 38 个样本城市中，仅池州市排在全国 200 名之外。对比全国产业营商环境综合指数均值，38 个样本城市中有 23 个城市超过全国均值，表明长江经济带城市群群内城市整体产业营商环境水平较高。但对比群内城市排名第 1 的城市重庆市与排名最后一位的城市池州市的情况，发现群内城市之间的得分差异较大，表明长江经济带城市群群内城市之间存在发展不均衡的情况。见表6-5-1、图 6-5-1。

表6-5-1　长江经济带城市群产业营商环境综合指数排名

| 城市 | 标准化值 | 全国排名 | 群内排名 |
|---|---|---|---|
| 重庆市 | 52.77 | 5 | 1 |
| 苏州市 | 50.85 | 6 | 2 |
| 杭州市 | 44.33 | 7 | 3 |
| 成都市 | 43.75 | 8 | 4 |
| 武汉市 | 39.83 | 10 | 5 |
| 宁波市 | 38.5 | 12 | 6 |
| 南京市 | 37.98 | 13 | 7 |
| 无锡市 | 31.89 | 18 | 8 |
| 长沙市 | 31.34 | 19 | 9 |
| 合肥市 | 27.61 | 21 | 10 |
| 嘉兴市 | 27.45 | 24 | 11 |
| 绍兴市 | 25.69 | 26 | 12 |

续表

| 城市 | 标准化值 | 全国排名 | 群内排名 |
|---|---|---|---|
| 常州市 | 24.5 | 30 | 13 |
| 南昌市 | 23.95 | 31 | 14 |
| 南通市 | 23.00 | 34 | 15 |
| 湖州市 | 18.96 | 50 | 16 |
| 镇江市 | 18.69 | 52 | 17 |
| 芜湖市 | 18.58 | 54 | 18 |
| 扬州市 | 17.37 | 58 | 19 |
| 宜昌市 | 16.76 | 60 | 20 |
| 舟山市 | 16.66 | 62 | 21 |
| 九江市 | 16.65 | 63 | 22 |
| 泰州市 | 16.22 | 71 | 23 |
| 攀枝花市 | 15.30 | 81 | 24 |
| 岳阳市 | 15.12 | 83 | 25 |
| 泸州市 | 14.59 | 91 | 26 |
| 安庆市 | 14.56 | 92 | 27 |
| 马鞍山市 | 13.90 | 103 | 28 |
| 咸宁市 | 13.05 | 124 | 29 |
| 黄石市 | 12.98 | 128 | 30 |
| 鄂州市 | 12.31 | 151 | 31 |
| 益阳市 | 12.01 | 157 | 32 |
| 常德市 | 11.85 | 168 | 33 |
| 宜宾市 | 11.73 | 174 | 34 |
| 铜陵市 | 11.62 | 180 | 35 |

续表

| 城市 | 标准化值 | 全国排名 | 群内排名 |
|------|---------|---------|---------|
| 黄冈市 | 11.34 | 189 | 36 |
| 荆州市 | 10.74 | 200 | 37 |
| 池州市 | 9.48 | 226 | 38 |

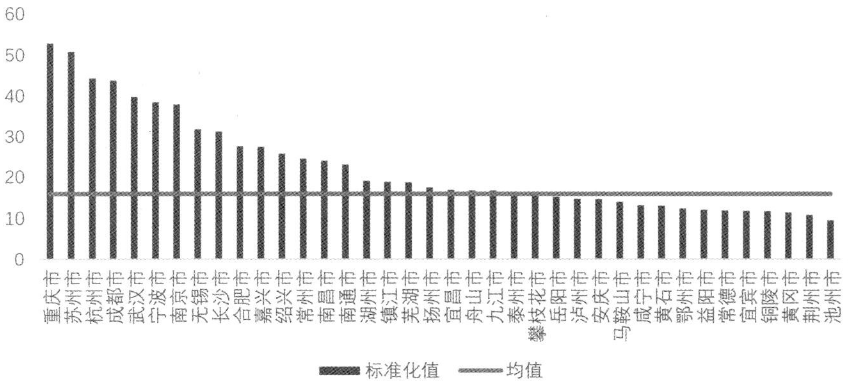

图6-5-1　长江经济带城市群产业营商环境综合指数排名

　　从长江经济带城市群的三个分项指标来看，表现较为优异。制度法规保障、要素支撑保障、产业生态保障指数分别在六大城市群内的排名均排在第3位，整体三大分项指数表现较为均衡，与六大城市群均值差异较小。见表6-5-2、图6-5-2。

表6-5-2　长江经济带城市群分项指数

| 长江经济带城市群 | 标准化均值 | 排名 |
|------|---------|-----|
| 制度法规保障指数 | 34.03 | 3 |
| 要素支撑保障指数 | 15.25 | 3 |
| 产业生态保障指数 | 14.13 | 3 |

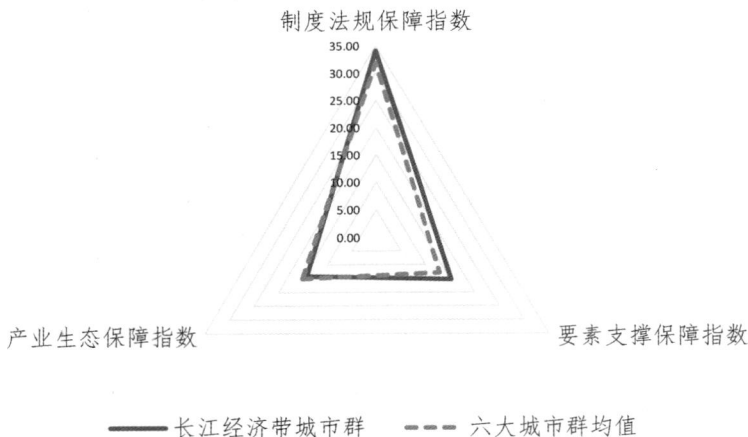

制度法规保障指数

产业生态保障指数　　　　　　　　　　要素支撑保障指数

———— 长江经济带城市群　　－－－ 六大城市群均值

图6-5-2　长江经济带城市群分项指数雷达图

从长江经济带城市群三个分项指标的全国排名来看，制度法规保障指数整体表现较好，排名均较为靠前。有32个城市排进前150名，其中排在全国前100名的有30个城市，依次排列为重庆市、苏州市、成都市、杭州市、武汉市、宁波市、南京市、长沙市、无锡市、嘉兴市、绍兴市、合肥市、南昌市、常州市、舟山市、镇江市、芜湖市、南通市、宜昌市、湖州市、九江市、扬州市、安庆市、鄂州市、马鞍山市、岳阳市、泰州市、咸宁市、黄石市、攀枝花市、泸州市、铜陵市、益阳市、黄冈市、常德市、宜宾市、池州市、荆州市。与全国样本城市的制度法规保障指数均值相比，长江经济带中有20个城市指数得分高于全国均值。见表6-5-3、图6-5-3。

表6-5-3　长江经济带城市群产业营商环境分项指数（一）

| 城市 | 制度法规保障指数 | 全国排名 | 群内排名 |
| --- | --- | --- | --- |
| 重庆市 | 63.74 | 5 | 1 |
| 苏州市 | 58.36 | 6 | 2 |
| 成都市 | 56.09 | 7 | 3 |

续表

| 城市 | 制度法规保障指数 | 全国排名 | 群内排名 |
|---|---|---|---|
| 杭州市 | 53.67 | 9 | 4 |
| 武汉市 | 53.48 | 10 | 5 |
| 宁波市 | 51.07 | 11 | 6 |
| 南京市 | 50.46 | 13 | 7 |
| 长沙市 | 43.84 | 20 | 8 |
| 无锡市 | 43.83 | 21 | 9 |
| 嘉兴市 | 42.21 | 23 | 10 |
| 绍兴市 | 40.27 | 25 | 11 |
| 合肥市 | 37.67 | 29 | 12 |
| 南昌市 | 36.61 | 33 | 13 |
| 常州市 | 36.04 | 35 | 14 |
| 舟山市 | 34.12 | 41 | 15 |
| 镇江市 | 34.04 | 42 | 16 |
| 芜湖市 | 32.92 | 46 | 17 |
| 南通市 | 30.71 | 53 | 18 |
| 宜昌市 | 30.12 | 57 | 19 |
| 湖州市 | 30.02 | 58 | 20 |
| 九江市 | 29.32 | 67 | 21 |
| 扬州市 | 28.03 | 72 | 22 |
| 安庆市 | 27.14 | 79 | 23 |
| 鄂州市 | 26.51 | 86 | 24 |
| 马鞍山市 | 26.47 | 87 | 25 |
| 岳阳市 | 26.34 | 89 | 26 |
| 泰州市 | 26.14 | 91 | 27 |
| 咸宁市 | 25.85 | 95 | 28 |
| 黄石市 | 25.83 | 98 | 29 |
| 攀枝花市 | 25.52 | 63 | 30 |
| 泸州市 | 25.29 | 106 | 31 |

续表

| 城市 | 制度法规保障指数 | 全国排名 | 群内排名 |
|---|---|---|---|
| 铜陵市 | 23.36 | 136 | 32 |
| 益阳市 | 22.49 | 151 | 33 |
| 黄冈市 | 19.72 | 191 | 34 |
| 常德市 | 19.67 | 194 | 35 |
| 宜宾市 | 19.44 | 198 | 36 |
| 池州市 | 18.46 | 213 | 37 |
| 荆州市 | 18.27 | 218 | 38 |

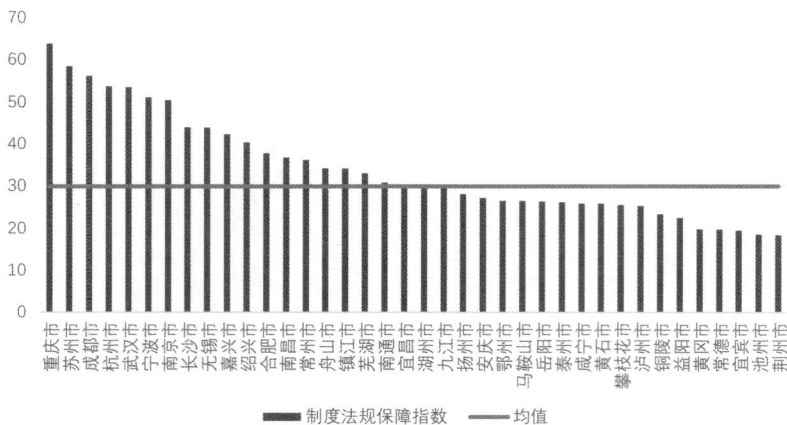

图6-5-3　长江经济带城市群产业营商环境分项指数（一）

　　从要素支撑保障指数来看，长江经济带城市群群内城市总体表现较好。长江经济带城市群有21个城市排在全国100名之前，分别是重庆市、成都市、杭州市、武汉市、南京市、长沙市、苏州市、合肥市、南昌市、宁波市、无锡市、绍兴市、常州市、嘉兴市、南通市、泸州市、湖州市、攀枝花市、宜昌市、九江市、宜宾市。虽然相较于全国平均水平，长江经济带城市群内城市的要素支撑保障水平较高，但是该城市群中要素支撑保障水平比全国平均值低的还有16个城市。见表6-5-4、图6-5-4。

表6-5-4 长江经济带城市群产业营商环境分项指数（二）

| 城市 | 要素支撑保障指数 | 全国排名 | 群内排名 |
|---|---|---|---|
| 重庆市 | 52.23 | 3 | 1 |
| 成都市 | 40.68 | 6 | 2 |
| 杭州市 | 40.13 | 7 | 3 |
| 武汉市 | 36.46 | 9 | 4 |
| 南京市 | 32.25 | 10 | 5 |
| 长沙市 | 28.52 | 13 | 6 |
| 苏州市 | 28.44 | 14 | 7 |
| 合肥市 | 23.56 | 18 | 8 |
| 南昌市 | 21.81 | 21 | 9 |
| 宁波市 | 21.41 | 22 | 10 |
| 无锡市 | 18.16 | 30 | 11 |
| 绍兴市 | 14.75 | 41 | 12 |
| 常州市 | 13.43 | 47 | 13 |
| 嘉兴市 | 13.29 | 50 | 14 |
| 南通市 | 13.16 | 53 | 15 |
| 泸州市 | 11.85 | 65 | 16 |
| 湖州市 | 10.75 | 71 | 17 |
| 攀枝花市 | 10.37 | 76 | 18 |
| 宜昌市 | 10.02 | 84 | 19 |
| 九江市 | 9.57 | 96 | 20 |
| 宜宾市 | 9.50 | 98 | 21 |
| 扬州市 | 9.05 | 107 | 22 |
| 芜湖市 | 8.97 | 111 | 23 |
| 岳阳市 | 8.86 | 113 | 24 |
| 镇江市 | 8.59 | 122 | 25 |
| 泰州市 | 8.19 | 138 | 26 |
| 常德市 | 7.63 | 155 | 27 |
| 舟山市 | 7.28 | 169 | 28 |

续表

| 城市 | 要素支撑保障指数 | 全国排名 | 群内排名 |
|------|------------------|----------|----------|
| 黄冈市 | 7.26 | 170 | 29 |
| 安庆市 | 6.93 | 191 | 30 |
| 荆州市 | 6.76 | 196 | 31 |
| 马鞍山市 | 6.58 | 202 | 32 |
| 益阳市 | 6.09 | 216 | 33 |
| 咸宁市 | 6.03 | 218 | 34 |
| 黄石市 | 5.99 | 219 | 35 |
| 铜陵市 | 5.45 | 234 | 36 |
| 池州市 | 5.18 | 244 | 37 |
| 鄂州市 | 4.17 | 252 | 38 |

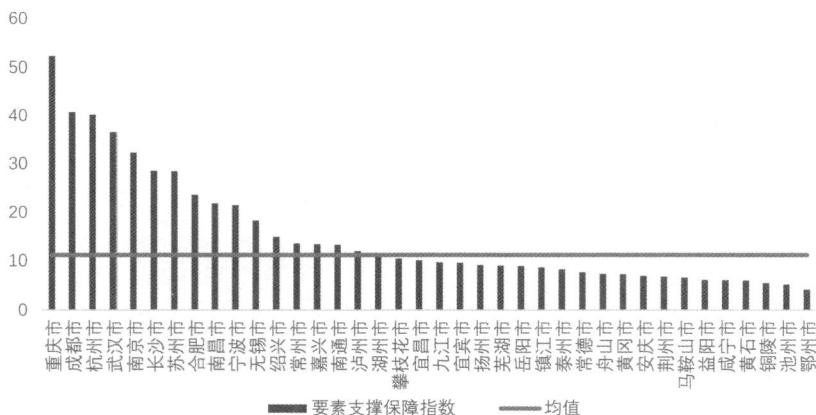

图6-5-4　长江经济带城市群产业营商环境分项指数（二）

从产业生态保障指数来看，苏州市指数得分最高，在群内排名第1，在全国排名第3。此外，其他进入全国指数排名前100名的城市有宁波市、重庆市、杭州市、成都市、无锡市、南京市、武汉市、南通市、嘉兴市、常州市、合肥市、长沙市、绍兴市、湖州市、扬州市、泰州市、南昌市、芜湖市、镇江市、九江市、岳阳市、宜昌市、常德市、安庆市、荆州市。

相较于全国平均水平，该城市群中产业生态环境水平比全国平均值高的有 20 个城市，表明长江经济带城市群内城市的产业生态保障整体水平较高。见表 6-5-5、图 6-5-5。

表6-5-5　长江经济带城市群产业营商环境分项指数（三）

| 城市 | 产业生态保障指数 | 全国排名 | 群内排名 |
| --- | --- | --- | --- |
| 苏州市 | 63.24 | 3 | 1 |
| 宁波市 | 38.81 | 7 | 2 |
| 重庆市 | 38.68 | 8 | 3 |
| 杭州市 | 36.09 | 9 | 4 |
| 成都市 | 30.36 | 11 | 5 |
| 无锡市 | 29.71 | 12 | 6 |
| 南京市 | 27.06 | 14 | 7 |
| 武汉市 | 24.99 | 15 | 8 |
| 南通市 | 22.54 | 18 | 9 |
| 嘉兴市 | 21.92 | 19 | 10 |
| 常州市 | 20.2 | 21 | 11 |
| 合肥市 | 18.25 | 24 | 12 |
| 长沙市 | 17.50 | 25 | 13 |
| 绍兴市 | 17.20 | 26 | 14 |
| 湖州市 | 12.41 | 38 | 15 |
| 扬州市 | 11.50 | 40 | 16 |
| 泰州市 | 11.02 | 42 | 17 |
| 南昌市 | 9.21 | 45 | 18 |
| 芜湖市 | 9.09 | 48 | 19 |
| 镇江市 | 8.32 | 51 | 20 |
| 九江市 | 6.84 | 64 | 21 |
| 岳阳市 | 6.42 | 71 | 22 |
| 宜昌市 | 5.77 | 77 | 23 |
| 常德市 | 5.64 | 81 | 24 |

续表

| 城市 | 产业生态保障指数 | 全国排名 | 群内排名 |
|------|------------------|----------|----------|
| 安庆市 | 5.41 | 89 | 25 |
| 荆州市 | 4.69 | 98 | 26 |
| 马鞍山市 | 4.47 | 102 | 27 |
| 黄冈市 | 4.26 | 109 | 28 |
| 益阳市 | 3.95 | 118 | 29 |
| 宜宾市 | 3.69 | 121 | 30 |
| 泸州市 | 3.07 | 142 | 31 |
| 咸宁市 | 3.01 | 143 | 32 |
| 黄石市 | 2.83 | 149 | 33 |
| 舟山市 | 2.77 | 150 | 34 |
| 铜陵市 | 2.13 | 172 | 35 |
| 池州市 | 1.81 | 189 | 36 |
| 鄂州市 | 1.51 | 204 | 37 |
| 攀枝花市 | 1.27 | 214 | 38 |

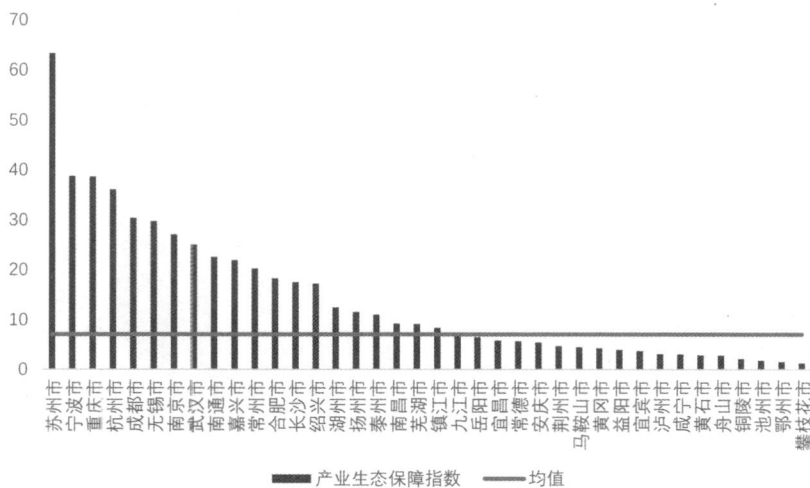

图6-5-5　长江经济带城市群产业营商环境分项指数（三）

# 第六节　黄河流域城市群

黄河流域西接昆仑、北抵阴山、南倚秦岭、东临渤海，横跨东中西部，是我国重要的生态安全屏障，也是人口活动和经济发展的重要区域，在国家发展大局和社会主义现代化建设全局中具有举足轻重的战略地位。作为我国第二大河流，黄河自西向东流经青海、四川、甘肃、宁夏、内蒙古、陕西、山西、河南、山东 9 个省区，由于自然地理条件和生态系统差异大，黄河流域城市的发展条件、发展阶段、功能定位、资源环境承载约束存在显著差异。本报告就 31 个主要城市作为黄河流域城市群的样本城市进行研究分析。

2021 年全国产业营商环境综合指数排名中，黄河流域城市群内的城市排名表现尚佳。有 13 个城市排在全国前 100 名；开封市、滨州市、泰安市、西宁市、延安市 5 个城市排在全国第 100—150 名；三门峡市、焦作市、包头市、临汾市、乌海市、新乡市、白银市 7 个城市排在第 150—200 名；其余 5 个城市排在全国 200 名之外。总的来看，黄河流域城市的产业营商环境排名，进入全国百强的多为省会城市和黄河中下游城市，而排名位于全国后 200 名的城市中，除濮阳外均为黄河中上游城市，这体现了黄河流域城市群在地域特征下存在的城市之间产业营商环境的不均衡。见表 6-6-1、图 6-6-1。

表6-6-1　黄河流域城市群产业营商环境综合指数排名

| 城市 | 标准化值 | 群内排名 | 全国排名 |
|---|---|---|---|
| 郑州市 | 35.49 | 1 | 14 |

续表

| 城市 | 标准化值 | 群内排名 | 全国排名 |
|---|---|---|---|
| 济南市 | 30.18 | 2 | 20 |
| 太原市 | 21.36 | 3 | 40 |
| 东营市 | 19.94 | 4 | 46 |
| 淄博市 | 19.66 | 5 | 47 |
| 鄂尔多斯市 | 18.43 | 6 | 55 |
| 洛阳市 | 18.12 | 7 | 57 |
| 聊城市 | 16.64 | 8 | 64 |
| 德州市 | 15.79 | 9 | 73 |
| 呼和浩特市 | 14.85 | 10 | 87 |
| 兰州市 | 14.74 | 11 | 88 |
| 银川市 | 14.52 | 12 | 94 |
| 榆林市 | 14.18 | 13 | 99 |
| 开封市 | 13.54 | 14 | 111 |
| 滨州市 | 13.13 | 15 | 119 |
| 泰安市 | 12.80 | 16 | 135 |
| 西宁市 | 12.34 | 17 | 148 |
| 延安市 | 12.34 | 18 | 149 |
| 三门峡市 | 12.12 | 19 | 155 |
| 焦作市 | 12.03 | 20 | 156 |
| 包头市 | 11.98 | 21 | 158 |
| 临汾市 | 11.96 | 22 | 161 |
| 乌海市 | 11.39 | 23 | 187 |
| 新乡市 | 10.99 | 24 | 193 |
| 白银市 | 10.75 | 25 | 199 |
| 忻州市 | 10.47 | 26 | 205 |
| 运城市 | 9.74 | 27 | 222 |
| 濮阳市 | 9.38 | 28 | 229 |
| 石嘴山市 | 9.34 | 29 | 230 |

续表

| 城市 | 标准化值 | 群内排名 | 全国排名 |
|------|---------|---------|---------|
| 吴忠市 | 8.99 | 30 | 237 |
| 巴彦淖尔市 | 7.22 | 31 | 256 |

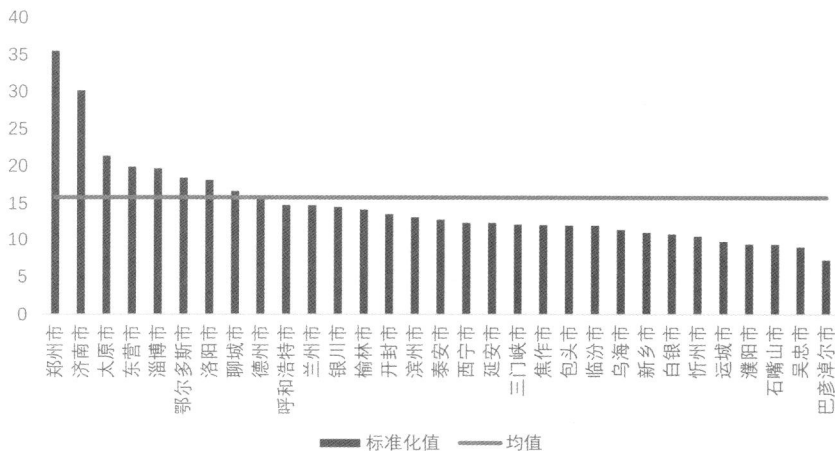

图6-6-1　黄河流域城市群产业营商环境综合指数排名

从黄河流域城市群的三个分项指标的全国排名来看，制度法规保障、要素支撑保障、产业生态保障指数分别在六大城市群内的排名均排在第5位，三大分项指数之间整体表现较为均衡。见表6-6-2、图6-6-2。

表6-6-2　黄河流域城市分项指数

| 黄河流域城市群 | 标准化均值 | 排名 |
|---------------|-----------|------|
| 制度法规保障指数 | 24.64 | 5 |
| 要素支撑保障指数 | 4.09 | 5 |
| 产业生态保障指数 | 11.91 | 5 |

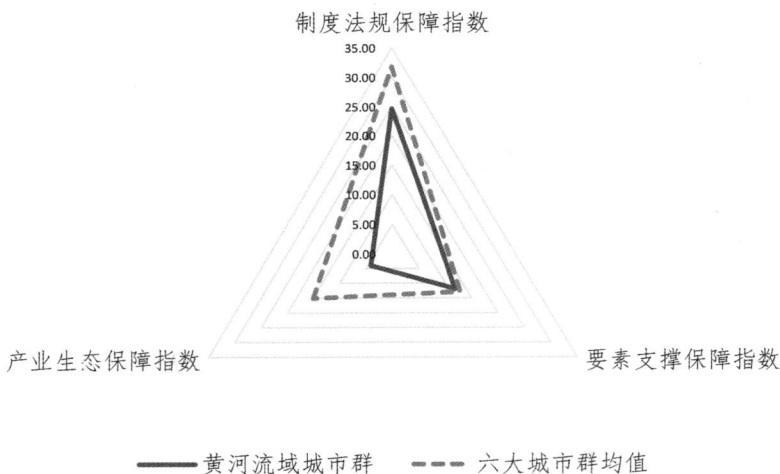

图6-6-2　黄河流域城市分项指数雷达图

从黄河流域城市群群内城市的各分项指标排名来看，制度法规保障指数表现较佳，城市排名较为靠前。有9个城市排进前100名，依次排列为郑州市、济南市、东营市、淄博市、鄂尔多斯市、太原市、聊城市、洛阳市、德州市；开封市、银川市、榆林市、呼和浩特市、延安市5个城市排进100—150名；三门峡市、临汾市、滨州市、乌海市、泰安市、焦作市、兰州市、白银市、西宁市、包头市、忻州市11个城市排进150—200名；石嘴山市、新乡市、濮阳市、运城市、吴忠市、巴彦淖尔市排在200名之外。与全国样本城市的制度法规保障指数均值相比，黄河流域城市群中有7个城市指数得分高于全国均值。见表6-6-3、图6-6-3。

表6-6-3　黄河流域城市群产业营商环境分项指数（一）

| 城市 | 制度法规保障指数 | 全国排名 | 群内排名 |
|---|---|---|---|
| 郑州市 | 46.39 | 16 | 1 |
| 济南市 | 45.07 | 18 | 2 |
| 东营市 | 37.23 | 30 | 3 |
| 淄博市 | 34.14 | 40 | 4 |

续表

| 城市 | 制度法规保障指数 | 全国排名 | 群内排名 |
|---|---|---|---|
| 鄂尔多斯市 | 34.01 | 43 | 5 |
| 太原市 | 32.01 | 48 | 6 |
| 聊城市 | 30.89 | 51 | 7 |
| 洛阳市 | 29.48 | 64 | 8 |
| 德州市 | 29.12 | 70 | 9 |
| 开封市 | 25.63 | 101 | 10 |
| 银川市 | 24.62 | 115 | 11 |
| 榆林市 | 24.53 | 117 | 12 |
| 呼和浩特市 | 24.09 | 124 | 13 |
| 延安市 | 22.89 | 146 | 14 |
| 三门峡市 | 22.45 | 153 | 15 |
| 临汾市 | 22.16 | 157 | 16 |
| 滨州市 | 22.06 | 160 | 17 |
| 乌海市 | 21.49 | 169 | 18 |
| 泰安市 | 21.39 | 171 | 19 |
| 焦作市 | 21.01 | 177 | 20 |
| 兰州市 | 21.01 | 178 | 21 |
| 白银市 | 20.91 | 180 | 22 |
| 西宁市 | 20.16 | 185 | 23 |
| 包头市 | 19.47 | 197 | 24 |
| 忻州市 | 19.42 | 199 | 25 |
| 石嘴山市 | 17.30 | 227 | 26 |
| 新乡市 | 16.09 | 235 | 27 |
| 濮阳市 | 16.04 | 237 | 28 |
| 运城市 | 15.58 | 241 | 29 |
| 吴忠市 | 13.98 | 254 | 30 |
| 巴彦淖尔市 | 13.30 | 256 | 31 |

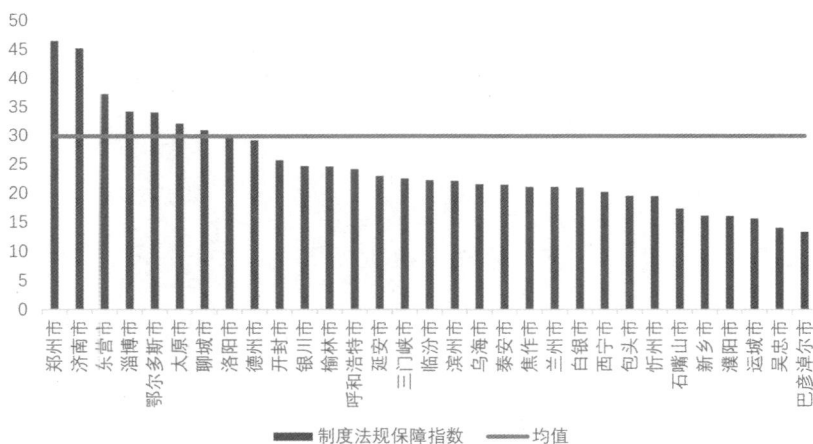

图6-6-3　黄河流域城市群产业营商环境分项指数（一）

从黄河流域城市群群内城市要素支撑保障指数的排名来看，黄河流域城市群排名前5的城市有郑州市、济南市、太原市、兰州市、呼和浩特市，白银市、忻州市、开封市、石嘴山市、巴彦淖尔市则是排名后5的城市。通过对比全国均值发现，31个样本城市中有12个城市的指数高于全国平均指数。见表6-6-4、图6-6-4。

表6-6-4　黄河流域城市群产业营商环境分项指数（二）

| 城市 | 要素支撑保障指数 | 全国排名 | 群内排名 |
|---|---|---|---|
| 郑州市 | 38.10 | 8 | 1 |
| 济南市 | 25.28 | 16 | 2 |
| 太原市 | 22.32 | 19 | 3 |
| 兰州市 | 17.96 | 32 | 4 |
| 呼和浩特市 | 15.20 | 37 | 5 |
| 洛阳市 | 13.51 | 46 | 6 |
| 银川市 | 13.34 | 49 | 7 |
| 鄂尔多斯市 | 12.98 | 54 | 8 |

续表

| 城市 | 要素支撑保障指数 | 全国排名 | 群内排名 |
|---|---|---|---|
| 西宁市 | 12.94 | 55 | 9 |
| 淄博市 | 12.82 | 57 | 10 |
| 东营市 | 12.50 | 58 | 11 |
| 包头市 | 11.53 | 67 | 12 |
| 吴忠市 | 10.34 | 77 | 13 |
| 榆林市 | 10.24 | 78 | 14 |
| 新乡市 | 9.75 | 91 | 15 |
| 泰安市 | 9.72 | 94 | 16 |
| 聊城市 | 9.33 | 99 | 17 |
| 延安市 | 9.27 | 101 | 18 |
| 运城市 | 9.11 | 104 | 19 |
| 焦作市 | 8.92 | 112 | 20 |
| 滨州市 | 8.77 | 115 | 21 |
| 三门峡市 | 8.75 | 116 | 22 |
| 乌海市 | 8.72 | 119 | 23 |
| 临汾市 | 8.21 | 136 | 24 |
| 德州市 | 8.00 | 148 | 25 |
| 濮阳市 | 7.58 | 158 | 26 |
| 白银市 | 7.40 | 165 | 27 |
| 忻州市 | 7.18 | 173 | 28 |
| 开封市 | 7.07 | 181 | 29 |
| 石嘴山市 | 7.04 | 184 | 30 |
| 巴彦淖尔市 | 5.38 | 238 | 31 |

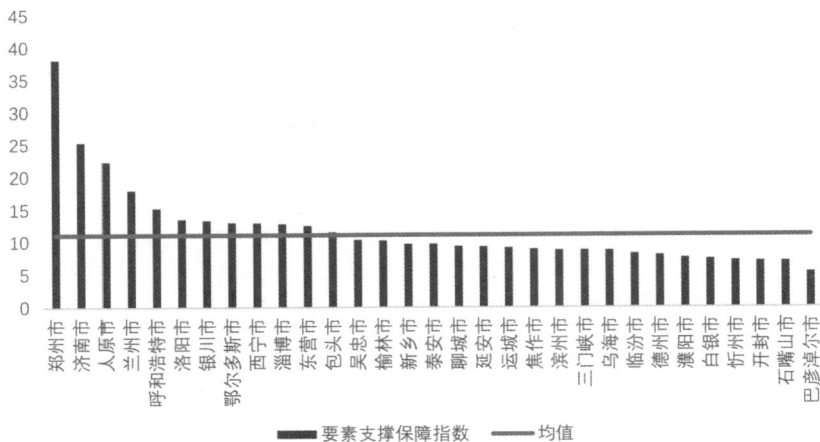

图6-6-4　黄河流域城市群产业营商环境分项指数（二）

　　从产业生态保障指数来看，黄河流域城市群群内城市总体表现较弱。黄河流域城市群有9个城市排在全国100名之前，分别是郑州市、济南市、洛阳市、淄博市、太原市、德州市、滨州市、新乡市、聊城市；排在200名之外的城市有7个，分别是延安市、西宁市、石嘴山、吴忠市、巴彦淖尔市、乌海市、白银市。此外，相较于全国平均水平，黄河流域城市群内城市的产业生态保障水平偏低。下一步黄河流域城市群要更多地关注在生活服务保障、人力资源供给等方面的不足。见表6-6-5、图6-6-5。

表6-6-5　黄河流域城市群产业营商环境分项指数（三）

| 城市 | 产业生态保障指数 | 全国排名 | 群内排名 |
|---|---|---|---|
| 郑州市 | 18.34 | 23 | 1 |
| 济南市 | 15.22 | 29 | 2 |
| 洛阳市 | 7.60 | 56 | 3 |
| 淄博市 | 7.18 | 60 | 4 |
| 太原市 | 6.20 | 73 | 5 |
| 德州市 | 5.80 | 76 | 6 |

续表

| 城市 | 产业生态保障指数 | 全国排名 | 群内排名 |
|---|---|---|---|
| 滨州市 | 5.59 | 83 | 7 |
| 新乡市 | 5.44 | 88 | 8 |
| 聊城市 | 4.95 | 94 | 9 |
| 泰安市 | 4.44 | 104 | 10 |
| 榆林市 | 4.33 | 106 | 11 |
| 东营市 | 4.32 | 108 | 12 |
| 开封市 | 3.91 | 119 | 13 |
| 兰州市 | 3.15 | 133 | 14 |
| 焦作市 | 3.15 | 135 | 15 |
| 鄂尔多斯市 | 3.12 | 137 | 16 |
| 运城市 | 2.59 | 154 | 17 |
| 包头市 | 2.43 | 158 | 18 |
| 濮阳市 | 2.30 | 164 | 19 |
| 银川市 | 2.24 | 166 | 20 |
| 呼和浩特市 | 2.17 | 168 | 21 |
| 临汾市 | 2.11 | 174 | 22 |
| 忻州市 | 1.84 | 187 | 23 |
| 三门峡市 | 1.70 | 194 | 24 |
| 延安市 | 1.33 | 211 | 25 |
| 西宁市 | 1.31 | 213 | 26 |
| 石嘴山市 | 1.04 | 223 | 27 |
| 吴忠市 | 0.98 | 225 | 28 |
| 巴彦淖尔市 | 0.96 | 226 | 29 |
| 乌海市 | 0.60 | 249 | 30 |
| 白银市 | 0.56 | 251 | 31 |

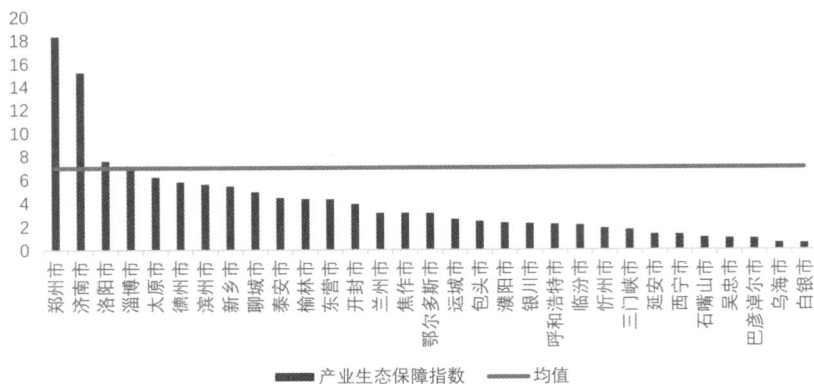

图6-6-5　黄河流域城市群产业营商环境分项指数（三）

# 第七章　优化城市产业营商环境面临的问题及挑战

党的二十大以来，我国各城市持续深化营商环境改革，制度建设取得明显进展，在优化产业营商环境方面取得显著成就。但各城市、各城市群间仍存在较大差异，一些深层次的问题及挑战凸显，与经营主体对城市产业营商环境更高的期待不相适应，具体表现为以下几个方面。

## 第一节　体制机制改革需深化

一是"减证放管"存在缺位和越位现象。持续深化改革，引导市场经济有序发展，促进企业高质量发展是政府重要职能。但是，有些城市政府未能做到"管放"有度，也就是未能平衡好管和减少干预二者之间的关系，导致部分行业由于政府管理过于"减""放"，出现无序发展，甚至违背行业规定的现象；同时，也有部分行业的发展由于受到政府"过多干扰"而停滞不前，未能正确把控自身发展走向以及在市场中的定位，导致经营主体活力和创新能力降低，不利于市场经济整体发展实力增强，阻碍良好营商环境的构建。部分放权部门由于考虑自身利益和权责承担的问题，在一定程度上存在"明放暗不放""放责不放权"等现象。比如有的部门在下放权限时，只放操作复杂、担责较重的权限，而把简单管用、担责较少的权限留在本部门。放权赋权数量不足，权力下放的涵盖面不够，下放权力的力度不大。在权限下放上，城市政府间存在差异，在实践中，部分城市政府主动作为、创造条件，创新性开展工作的探索还不够。在"减证放权"过程中，部分城市政府赋予的职权事项数量与质量之间难以权衡，"以量促质"情况时有发生，反而存在"减过了"和"放过了"与"该减不减"和"该放不放"矛盾共存的现象。

二是市场监管转型相对滞后。经过多年持续改革，市场监管方式方法有所创新，也取得明显成效，但仍有部分城市市场监管转型相对滞后，难以适应新时代、新形势下的市场监管的新需求。一些城市市场监管机制不健全，多头监管导致权责不匹配，"有权的看不到、无权的管不了"，"谁审批谁负责"落实相对较好，而"谁分管谁负责"落实存在虚化现象，比如，无证经营摊位、无证停车场等领域仍存在监管漏洞。有些城市"双随机、一公开"机制不健全，该机制适用范围有限，比如食品生产、化学药品生产等行业采取"双随机"，对于未抽中的企业难以发现其真实经营状况。部分城市市场监管效能不足，多头监管、重复监管没有根除，一些部门对运动式监管乐此不疲，监管过度现象时有发生，如一旦发生安全生产事故，往往就会对同类型企业进行大检查，让企业疲于应付。还有些城市市场监管方式单一，弹性执法，例如食品药品、道路运输、安全生产、环保等行业存在以罚代管、弹性执法现象。此外，由于对新业态、新行业缺乏明确的认识、规定和示范指导，新业态、新产业领域市场监管缺乏科学性，一些部门和城市政府存在不愿管、不会管、不敢管的问题。

三是政务服务与企业需求不适应。政务服务水平的高低直接反映着各城市服务型政府建设的成效，目前很多城市政务服务的质量与企业的期盼还有一定差距。有些城市信息数据互联互通不到位，部门之间信息共享机制不健全，"信息孤岛""信息垄断"问题尚未真正破解，存在各城市推送信息"互不相认"的现象。业务系统林立，网上平台条块分割，难以实现横向互联互通，公民和企业的基本信息处于"碎片化"状态，导致办事效率低、成本高、时间长。此外，即使在同一系统内部，也存在政务网络运行上下脱节、不能实时贯通的情况。政务服务标准化程度仍然不够，政务服务平台功能发挥欠佳，线上受理和线下运作两头跑的情况依然存在；政务服务大厅的自助设备多为部门单位自行设置，互不联通、功能单一；部分工作人员服务意识不强、业务能力滞后、工作效率低下，企业办事依然会遇到"门难进""脸难看""事难办"情况。中介机构服务不规范，简政放权改革全面推开后，有的事项政府部门已不再审批，但是中介机构还在"卡脖子"，环节多、服务差、收费高等问题比较突出，蚕食改革红利，影响了城市政府公信力。电子证照发展相对迟滞，电子证照库的建设标准各地不相统一，建设进展不同城市间明显不平衡，整体上进展比较缓慢，对于电子证照的认可度和利用度也比较低。

# 第二节　法治化水平亟待提升

一是法规制度不够完善。目前，我国正着力推进产业营商环境的优化转型，需要加快建设与高标准市场体系建设相适应的法律法规体系。我国法律层面涉及城市产业营商环境的内容多分散于外商投资法、行政许可法、公司法、企业破产法、民法典等相关法律法规之中，目前仅有《优化营商环境条例》可提供相对系统、全面的制度保障。推动一些新的产业营商环境体系的改革，还缺乏相应的法律依据，一些法律法规也不适应产业新业态、新模式发展的需要，未能发挥出应有的效果。完善城市产业营商环境的相关法规制度是一个系统过程，涉及中央和地方层面，城市政府在推进过程中，其中许多内容超越了地方立法的权限，优化产业营商环境的法规制度体系系统性仍然不足，需要中央和地方共同发力推进。

二是执法标准规范有待统一。随着城市法治政府建设的深入，各级城市党委和政府逐渐认识到法治化建设对产业营商环境发展的决定性、保障性作用，并且必须在法治化的前提下，它的开放性和稳定性才能有效协调起来。但法治化产业营商环境在实践中仍未解决执法标准规范不统一的问题。我国部分城市在优化产业营商环境过程中，部门执法规范性亟待加强，行政程序、行政行为和自由裁量权需进一步规范。

三是监督效能缺乏现代化手段。当前，法治政府建设进入新阶段，优化城市产业营商环境应进一步建立健全执法监督的机制，加快提高相关部门的行政执法服务水平，不断加强对城市政府部门执法行为和执法规范的监督。随着优化城市产业营商环境政策的密集出台，执法监督工作日益繁重，目前各城市执法监督手段仍较为传统，对新型信息技术手段的应用不足，无法适应数字治理时代的发展，需要采用更加高效的现代化监督手段。远程监督、移动监督等非现场监督能延伸政策监督的范围，信息化手段能提升政策监督信息的归集共享和关联整合能力，基于数据挖掘的预测手段能及早识别政策实施中可能存在的偏差。

四是知识产权保护不充分。近年来，我国在知识产权创造和运用方面卓有成效，根据世界知识产权组织发布的《2021年全球创新指数报告》，我国排名第12位，比2015年提升了17位。但是，目前知识产权保护仍存在侵权成本低、维权成本高、知识产权保护政策落地难等突出问题，这些问题在各城市不同程度地存在。很多企业主体知识产权保护意识薄弱，导致发生的侵权行为时有发生。知识产权法律体系完善不足，随着人工智能、大数据等新产业迅速发展，这些新型智力成果大多具备无形性、智力创造性的特点，部分城市存在未将新产业纳入知识产权立法保护范围的情况。注册商标、著作权、利权的授予分别由不同部门负责，部门之间沟通不畅，缺少必要的沟通协调，致使各职能部门之间无法统筹信息，在与企业、消费者进行沟通时沟通效能大大降低，政府部门在办理授予、调解、查处侵权案件时效能不足。

# 第三节　部分政策落实不到位

一是政策落实程度存在差异。由于经济发展水平等方面原因，各城市在政策落实和兑现上存在一定程度的差异，东部城市总体较好，西部一些城市落后。受主客观因素的影响，各城市政策服务发展水平参差不齐，企业政策需求日益呈现出多样化特征，造成产业营商环境相关政策的落地及服务的有效供给与企业主体的需求之间还存在较大差距，实现普惠全企的目标仍需努力。就各城市产业营商环境政策落实程度的针对性、前瞻性和引导性而言，政策落实错位的情况时有发生，例如政策推送解读不到位，新进入企业、属地企业对政策不了解、问询难、享受不到位、政策事项覆盖少等，这些问题致使企业享受政策的体验感、获得感不佳，相关城市政府仍有较大的工作改进空间。

二是涉企收费清理不彻底。涉企收费清理是减轻企业发展负重的关键，但涉企减负举措落实不到位的情况时有发生。目前，中央和省级政府已公布了涉企行政事业性收费、政府性基金目录等清单，但在落实过程中，由于政府性基金收费地方标准不一，协会会费种类繁多、变相收费等问题的存在，导致清单效能降低，严重影响了行政事业单位和各类中介机构涉企收费清理结果，导致一些城市企业的负担情况改善不明显。定期开展涉企收费清理工作，并及时公布涉企收费是保障政务公正、清白的必要举措之一，是优化产业营商环境的重要工作内容，但是有些城市涉企收费清理工作长效实施机制不健全，在开展涉企收费、摊派事项和各类评比达标活动清理工作中，未建立常态化的实施机制。

三是政策落实有效性不够。由于专业程度不强、精力不足、政策不健全等原因，部分城市一些行业和部门的政策标准和结果存在不公开、不透明的情况，影响了城市政府政策公信力。有的企业因为诚信守法观念不强，在较大的利益诱惑驱使下，冒险钻政策的空子，采取虚假申报手段，进行"骗补"。部分地方政府的监管部门监督不力，也在某种程度上纵容了企业的违规行为。但在实际操作过程中，部分地方政府承受着较高的政策推广压力，进而松懈了相应的监管流程，面对部分企业违规操作骗取补贴的行为采取"睁一只眼闭一只眼"的态度，致使也有些政策虽然落实但有效性明显不足。

# 第四节　人力资源协调性不够

一是人力资源与产业发展不适应。城市人力资本总量的增加以及人力资本质量的提高，不仅能够带来城市产业发展和创新水平的提升，加速城市经济发展，而且可以提高城市消费水平，繁荣市场活力。我国城市总体人才规模较大，但发展质量还存在提高空间。受高等教育程度是衡量现有国家创新能力的指标之一，中国获得高等学位人数占比为26.5%，而科技创新领先国家获得学士及更高学位的人数占比为35%，这表明我国高等人力资本占比较低，未能充分发挥人才红利。在高尖端核心技术人才、领军型人才方面，以高新技术产业为例，受教育体制和收入市场化影响，产业人才不足且流失严重、缺口大。在人才引入方面，受收入、户籍制度等因素影响，城市人才流失严重，存在引入人才"入口不畅"。例如，受美国政府的打压，在美的华人高端人才回国意愿有所提升，给我国吸引海外人才带来机遇，但因面临子女教育、生活环境等诸多理念和现实冲突，导致人才引进效果不佳，5G、智能网联汽车等先进制造业人才储备不足，产业人才规模小，不利于产业发展。

二是人才结构与产业发展不协调。人才结构调整滞后于结构优化，与产业发展需求存在"脱靶"现象，致使产业间人力资源配置不精准，限制了产业结构不断优化的良性发展。我国制造业与各类新技术、新模式渗透融合，生产模式的演变加速了就业的结构性矛盾，不同城市和行业间就业市场景气程度差异较大。高质量的产业链需要人才链的支撑，而产业链又能吸引制造业人才链的形成。以数字产业为例，高等层次人力资本大多集中在互联网和金融两大领域，导致其他数字产业企业高度缺乏人才，需求缺失，严重阻碍其他产业企业的部署进程。很多城市产学研用各环节上人才结构性错配，基础性研发、应用性研发以及创新技术产业化人才不足，基础性研发实力、向应用技术转化可能性、应用性创新成果产业化推广进程较慢，科技成果转化效率较低，制约了城市科技创新能力的提升。

三是人才供给难以满足产业需求。城市的战略支撑产业需要大量新型应用型人才。企业要求高校毕业生具有较高的职业道德水准和良好的心理素质，掌握较强的专业知识理论和较强的技术应用能力，能够及时适应工作岗位的素质要求。然而，我国城市目前大多数高等学校的专业人才供给还不能满足企业的用人需求。高等教育注重规模的扩张，沿用精英式人才培养模式，充满浓厚的计划经济体制色彩，过于强调知识的系统性和完整性，偏重于理论知识的传授，缺乏动手能力的培养，而不是面向企业需求，导致学生毕业率很高，就业率却很低，难以适应市场经济条件下产业发展对高等教育的发展需要。目前，一些城市开展的"校企合作""校企对接"等各种形式，部分是以学校为主的校企合作模式，容易偏离校企合作模式的本质目标，不易调动企业主动合作的积极性，难以培养出企业真正需要的产业人才。

# 第五节　金融服务发展不充分

一是针对性服务不足。各城市针对不同经营主体提供差异化金融服务不够，民营企业、中小微企业融资难情况问题仍然普遍。部分大型民企体现为高杠杆下的融资难，非理性扩张、借新债还旧债等问题突出，经济上行期尚能周转，一旦外部环境变化就会陷入财务困境，"抽贷""断贷"导致其资金链断裂，出现流动性问题。部分中小企业因为国内经济增长速度放缓、经济发展方式转型、国际贸易摩擦等经济大环境因素，销售额大幅下滑、利润不足，在追加贷款阶段往往需要压缩贷款额度、延期获得贷款甚至难以获得融资。有些城市的企业存在一部分过剩产能、落后生产力面临市场出清，不符合银行信贷投向的趋势和原则。一些小微企业存在建设厂房、购置设备扩大再生产等中长期融资需求，但银行相应的融资产品相对匮乏，或者虽有产品但准入条件较高，供需矛盾形成短贷长用现象。小微民营企业普遍存在经营不规范、财务不透明、信用记录缺失等问题，银行获取和验证相关信息的管理成本较高，银行资金成本与实际经营风险不匹配，致使这类型的企业难以获得融资。

二是融资贵现象突出。由于民营企业、小微企业多处于产业链末端，经营风险相对较大，从市场优化资源配置的角度看，融资收益必须要覆盖资金和业务成本和符合风险溢价，才能使得融资业务变得商业可持续。银行尤其是大型银行利率普遍较低，为保障融资业务商业可持续，更喜欢贷款给大企业，民营企业、小微企业难以获得融资。很多民营企业、小微企业需要通过小贷公司、民间融资等非正规金融渠道进行频繁倒贷，非银行机构借入搭桥资金的费用较高，尤其是小贷公司、网络借贷（P2P）等新机构新业态的贷款利率较高，致使这类企业支付的融资费用也较高。

三是融资服务体系不完善。现有融资体系尚不能很好满足高质量增长的需求，产业链金融系统的推进和覆盖不足。在具体操作层面上，没有突出产业链、上中下游的金融服务概念。商业银行，还是小额贷款、保险理财等非银行金融机构，或是互联网金融企业，尚未围绕产业各行各业的产业链形成金融服务体系。以中小企业融资问题为例，政府金融监管部门强调信贷服务不允许额外收费，然而在银行中小企业融资过程中依旧存在各种各样的收费项目，导致上级部门制定的政策无法在操作层面得到落实。民营企业、小微企业由于信息不对称、信用不充分等问题，获得融资难，迫切需要城市政府投入资金，完善相关的融资服务基础设施，提高融资服务水平。我国部分城市尤其是财政较为落后的城市，受经济发展水平限制，城市政府财力有限，相应投入产业融资服务基础设施方面的资金也非常有限，各类融资服务平台不健全不完善，有些地方政府只能做到以线下服务为主、线上服务为辅，影响了企业获得融资服务的便利度和满意度。

# 第六节　产业创新生态不完善

一是产业生态培育不够。打造完善的城市产业生态，是城市培育和壮大有竞争力的特色产业集群的重要举措。目前，我国很多城市尚未真正形成围绕产业链上下游而共生发展的产业生态。我国一些城市产业发展高端化不够，大部分企业为纯代工企业，无面向终端市场的产品，缺乏独有的技术产能，无法深度绑定客户，难以形成真正具有创新能力的产业生态。较为发达的城市，高端产业生态环境建设仍不够完善。在产业配套方面，国内高端产业公共服务平台仍然缺乏；在人工智能领域，各类人工智能芯片框架平台的建设仍存在短板；在生物医药领域，支撑服务医药研发、生产、上市流通且符合国际标准的 CRO、CMO 等专业化服务平台仍需健全和完善；在集成电路领域，产业发展所需的关键材料和大量危化品原料在本地和周边地区找不到配套企业，导致企业相关物流成本居高不下。

二是科技创新能力有差距。我国在前沿技术研发上与国际领先水平有很大差距，技术创新与市场应用衔接不畅，没有形成闭合国产产业链。大多数城市在基础研究经费投入、原创技术研发力度、以企业为主体的创新体系建设等方面较国外发达城市差距显著，核心技术和关键领域面临的"卡脖子"问题仍然比较严重。科技创新引领不够，在基础研究、前沿引领技术、产业关键核心技术攻关等方面统筹不够、发力不足，原创性、突破性、引领性、支撑性重大科技成果数量不多。核心技术、关键零部件受制于人，例如 5G 通信、光通信等领域的高端核心芯片基本依赖进口；物联网识别感知和智能处理技术与国际先进水平差距显著，其中高性能先进传感器

90% 以上依赖进口；工业机器人关键零部件七成以上依赖进口。智能制造的关键核心技术工业软件对外依存度高、国产应用率低的"症结"普遍存在。在基础软件、支撑软件、平台软件等领域开发能力相对薄弱，核心芯片、操作系统、数据服务器等领域技术短板明显。规模较大的城市拥有一定数量的高校科研院所，但高层次创新创业人才紧缺，科技产学研协作成果本地转化困难。

三是数字赋能不足。尽管我国各城市政府在数字新基建领域谋篇布局早、推进速度快，但仍然存在一些成本高、协调难的问题抑制数字基础设施的发展，例如通信网络基础设施方面，5G 网络建设及运营成本较高，基站站址协调困难，光纤到户，老旧小区千兆网络覆盖普及的设施改造升级难度大、投入高等，很多城市间通信服务网点密度和通信保障响应速度也存在较大差距。全国一体化的政务服务平台建设仍需完善，很多城市数字政府建设长效机制作用有待发挥，数字算力基础设施需要进一步加强，数据中心建设与土地、用能等保障条件之间需进一步匹配。在数字新基建应用效能方面，很多城市对于 5G、千兆光网、工业互联网的商业模式的确立尚不清晰，场景需求还不丰富，数字基建与传统行业融合发展水平也有待提高，数字赋能城市产业发展还有很大潜力可挖。

# 第八章　加快优化城市产业营商环境的建议

## 第一节　深化制度创新，优化政务环境

一是深入推进简政放权。深化简政放权，既需要其内部各环节工作职责的细分，工作流程的优化和相关制度的建立健全和完善，又需要外部和其他相关部门职责优化，协同高效落实落地。结合各城市的实际，采取点面结合、打基础补短板和利长远上台阶统一布局、统筹推进。以深入推进相对集中许可权改革为抓手，深入推进行政审批的集约化；以行政许可"四级四同"事项梳理的完善和深化优化为抓手，深入推进行政审批和服务的标准化；以坚决破除信息壁垒，实现数据资源共享，建设高水平的集审批、服务、监管为一体的政务信息平台为抓手，深入推进信息化载体建设；大胆探索，先行先试，积累经验，逐步推广。要进一步梳理城市各政府部门职能职责，对职能交叉领域，要明确责任单位，理顺和规范办事流程，精简办事环节，不断提高行政效率和服务能力，降低经济运行中与经营主体打交道的制度及机制运行成本。下放权力不是下放责任、下放矛盾，上级相关部门在将权力下放的同时还要对下级单位科学合理、实事求是地做好服务、监督和管理，做到上级单位总揽不包揽、放权不失管，下级部门到位不越位尽职不失责。下放的权力也要关进制度的笼子，按照"有权必有责，用权受监督"的原则，加强对

权力被授予者行使权力的监督，最终实现行政权力的高效合理运行，推进优化产业营商环境总体上台阶。

二是深化市场监管制度改革创新。深入推进"双随机、一公开"的市场监管方式，建立与新产业、新业态、新模式相适应的监管横式，解决日前多头管理和监管问题。深化市场监管、城市管理等领域综合执法改革，建立企业"黑名单"联合惩戒机制，被列入失信"黑名单"的企业，在行政审批、招标投标、市场准入等方面进行多部门联合惩戒。加大制售假冒伪劣、价格欺诈、虚假广告、电信诈骗、侵犯知识产权等严重扰乱市场秩序等行为的打击力度。借鉴新西兰、新加坡等地的经验，加强对建筑施工监督、电力等专业人员的资质要求，确保建筑质量控制和安全措施到位，根据风险水平对建筑项目进行分类管理。

三是着力推进政务服务标准化。建立健全政务服务标准和配套制度体系，以制度化推动政务服务标准化，鼓励地方先行先试，制定出台政务服务地方标准。探索改革行政审批体制。传统管理体制一定程度上制约了改革实效，需要认真审视旧有审批体制，探索设立综合性审批服务机构，促进改革红利深度释放。健全完善信息共享机制。破解"信息孤岛"和"数据壁垒"，提高行政审批的效率，推动地方建立完善数据开放平台和标准体系，建设基础信息资源库。依托政务信息资源共享交换平台和基础信息资源库，综合运用互联网＋技术应用、大数据支撑等现代信息技术手段，促进政府部门、地区之间的政务数据信息互联互通和共享共用。打造"极简办事流程"，整合各服务领域关联事项，减少环节、优化流程、压减时限、提升效能，实现各部门之间的公共服务无缝衔接。做实做细各级政务服务事项颗粒化拆分改造，按照颗粒化清单内容设计、优化在线办事流程。

# 第二节　加强司法保障，完善法治环境

一是统筹推进法治环境建设。制度创新与制度供给是推进城市治理体系和治理能力现代化的重要保障，是建设法治化营商环境的重要基础。加强各城市产业强市、科技创新、民生保障、产权保护等重要领域制度供给，推动规范性文件"立、改、废"工作，加快办理涉及企业发展的合法性审查事项，对民营经济发展"不适用、不适时"规范性文件及时予以纠正，清理公平竞争审查、知识产权、改革创新等领域不合法不合规的政策文件。积极推动城市重点领域、新兴领域、涉外领域、民生领域"小切口""小快灵"的地方立法实践，坚持针对问题立法、立法解决问题的原则，精准化解产业营商环境建设的痛点、难点、堵点问题。围绕企业关注的市场准入、产权保护、公平竞争等方面，加强立法调研，推动条件成熟的立法项目出台。坚持立改废并举，进一步完善地方性法规、政府规章和行政规范性文件清理工作机制，细化清理标准，强化协调联动，积极开展专项清理、集中清理、精准清理，推动清理工作常态化，切实维护社会主义法治统一。

二是切实加强行政执法规范化。各城市行政执法行为规范与否，直接反映了一个地方、一个部门优化产业营商环境的水平。严格规范行政执法行为，形成公正文明、执法为民的执法环境，是建设法治化营商环境的重点。进一步完善企业相关的法律法规、服务规范和各类标准，建立综合执法体系，健全商事案件快速化解机制，简化企业注销程序，探索建立与互联网时代相适应的审判模式。围绕产业营商环境建设中执法实践的难点、堵点问题，在执法队伍管理、执法行为规范、执法监管覆盖方面不断发力，全方位提升城市行政执法工作水平。建立健全城市执法协调小组，有效减少多头执法、交叉执法、重复执法、随意执法，减少对经营主体正常经营活动的干预。健全行政裁量基准制度，督促各级行政执法机关制定行政裁量基准。严格规范行政裁量权的行使，重点围绕行政许可、行政处罚、行政强制等执法行为，细化、量化自由裁量权，为执法人员提供裁量依据。监督指导行政执法机关规范适用行政裁量权，限制随意裁量，有效解决处罚畸轻畸重、类案不同罚等问题。积极推动柔性执法。继续制定和拓展企业轻微违法经营行为免罚清单，实行包容审慎监管。城市监管部门应加强法规政策解读，采用指导、建议、提醒、劝告等非强制性方法，处理企业初次发生的轻微违法违规经营行为，推广信用监管，更多地发挥行业组织力量加强行业自律。

三是切实加大知识产权保护力度。积极推进知识产权保护与交易平台建设。建设完备的设施设备体系，加快推进转移预算等服务系统与国家知识产权局的系统对接，大力推进知识产权快速审查、快速确权、快速维权以及纠纷解决等工作机制建设，强化形成与司法保护协作联动机制建设。积极推动高校、科研院所、大型企业知识产权与交易中心的对接，强化知识产权交易中心供需资源库建设。强化知识产权交易中心的功能集成，推动建立知识产权质押融资、国际交流合作科技服务业集成等服务功能。稳步实施高校、科研院所知识产权保护评估，大力推进知识产权综合管理改革试点。开展全市高校、科研院所知识产权评估工程，由第三方专业机构对高校、科研院所的科技创新成果转化及知识产权管理服务机构进行评估评级，提出针对性的能力提升计划，促进高校科研机构科技成果知识产权保护和转化能力建设。

# 第三节　强化政策协同，推动政策落实

一是推动城市产业营商环境政策协调一致。聚焦城市产业营商环境建设，探索推进相关规章和规范性文件的综合评估工作，着重对存在不同意见或是对同一事项规定不一致的条款，组织专家学者、一线工作人员等进行论证和调整优化。深入贯彻"谁制定、谁清理"的原则，明确规章和规范性文件的清理工作责任主体，强化其对规章和规范性文件的评估清理。搭建工作机制，加大对政策执行中的"弹簧门""玻璃门"的专项清理工作，着重对以合同协议等形式给予企业的差别性政策进行清理。各城市结合实际情况，精准施策，增强政策供给与城市发展、企业现实需求的匹配度，围绕企业全生命周期，全面梳理和优化产业营商环境的相关政策，协调政府各部门制度规定，厘清各部门权责，解决营商环境政策在跨领域、跨部门、跨层级之间的冲突和壁垒问题，提升政策的连贯性、一致性和协调性。

二是加快优化产业薄弱环节营商环境政策。引导生产要素向重点产业协同发展的薄弱环节、高端环节集聚，着力解决城市间、城市群产业协同发展方面的难题。推动部分城市营商环境"补短板"，在经济落后地区，更大力度破除市场壁垒。要改善各城市政府优惠政策的兑现情况，提高地方政府招商引资过程中的公信力。着力强化反垄断，稳步推进自然垄断行业改革。破除地方保护和区域壁垒，全面清理歧视外地企业的各类优惠政策。鼓励各城市从自身产业禀赋和未来发展导向出发，设计更加合理高效的产业营商环境改革政策。例如，各地可根据当地消费、旅游、能源资源、金融和高端制造业的产业情况，制定措施专门优化相应领域的营商环境。

财政、发改、工信等部门需要对政策做出一定的规则说明，既要赋予地方自主发展的权限，又要避免地区间的恶性竞争，地方政府要在一个政策区间内按照严格的程序因地制宜地制定具体政策。在稳定经济增长的前提下，加大对违规税收优惠政策的清理，严禁滥用税收优惠排挤部分企业。

三是建立健全制度标准和技术规范。通过制度创新建立制度标准和技术规范，以此来引领和推动产业营商环境优化。加快构建适应和支撑数字化营商环境的法规体系及标准规范，引导各地区结合实际推进系统开发和流程再造完善以告知承诺为基础的审批制度、以信用为基础的监管制度、以标准化为基础的政务服务制度、以区块链等新一代信息技术为基础的数据共享和业务协同制度等。开发和优化数字营商标准化场景，聚焦高频办理事项，推出统一的"主题式""套餐式"集成服务。完善数据共享制度规范，围绕电子证照跨地域、跨部门互认互信建立技术标准和数据规范，在政务服务场景中普遍推广企业电子"亮照亮证"顶层设计与试点探索相结合的改革思路，对近年来的改革探索和成熟做法加以提炼，系统集成，提升到制度层面，在各城市、各部门乃至全国统一实行，如全面推行政府部门权责清单制度，市场准入负面清单制度，涉企审批分类管理制度，分领域、分行业监管规则和标准，社会信用管理制度，政务服务标准化、便利化制度等。

# 第四节　提升人才质量，丰富人力资源

一是促进人力资源自由流动。建立健全统一开放、竞争有序的人力资源市场体系，打破城乡地区、行业分制和身份、性别等歧视，促进人力资源有序社会性流动和合理配置。加大中西部城市产业人才引进力度，大力培养高层次人才，引进战略科技人才，加大中青年人才储备。加强各城市间科研合作，促进人才交流。搭建城市人才大数据平台，进一步提升政府、企业、社会组织以及个人等主体的合作性，凝聚力量，形成良性互动机制。搭建人才供需信息平台、专家数据库、人才协会联盟等基础性数据平台，解决当前人才合作交流信息不对称、资源闲置浪费、政策机制对接不畅等问题，真正实现人才政策同步联动资源信息共享。通过政府服务合同买卖方式，积极引导科技人才下沉到需要并能发挥人才技能、获取更多利益的地方。如北京、上海等发达城市过剩的科技人才，可以保留本地落户待遇，同时通过服务合同形式，将科技人才流动到周边城市急需人才的相关企事业单位，由区域内相关单位负责落实待遇。

二是加快产教融合协调育人。大力增加高等教育的经费投入，逐步提高各城市财政性教育经费支出占国内生产总值比例。缩小各城市高等教育发展差距，加大对师资力量薄弱、教育设施落后的城市的支持力度。完善职业教育培养培训体系，稳定职业院校数量，扩大职业院校招生规模。合理设定院校总量红线、区域红线和标准红线，以填补战略领域空白为重点，按照"增减平衡"的原则，适度增设高职院校、中职学校或县级职教中心。基于产业结构落实专业设置的针对性及实效性，要优化课程内容使之与职业标准协调一致，从而提高协同育人的针对性。建立以学生培养为中心的产教联盟，在政府、学校、行业、企业之间建立联动机制，促进资源共享，优化效益，均衡利益与责任，实现利益共享和风险共担的运行机制，形成趋同效应。高职院校可以利用自身优势，如科研成果的转化，助力企业技术创新转型升级，企业提供实践环境帮助教师接触产业前沿，提高实践能力；高职院校利用自身优势为企业提供短期培训、专项培训，政府参与其中，给予双方一定经济支持政策鼓励，共同发力完成各自诉求。

三是推进企业技能人才自主评价。支持企业依据国家业技能标准自主开展技能人才评定，对没有国家职业技能标准的可自开发评价规范。获得企业发放的职业技能相关证书的人才符合相关条件的，可享受职业培训、职业技能鉴定补贴等政策。实现专业技术人才职称信息跨地区在线核验，鼓励地区间职称互认，同时引导有需求的企业开展"共享用工"，通过用工余缺调剂提高人力资源配置效率。加快推进知识产权专业人才队伍建设。着力引进和培育复合型专才，通过政策倾斜和制度激励吸引海内外人才，通过高校、企业、政府联合培养等形式加大人才培养力度。

# 第五节  提升金融服务，降低融资成本

一是降低企业融资成本。金融监督管理部门应完善对商业银行等金融机构的监管激励机制，鼓励、引导其增加对民营企业、中小微企业的信贷投放，合理增加中长期贷款和信用贷款支持，提高贷款审批效率。支持推动国有大型商业银行创新对民营企业、中小微企业的信贷服务模式，利用大数据等技术解决"首贷难""续贷难"等问题。督促金融机构优化普惠型小微企业贷款延期操作程序，做到应延尽延，引导金融机构适当降低利率水平。严格限制向小微企业收取财务顾问费、咨询费等费用，减少融资过程中的附加费用，降低融资成本。加强银行服务项目和收费公示，建立健全银行业违规收费投诉举报机制。促进多层次资本市场规范健康发展，拓宽融资渠道，支持符合条件的企业依法发行股票、债券以及其他融资工

具，扩大直接融资规模。加快推动银行、保险、证券、各类基金、担保公司以及其他专业科技金融机构之间的联动衔接，积极推广投、贷、保联动等多种服务模式创新，鼓励本市银行业金融机构大力开展股债联动业务，以投资收益对冲信贷风险。

二是提高企业融资能力。引进银行等金融服务业及中介机构，为企业提供更加便捷的金融服务，建立良好的金融服务环境。在自愿的基础上建立企业内部金融信用评价体系，方便金融服务机构对企业的信用评估，提高企业的融资效率，同时通过金融评价提高企业自身的信用，营造良好的融资环境。通过金融服务机构建立企业间小额金融互助平台，满足企业临时性资金需要，促进企业的健康发展。鼓励政策性融资担保公司发展，支持融资担保公司开发中小企业集合债券、集合信托、短期融资券、融资租赁、票据业务等新型担保产品和服务，更好地发挥增信服务作用。推动软件著作权、专利权、商标权等无形资产质押贷款，简化银行查询程序，完善评估、登记和流转机制，探索完善轻资产企业的融资渠道。

三是防范化解金融风险。完善金融风险防范化解工作机制，建立地方协调机制，强化风险监测预警信息共享，着力提升金融风险防范的前瞻性和监测预警的准确性。推动建立、修订和完善各层级金融突发事件应急预案，建立多部门挤兑风险预警工作机制，不断提升金融风险应急管理能力。压实金融机构及其股东责任、监管部门责任和地方党政属地责任，积极推动中小银行改革化险。开展金融机构评级，建立广域覆盖、层次清晰、内容丰富的金融机构压力测试工作机制，探索建立前瞻性预警指标体系。加强风险提示，推动重点关注机构异常指标尽早回归行业正常水平，做到抓早抓小"治未病"，防患于未然。

# 第六节 强化要素保障，促进项目落地

一是强化土地要素保障。做好重大项目用地协调服务，提前介入、靠前服务，实行台账式管理、清单式服务，及时跟踪重大项目进展，加大协调服务力度，着力解决项目用地方面的突出问题，推动项目顺利实施。优化建设用地审核程序，建立验审机制，实行容缺审查，推行承诺制度，提高审核报批效率。缩短审核时限，围绕城市重大产业项目，开通用地审批"绿色通道"，保障项目尽快落地建设。探索推行"标准地"供应，先期完成区域评价，科学确定控制性指标，简化审批程序，建立信用评价体系，实现土地、资金等要素安排与发展需求精准匹配，提高全要素生产率。逐步建立产权明晰、市场定价、信息集聚、交易安全、监管有效的建设用地使用权二级市场。逐步建立建设用地使用权二级市场交易信息平台与不动产登记信息平台的互通共享机制，提供便捷服务。有序推进集体经营性建设用地入市，显化土地资源效益。

二是优化水电气暖等要素保障。加大资金投入，完善水电气暖等基础设施建设，补齐城市基础设施短板。对新开办的企业，在项目落地前提前告知水电气暖报装的政策规定，同时根据项目工艺和设备数量，协助企业提前测算水电气暖等设施的用量数据，指导企业做好水电气报装申报工作。在申请报装时，从减环节、优流程、压时限、降收费、提效率等方面入手，积极协调水电气要素保障部门开通"绿色通道"，探索实施"容缺机制"，进一步简化水电气暖等公共服务的报装流程，提升报装审批时效，提升服务效能，为产业集群中的大中小企业提供平等、便捷的"一站式"公共服务，提升经营主体获得感和满意度。

三是守住绿色发展底线。严把环境准入关，在产业集聚区范围内划分生态环境管控单元、建立生态环境分区管控体系，强化项目准入和后期监管，规范各类管控单元开发行为。推进环评审批提速增效，取消环评初审、执行环境标准和污染物总量指标等环评审批要件，下放环评审批权限，实行环评告知承诺制审批，压缩审批时间。梳理企业从开办、经营、成长到上市等阶段可能遇到的各种生态环境问题，设置生态环境领域"提醒服务"并形成清单事项。对重点企业送政策、送技术、送方案、送服务，打造绿色标杆企业。先行先试绿色低碳技术应用，打造绿色、低碳标杆示范企业，带动全行业、全产业链绿色化水平提升。合理控制制造业能源消费总量，严格控制能耗强度、二氧化碳排放总量和强度，新增可再生能源和原料用能不纳入能源消费总量控制指标。统筹产业布局、结构调整与节能审查、可再生能源消纳考核、能耗与碳排放双控政策，督促重点用能单位强化节能管理，完善节能降碳约束性指标管理。支持企业积极参与自愿减排交易和碳普惠机制，利用碳排放权交易机制，提升企业自主减排动力。

# 第七节　提高创新能力，完善产业生态

一是提升城市数字赋能水平。加强各城市数字基础设施规划和建设，提升传统基础设施建设水平，强化数字基础设施发展对实体经济高质量发展和城市重大战略的支撑。围绕各城市实体经济发展的重点领域，加快光纤网络扩容提速、5G商用部署和规模化应用，深入实施"东数西算"工程，加快基础设施数字化、智能化改造。顺应以量子通信、区块链、人工智能等为代表的新一代数字技术正在全面向经济社会各领域渗透的趋势，构建政府引导、企业主体、社会参与的数字化网络生态，完善互联网平台，打造"研发＋生产＋供应链"的数字化产业链，形成数字技术设施生态、数字创新生态、数字产业生态和数字治理生态，促进数字经济和实体经济深度融合。提升企业智能化能力，推动生产智能化、产品智能化、服务智能化和管理智能化，实现数字经济和实体经济企业层面的融合。加大对重点产业链供应链基础设施建设和数字化改造的支持，推动产业链供应链数字化创新转型，将数字化创新转型水平纳入地方经济发展水平考核指标，提升重要产业链供应链数字化服务水平。不断拓展 5G、人工智能、区块链等为代表的数字基础设施在制造业、现代服务业、战略性新兴产业等产业的应用场景。

二是提升城市科技创新能力。把握大科学时代发展机遇，面向国家和城市重大需求，瞄准关键核心技术，完善攻克重大科技难题的组织模式和运行机制，在大科学时代赢得主动权。构建从国家安全、产业发展、民生改善的实践中凝练基础科学问题的机制，围绕重点领域发展需求开展基础研究，以应用研究带动基础研究。健全基础研究问题凝练和多元投入机制，推进建设一批交叉学科中心，开展交叉科学研究，探索新的学科增长点和新的科学研究范式，实现关键共性技术、前沿引领技术、现代工程技术创新。支持企业开展关键核心技术的研发、转化和产业化，培育具有国际影响力的创新型企业。支持领军企业牵头，围绕重点产业链关键环节，通过"揭榜挂帅"方式，组建产学研协同、上下游衔接的创新联合体，持续强化产业链供应链。支持领军企业牵头建设技术创新中心，开展关键共性技术研发和示范应用。支持属于关键领域"补短板"、填补国内（国际）空白、技术水平国内（国际）首创的技术产品实现首次应用。围绕各城市经济社会发展重大需求以及关系国计民生的重点行业，支持实施应用场景建设项目。

三是缩小城市群创新能力差距。积极推进以城市群为核心的区域协调发展战略的实施，加强区域创新共同体建设。明确各城市群在区域创新共同体中的角色和定位，继续保持和发挥创新能力较强的城市群（粤港澳大湾区城市群、长三角城市群、京津冀城市群）的领先优势，加强科技创新的外溢效应；培育发展创新能力处于中间位置的城市群的创新能力，进一步加快其创新发展的速度；努力提升创新能力相对较弱的城市群的创新能力，鼓励特色企业发展，结合优势产业链与创新链短板，加强城市群之间产业链创新链跨区域融合，通过区域联动和对口支援等机制提升科技创新整体实力。充分发挥创新能力强的中心城市的辐射带动作用，形成一个甚至多个城市群创新极，以创新发展带动产业发展。

四是构建开放式产业生态体系。各城市围绕有效支撑构建以国内大循环为主体、国内国际双循环相互促进的新发展格局，以全球化视野谋划产业高质量发展，以"一带一路"为重点，加快完善更加开放、更加便利、更加公平的国际化营商环境，强化全球产业资源配置，积极融入全球经济网络。支持企业利用国际人才、技术、品牌等资源，鼓励企业通过战略合作、投资并购重组等方式提高海外优质产业资源配置能力。持续吸引国际产业组织、行业联盟、跨国公司等产业资源集聚发展。支持影响力较大、创新理念先进、资源整合能力强的跨国企业建设形式多样的开放合作平台，助力产业要素的流动和融合。搭建"全方位、多层次、高水平"的国际产业合作网络，打造高水平产业开放合作机制，拓展国际合作新路径，积极参与全球经济治理，形成特色的国际产业交流合作新格局。

# 作者简介

　　构建现代化产业体系，塑造产业创新发展新优势，更需要高质量营商环境赋能。为推动营商环境赋能经济高质量发展，中国信息协会营商环境专委会联合国家信息中心区域发展研究院、北京国际工程咨询有限公司、北京华通人商用信息有限公司共同成立产业营商环境竞争力研究课题组。

　　课题组成员单位中国信息协会营商环境专业委员会成立于2022年1月，是国家一级协会中首个专注营商环境的专业社会组织。致力于推动数字营商环境创新、促进产业营商环境建设，助力产业生态链打造，赋能区域竞争力提升，致力于服务政府、服务产业、服务企业，多措并举助力优化营商环境。

　　营商环境专业委员会自成立以来，在新发展格局背景下推动创新数字营商环境的应用场景，以产业营商环境优化推动产业生态建设，加速打造区域经济高质量发展新引擎，助力营商环境的高质量发展。在确保标准的科学性、公正性和实践性的前提下，牵头制订了《数字化能力评价通用指标》《数字经济营商环境评价指标》《产业营商环境评价通用指标》《数字营商环境评价标准》《营商环境企业满意度通用评价指南》等系列团体标准，编辑出版了《中国数字赋能营商环境创新改革实践报告（2022）》，举办了"首届中国数字营商环境高峰论坛"。

　　课题组成员单位国家信息中心区域发展研究院是国家信息中心为深化区域发展相关理论研究与实践而成立的专项业务平台，主要在国家发改委等主管部门的指导支持下，以党中央国务院实施重大区域发展战略规划，以及落实中央领导的重要批示精神为依托，以支撑区域协调发展为宗旨，牢固树立并切实贯彻创新、协调、绿色、开放、共享的发展理念，聚焦区域发展研究前沿领域，围绕实现区域协调发展战略的制度化建设、重点功能区平台发展、区域规划规范化制度建设等问题持续开展基础性、前瞻性和综合性研究，为国家区域协调发展战略提供有关政策建议和决策支撑服务。

国家信息中心区域发展研究院围绕区域发展、重点产业功能平台、营商环境等领域，不断开展大量具有重要影响力的理论研究、战略咨询与政策研究，形成了多项重要科研成果和决策参考。

课题组成员单位北京国际工程咨询有限公司（简称北国咨，英文缩写BIECC），1985年成立，北京市属国有企业，国内首批荣获甲级综合资信单位之一。业务涵盖规划咨询、项目咨询、评估咨询、造价咨询、招标代理等全体系咨询服务，业务领域覆盖国民经济主要行业。

秉承历史责任，践行智库使命。经过近40年发展，北国咨既为落实国家重大战略、重大规划、重大工程开展前瞻研究，也为政府投资建设领域提供科学化、专业化决策支撑。形成了以政府智库为特色、贯穿项目投资建设全过程的业务链条，兼具宏观政策设计、中观产业谋划、微观项目落地的"三位一体"服务体系。

面向未来，北国咨将胸怀国之大者，奋力开启高质量发展新篇章，持续打造国内一流的全过程咨询服务商，在服务国家战略上展现更大作为！

课题组成员单位北京华通人商用信息有限公司（ACMR，以下简称"华通人"）成立于1992年，专注于宏观经济、行业、企业及市场数据的采集、融合及增值应用，帮助客户洞悉市场、有效决策。

华通人有丰富的营商环境咨询服务工作经验，同时具备营商环境系统平台建设能力助力城市营商环境的持续改善。华通人承担过多个省、市营商环境评价工作，完成了多个营商环境监测服务平台建设服务项目，在营商环境数据采集、融合包括政府部门、企业、群众等多个渠道、多维度的营商环境数据以及营商环境动态分析监测方面积累了大量经验。

华通人公司还拥有统计大数据平台、经济运行监测平台、中英文产业分析报告库和产业地图服务平台，以及商用信息采集和市场调查等产品和服务业务，为政府部门、商业企业等各类客户提供全方位的信息服务。

华通人始终坚持以高价值数据助力智慧决策为使命，致力成为中国领先的政企数据价值服务提供商。

课题组旨在以《优化营商环境条例》和党的二十大报告中对新时代营商环境重要部署为指导，结合世界银行全球营商环境评价指标体系，探索全新发展阶段具有中国特色的、更加适应高质量发展的营商环境治理体系，重点研究分析产业营商环境的优化思路和实现路径，在新发展格局下谋篇布局，以优化创新产业营商环境为方向，以提升特色产业核心竞争力、加速区域经济高质量发展为目标，为培育更多新质生产力形成、再造中国发展新优势的战略目标提供决策参考。